U0630140

国家出版基金项目
NATIONAL PUBLICATION FOUNDATION

深度学习教学改进丛书

课程教材研究所 组织研究

——
张国华 主编

刘月霞 副主编

马云鹏 吴正宪 等 著

深度学习：走向核心素养

（学科教学指南·小学数学）

（第二版）

教育科学出版社
·北京·

丛书编委会

主 任 委 员：张国华

副主任委员：

曾天山　刘月霞　江　嵩　莫景祺　韩春勇

委　　员（按姓氏笔画排序）：

马云鹏　王　健　王　蔷　王云峰　王月芬
王尚志　刘　莹　刘卫红　刘晓玫　齐渝华
孙彩平　李　冉　李　进　李　锋　李月琴
李春密　李晓东　杨晓哲　吴忠豪　何成刚
陈雁飞　林培英　易　进　罗　滨　郑　莉
郑　葳　郑永和　郑桂华　胡久华　胡知凡
姚守梅　顾建军　徐淀芳　郭　华

本册作者团队

马云鹏　吴正宪　孙京红　付　丽　孙兴华
张秋爽　王艳玲　郭学锐　石秀荣　井兰娟
边　靖　李京华　金千千　赵艳辉

丛书序

党的十八大以来，习近平总书记立足世界发展大势和国家发展全局，着眼中华民族伟大复兴的中国梦，紧紧围绕"培养什么人、怎样培养人、为谁培养人"这个根本问题，作出了一系列关于教育的重要论述。2019年，《中共中央 国务院关于深化教育教学改革全面提高义务教育质量的意见》《国务院办公厅关于新时代推进普通高中育人方式改革的指导意见》对义务教育和普通高中教学改革的方向提出了明确要求，强调要培养学生学习能力，积极探索基于情境、问题导向的互动式、启发式、探究式、体验式等课堂教学形式，促进学生系统掌握各学科基础知识、基本技能、基本方法，培养适应终身发展和社会发展需要的正确价值观念、必备品格和关键能力。

为贯彻落实习近平总书记关于教育的重要论述和中央关于基础教育教学改革的决策部署，教育部先后印发了新修订的普通高中和义务教育课程方案及各学科课程标准，把党的教育方针中关于学生德智体美劳全面发展的总体要求具体化、细化为各门课程要培养的核心素养并提出了具体的教学要求，基础教育教学改革进入以培养学生核心素养为主要任务的新阶段。

在落实课程标准理念要求过程中我们看到，教学实践层面面临诸多问题和困难。例如，学生主体地位无法完全落实，教学模式化、问题形式化与表面化以及"教教材"问题依旧突出，缺乏创新性转化，特别是教师开展基于课程标准、指向核心素养培育的系统教学设计和实施的能力还不够强，出现教学目标虚化、教学内容琐碎、教学方式和教学评价固化单一等问题。

为向各地教研员和教师开展基于课程标准的教学提供方向引领与行动指导，2014年以来，教育部基础教育课程教材发展中心（现为"课程教材研究所"）组织百余位课程、学科领域的教育专家以及优秀教研员和骨干教师，在总结我国课程教学改革经验的基础上，以边研究、边实验、边总结提炼的行动策略，研发了深度学习教学改进项目，开展基础理论研究和义务教育阶段实践研究。从2019年开始，为顺应深化普通高中课程改革工作的迫切需要，探索落实新修订普通高中课程标准的实践路径，在持续推进义务教育深度学习研究的基础上，同时开展了普通高中深度学习教学改进项目研究工作。

我们在项目实施过程中，始终坚持理论与实践相结合。一是坚持研究先行。建立项目研究组和实验区（校）研究共同体机制，开展深度学习理论框架、教学实践模型、学科教学指南等相关理论研究。二是坚持实验为重。在全国设立5个示范区、20余个实验区、500余所实验学校，覆盖北京、天津、辽宁、山东、江苏、上海、浙江、广东、河南、湖北、新疆、四川、重庆等地，万余名教师和教研员深度参与。项目组专家对实验区进行基于问题解决的多层次、全过程、广覆盖的线上线下指导，确保实验顺利推进。三是建立研修交流机制。项目组和各实验区以"问题导向、基于案例、参与浸润"为指导思想，组织开展多样化的通识和学科研修活动，并及时总结交流项目研究取得的好的工作思路、机制、经验和成果，研究解决突出问题，规划部署和改进研究、实验工作。

经过十年的研究与实验，项目取得了一系列成果和积极成效。一是构建了指向核心素养培育的深度学习理论框架和教学实践模型，研究明确了部分学科深度学习的特征和方法策略，整体性、系统性地回答了"什么是好的教学"以及"如何实现好的教学"，丰富了我国基础教育教学理论。二是开发了部分学科深度学习教学案例和研修案例，丰富了义务教育和普通高中各学科教学指导培训资源，为广大教研员和教师提供了实践指导。三是促进了教师课堂教学能力和专业发展水平提升，为教师探索并深度参与指向核心素养培育的教学改革搭建脚手架，培养了一批掌握和运用深度学习理念，高质量实施课程教学改革的优秀教研人员和骨干教师。四是探索了区域和学校课程育人的基本经验与实践模式，依托项目实验区开展研究和实验，带动了一批实验区、实验学校发展，并在当地乃至全国发挥了示范引领作用。

2018 年年底，我们在总结项目阶段性研究成果的基础上，策划"深度学习教学改进丛书"，陆续出版了理论普及读本和部分学科教学指南，获得了教育领域及社会各界的广泛关注和一致好评。理论普及读本重在解读基本理论和实施策略，学科教学指南重在为广大教研员和教师提供基本思路与操作方法。

近期，随着研究的不断深入，根据新修订的普通高中和义务教育课程标准，我们一方面对已出版的理论普及读本和部分学科教学指南进行修订完善；另一方面，启动其他学科教学指南的研制工作，以期实现项目研究在义务教育和普通高中的学科全覆盖。我们在出版研究成果的同时，还将通过实施培训研修、开展在线教研等方式，宣传、交流研究成果，指导、引领全国各地教研教学工作。

2023 年 5 月，教育部印发了《基础教育课程教学改革深化行动方案》，为深化基础教育课程教学改革提供了方向引领和行动指南。我们希望深度学习教学改进项目系列研究成果，能为高质量推进基于课程标准、指向核心素养培育的教学改革提供有力支撑，助力高质量基础教育体系建设，服务教育强国建设。

张国华

课程教材研究所党委书记、所长

2024 年 10 月

目 录

前　言

为落实党的十八大以来提出的"立德树人"的教育根本任务，全面贯彻党的德智体美劳全面发展的教育方针，2014年教育部基础教育课程教材发展中心（现为"课程教材研究所"）启动了深度学习教学改进项目，在中小学10多个学科和全国若干实验区进行实验研究。小学数学是深度学习教学改进项目的研究学科之一，其研究团队先后在北京市海淀区、广州市南沙区、重庆市南岸区等区域进行实验研究，于2017年取得初步研究成果，并于2019年以实验研究成果为基础出版《深度学习：走向核心素养（学科教学指南·小学数学）》（以下简称《指南》）。

在习近平新时代中国特色社会主义思想指引下，党的二十大提出建设中国式现代化，坚持教育要为党育人、为国育才，为国家培养德智体美劳全面发展的社会主义建设者和接班人，为我们明确了基础教育改革的方向，提出了课程与教学改革的新任务，也为深度学习教学改进项目赋予了新的内涵，提出了深入研究的要求。另外，为匹配教师学习《义务教育课程方案（2022年版）》和各科课程标准的需求，深度学习教学改进项目也需要重点研究与之相适应的对象和主题。《指南》第一版发行以来，深度学习教学改进项目组和各实验区对其理念、模型、具体的操作流程等不断进行改进，并在更大的实验范围进行深入研究，取得了显著成效，积累了丰富的经验和案例。为及时反映小学数学深度学习研究团队在实践模型和实验研究等方面取得的进展，研究团队组织编写了《指南》第二版。

《指南》第二版以《义务教育数学课程标准（2022年版）》［以下简称《数学课程标准（2022年版）》］确定的数与代数、图形与几何、统计与概率三个领域下的学习主题和综合与实践领域为线索，遵循深度学习的基本理念与实践模型，较为系统地阐述小学数学深度学习的内涵与意义，介绍指向深度学习的教学实践模型，以及基于不同学习主题的深度学习典型案例。本书期望帮助小学数学教师和数学教育教学研究者理解小学数学深度学习的内涵要义和实践操作方式，推进《数学课程标准（2022年版）》的有效实施，深化小学数学学科的教学改革，创新小学数学学科教学研究。

《指南》第二版包括五章。第一章，小学数学深度学习的内涵和意义，概述深度学习的内涵、特征、实践模型、意义；第二章，小学数学深度学习教学设计路径，分析深度学习教学设计的要素；第三章，小学数学深度学习的核心内容及其教学设计，详细阐述分析"数与运算"等5个主题及综合与实践领域的内容分析和核心内容的深度学习教学设计；第四章，小学数学深度学习的单元教学案例，展示第三章相关主题和领域的深度学习典型教学案例；第五章，小学数学深度学习教学改进项目的推进策略，从区域和学校层面介绍推进深度学习研究的策略。

历经10多年的教学实践，小学数学深度学习已取得丰富的研究成果。本书主要阐述了小学数学深度学习的理念、模型以及典型的教学案例，更多的研究成果限于篇幅没有收入本书。相信深度学习教学改进项目的研究会不断深化和拓展，不断产出更多实践研究成果，推进小学数学课程与教学改革持续深入，不断提升小学数学教育教学质量。

第一章

小学数学深度学习的内涵和意义

　　深度学习作为一种学习方式由来已久。20 世纪 70 年代认知心理学领域提出"深度学习"的概念，21 世纪初"深度学习"这一概念被引入教育领域。我国深度学习教学改进项目经过 10 多年的努力取得了丰硕成果。随着深度学习研究的不断推进，对深度学习教学改进的理解不断深入，小学数学深度学习的理论和实践研究也在不断改进与完善。

第一节　小学数学深度学习的内涵

　　为使读者对小学数学深度学习的内涵有一个全面的理解，本节将从其背景、发展历程、在小学数学教学改进中的实践做简要阐述。

一、深度学习的概念及其应用

　　对深度学习（deep learning）的研究最早可以追溯到 20 世纪 70 年代，瑞典的费伦斯·马顿（Ference Marton）和罗杰·萨尔乔（Roger Säljö）等从认知心理学的视角，针对以单纯的记忆和一般性的接受知识为特征的浅层学习（surface learning），提出了深度学习的概念[1]。几十年来，在学习科学领域、教育技术领域、高等教育领域以及基础教育的学科教学领域进行了众多有关深度学习的研究[2]。2011 年开始，美国的威廉和弗洛拉·休利特基金会（The William and Flora Hewlett Foundation，WFHF）建立了深度学习研究共同体。由美国研究学会（American Institutes for Research，AIR）发起，19 所学校参加的深度学习研究项目，将深度学习阐释为重点关注学生核心学业知识的掌握、批判性思维与问题解决、有效沟通、协作能力、学会学习、学术心志这六项能力的发展[3]。

　　深度学习是针对以"孤立记忆和无批判的接受"为特征的浅层学习提出的，与"孤立记忆"相对的是"有联系的记忆"，与"无批判的接受"

---

[1] Marton F, Säljö R. On Qualitative Differences in Learning：I-Outcome and Process ［J］. British Journal of Educational Psychology，1976（1）：4-11.

[2] 高东辉，于洪波. 美国"深度学习"研究 40 年：回顾与镜鉴 ［J］. 外国教育研究，2019（1）：14-26.

[3] 舒兰兰，裴新宁. 为深度学习而教：基于美国研究学会"深度学习"研究项目的分析 ［J］. 江苏教育研究，2016（6A）：3-7.

相对的是"有批判的接受"。即在学习过程中，提倡学习者关注知识之间的联系，不仅理解所学知识本身，更要从当前所学知识与以往相关知识的联系中理解知识。在对事实、观点、方法进行质疑、思辨、讨论的过程中，理解和接受正确的，摒弃错误的，从而实现对所学知识与方法的理解和掌握。这样的学习有助于学习者深刻理解所学内容，并完成知识与方法的迁移。

教育领域的深度学习，主要目标是提升人的创造思维和解决问题的能力，其策略主要包括研究性学习（或科学探究）、多维表征学习、有思考的做中学（不仅 hands on，还要 minds on）、主动学习等。深度学习不是一个新概念。深度学习以及相关的学习策略可以从复杂理论、建构理论、隐性学习、整体学习等已有的学习理论中获得相关的理论支持。①

深度学习是针对零散的、以记忆为主的浅层学习，注重知识之间的关联和对知识结构的理解。② 浅层学习是对零散的、无关联的内容不加批判地机械记忆，学习内容脱离生活实际，与学生以往的经验缺乏关联，学不致用；而深度学习则是对学习内容积极主动地理解、联系和建立结构，并进行基本原理的追求，相关证据的权衡、批判反思和应用。③ 促进深度学习的新教学论主要由三个核心要素构成：一是师生之间的新型学习伙伴关系；二是深度学习任务，这些任务能重构学习过程，由此驱动知识的创造和目的性应用；三是能够加速深度学习进程的数字化工具与资源。④

概括起来，**深度学习是一类体现知识之间联系、关注知识结构的学习，是在学习过程中摒弃简单的知识接收，通过质疑、思考、交流等方式获得知识与方法的学习。**基于深度学习的教学改进，致力于促进学生对核心知识及其关联的理解与掌握，促进学生审辨性思维、独立思考与问题解决能力、自我反思意识和能力的养成与提升。

———————

① 冯嘉慧. 深度学习的内涵与策略：访俄亥俄州立大学包雷教授 [J]. 全球教育展望，2017 (9)：3-12.

② Marton F, Säljö R. On Qualitative Differences in Learning：I-Outcome and Process [J]. British Journal of Educational Psychology，1976 (1)：4-11.

③ Biggs J. What Do Inventories of Students' Learning Process Really Measure? A Theoretical Review and Clarification [J]. British Journal of Educational Psychology，1993 (1)：3-19.

④ Fullan M, Langworthy M. A Rich Seam：How New Pedagogies Find Deep Learning [EB/OL]. [2014-01-22]. https：//michaelfullan. ca/a-rich-seam-how-new-pedagogies-find-deep-learning/.

促进深度学习的教学，是教师在教学设计和组织中，针对学科中的关键内容，设计挑战性学习任务，引发学生独立思考、沟通互动、合作交流、质疑反思，注重知识关联与方法迁移，指向学生高阶思维的发展与核心素养目标的达成，聚焦核心知识掌握与大观念建构，促进学生整体发展的有意义的教学过程。

二、作为教学改进理念的深度学习

针对基础教育阶段课程与教学中的问题，特别是课堂教学中的各种弊端，教育部基础教育课程教材发展中心（现为"课程教材研究所"），于2014年启动深度学习教学改进项目，旨在解决当前我国课堂教学中存在的难点问题，提高课堂教学研究水平，推动课堂教学减负增效，使项目实施成为推动基础教育课程改革的重要载体，并不断提炼和完善具有中国本土特色的教学理论成果和实践经验，形成深度学习的教学理念，促进基础教育课程与教学改革。[①] 深度学习项目组组织课程教学理论研究和中小学各学科教学研究的研究者，从理论和实践两个角度对深度学习进行系统的研究。目前，此项研究取得了丰富的阶段性成果。

从2014年开始，深度学习项目组在深度学习相关研究梳理的基础上，提出深度学习教学改进的基本理念，将深度学习理解为"在教师引领下，学生围绕着具有挑战性的学习主题，全身心积极参与、体验成功、获得发展的有意义的学习过程"，在这个过程中，"学生掌握学科的核心知识，理解学习的过程，把握学科的本质及思想方法，形成积极的内在学习动机、高级的社会性情感、积极的态度、正确的价值观，成为既具独立性、批判性、创造性又有合作精神、基础扎实的优秀的学习者，成为未来社会历史实践的主人"。[②] 深度学习作为一种教学设计理念，与基础教育具体的学科密切相关，在实践操作时会反映具体学科的特征。如数学、语文、化学等学科根据学科的特点，分别确定了体现学科特点的深度学习的基本要素和设计框架。以小学数学为例，确定的深度学习教学改进的基本要素和设计框架是"在教师引领下，学

---

① 刘月霞. 以深度学习释放课改"红利" [N]. 中国教育报，2017-04-05 (9).
② 郭华. 深度学习及其意义 [J]. 课程·教材·教法，2016 (11)：25-32.

生围绕具有挑战性的学习主题，全身心参与、体验成功、获得发展的有意义的数学学习过程"，在这个过程中，"学生开展从具体到抽象、运算与推理、几何直观、数据分析和问题解决等为重点的思维活动，获得数学核心知识、把握数学的本质和思想方法、提高思维能力、发展核心素养，形成积极的情感、态度和正确的价值观，逐渐成为既具独立性、批判性、创造性又有合作精神的学习者"。[①]

　　在理论与实践研究的基础上，项目组形成了深度学习教学改进的系列研究成果，对深度学习在学科教学领域中的应用形成了基本共识，进一步完善了指向深度学习的教学实践模型，如图 1-1-1 所示。该模型包含四个核心要素和两个支持要素。四个核心要素分别是素养导向的学习目标、引领性学习主题、挑战性学习活动、持续性学习评价。两个支持要素分别是开放性学习环境和反思性教学改进。

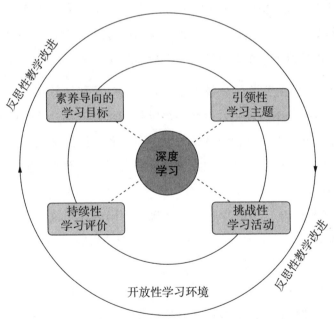

图 1-1-1　指向深度学习的教学实践模型

---

① 马云鹏. 深度学习视域下的课堂变革 [J]. 全球教育展望，2018（10）：52-63.

三、对小学数学深度学习的理解

本研究中的小学数学深度学习是指作为教学改进理念的小学数学深度学习，即促进深度学习的小学数学教学设计与实施。从这个意义上来说，小学数学深度学习既可作为课堂教学的变革理念和设计思路，也包含促进学生深度学习的教学设计与组织框架。

小学数学深度学习是聚焦小学数学不同学习主题下的核心内容①，针对其中的引领性关键内容，提出挑战性学习活动，引发学生积极参与、独立思考、沟通互动、质疑反思等，促进学生健康发展的有意义的学习过程。在这个过程中，学生能够掌握数学核心知识与方法、体会核心内容的大观念、建构知识结构、综合运用知识和方法解决问题、评判学习结果与过程、发展核心素养，从而形成积极的情感和正确的价值观，成为基础扎实、善于独立思考、有合作意识和社会责任感、具备一定创新精神和实践能力的自主学习者。

具体可以从以下三个方面理解小学数学深度学习。

1. 小学数学深度学习是聚焦核心内容的单元整体教学

深度学习的基本特征是，教师围绕学科的核心内容，整体理解学习内容的特征和学生学习的特点，设计挑战性学习任务，促使学生理解并掌握核心内容知识，实现高阶思维和问题解决能力的发展，进而使学生形成终身发展所需要的核心素养。

《数学课程标准（2022年版）》明确了不同内容领域下的学习主题，包括"数与运算""数量关系""图形的认识与测量""图形的位置与运动""数据的收集、整理与表达"等。这些学习主题包含学科的核心内容，体现了学科本质的一致性。深度学习的教学中，教师要以课程标准规定的学习主题为载体，整体理解不同学习主题的特点和学生学习特征，在此基础上确定重点关注的学习单元和关键内容，设计挑战性学习任务，展开探索性学习活动，促进学生的整体发展。

---

① 本研究中的"学习主题"是指《数学课程标准（2022年版）》课程内容的三个学习领域下的主题，如"数与运算""数量关系""图形的认识与测量""图形的位置与运动""数据的收集、整理与表达"等。

小学数学深度学习采取单元整体教学设计的思路。单元整体教学以反映不同主题学科本质的大观念为主线，选择体现不同主题学科本质和大观念的学习单元，以教材单元为基本学习单位和分析线索，在整体分析单元内容的基础上，建立关联单元，确定单元目标和课时目标，针对单元中的关键内容，设计促进学习迁移、实现学生整体发展目标的教学活动。同时，对以跨学科主题学习为主的综合与实践领域也用深度学习的理念进行分析与设计。

2. 小学数学深度学习指向学生的整体发展

深度学习指向学生的整体发展，因此，学习目标应能够体现核心知识的理解和掌握、高阶思维与问题解决能力的提升、正确的情感态度价值观的养成以及核心素养的形成等方面。

核心知识的理解和掌握是基于对主题内容结构化的学习而形成的对知识内容的整体理解，学生仅通过对碎片化的、零散的知识内容的学习难以实现，教师应引导学生通过大观念理解知识之间的关联，从本质和联系的角度理解核心知识与技能。

高阶思维与问题解决能力的提升是深度学习的重要目标，高阶思维包括抽象与推理能力、批判性思维等，问题解决能力更是数学学习不可缺少的目标，与深度学习追求的目标具有一致性。这方面的能力与《数学课程标准（2022 年版）》中的"四基""四能"目标也有交叉和联系。小学数学深度学习所设置的学习目标与数学课程标准确定的目标具有高度的一致性。

正确的情感态度价值观的养成也是深度学习的重要目标，包括积极的学习动机、高级的社会性情感和正确的价值观等。这与数学课程目标也具有一致性。

核心素养的形成面向学生终身发展的需要，是学生发展的长远目标。上述三个方面的目标都最终指向学生核心素养的形成与发展。《数学课程标准（2022 年版）》明确将"三会"作为数学学科培养的核心素养，并确定了小学阶段核心素养的 11 个具体表现。这些表现在各学习主题中有所侧重，是确定深度学习目标的重要依据。

3. 小学数学深度学习体现学习进阶的教学活动设计

小学数学深度学习以学习主题为线索，采用单元整体教学设计的思路。《数学课程标准（2022 年版）》将小学阶段分为三个学段，根据学生学习进程，每一个学习主题在不同学段提出不同水平的要求。这些要求体现了学习主题内容的深度，反映了学习主题内容大观念的进阶。在设计指向深度学习的教学活动时，教师应整体考虑学习内容在不同阶段的要求，体现大观念水平的学习进阶，这些进阶的要求反映在单元和关联单元的学习目标之中，在学习任务的提出、学习活动的安排上关注相关知识与方法的迁移，进而体现学习要求的进阶。如"数与运算"主题的学习，第一学段引导学生通过"十进制计数法""加减计算是相同数位上数的累加"等大观念，理解和掌握整数的意义和运算；第二学段引导学生理解"分数单位""小数数位""计数单位的累加"等，理解掌握简单的小数、分数及其运算；第三学段引导学生进一步认识"计数单位及其累加和转换"，理解掌握小数、分数的意义和运算。不同阶段的数学学习关注的重点有所不同，对学生的要求不同，但体现的学科本质和对学生综合素养的培养目标具有一致性。

第二节　小学数学深度学习的特征及其实践模型

小学数学深度学习作为一种教学改进的理念与框架，与新时代基础教育课程与教学改革的需求相适应，体现了新课程标准提出的理念与目标，致力于促进核心素养统领的课程与教学改革，具有鲜明的时代特征。

一、小学数学深度学习的特征

小学数学深度学习的教学是教师基于对数学学习主题的整体理解，指向学生整体发展的目标，针对引领性关键内容，所组织的能促进学生健康成长、高质量发展的教学。

1. 基于对结构化主题的整体理解

深度学习的核心在于引发学生的真正学习，真正的学习在于对数学主题知识结构的理解与掌握，而基于主题的大观念的学习有助于实现知识与方法的迁移，达成素养导向的学习目标。以"数与运算"主题为例简要说明。

（1）小学数学内容结构化

《数学课程标准（2022年版）》对数学课程内容进行结构化整合，义务教育四个学段在四个领域下分为若干学习主题，如"数与运算""数量关系""图形的认识与测量""图形的位置与运动""数据的收集、整理与表达"等，综合与实践领域以跨学科主题学习为主。

每个主题都体现了学习内容的整体性，学科本质的一致性，以及学习要求的阶段性。如"数与运算"主题，由原来的"数的认识"和"数的运算"整合而成，整合后的主题体现学科本质的一致性，即"数与运算"构成一个整体。数的认识与运算密切相关：学生从认识数"1"开始，每次"+1"就得到一个新的数，数的不断扩大，也是在进行加的运算，数数的过程就是累加的过程。数的运算同参与运算的数的性质、特征直接相关：整数、小数加减法是相同数位上的数相加减，而在竖式的算法中，整数运算是数的末位对齐，小数运算则是小数点对齐，本质上都是数位对齐，但具体表现形式不同；分数加减法则是相同分数单位的个数相加减，具体表现是分母相同的分数可以直接相加减，表现出数与运算之间的关系。从学科本质来看，整数和小数的数位，分数的分数单位都可以看作计数单位，都是相同计数单位的个数相加减。乘法和除法虽然有些复杂，但本质特征仍然是一致的。同时，主题内容又表现出阶段性特征。整数认识从百以内、万以内数的认识到多位数的认识，小数、分数从初步认识到了解意义，对数概念的理解和表达不断深入，表现出认识层次和思维水平上的阶段性。

在这个过程中，"数是用符号和计数单位表达数量""计算是计数单位个数的运算"这些大观念，在数的认识与运算的学习中起着重要作用。从数位到分数单位再到计数单位的学习安排，既体现整体性，又具有阶段性。从内容结构化的视角看主题内容，就是要理解不同内容之间的关联以及发展进阶。以这样的思路对小学阶段各主题内容进行整体分析和理解，是深度学习教学设计的基础。

（2）学习主题的大观念与关联单元

深度学习的教学以单元整体设计的方式展开，通常所说的"单元"是指教材中的自然单元。深度学习的教学设计一般以自然单元为切入点，在整体分析学习主题的基础上将自然单元拓展为关联单元，实现对学习内容的结构化理解，建立不同内容之间的关联，保障学生学习过程中知识与方法的顺利迁移。关联单元是体现大观念阶段性发展的重要节点，关联单元以学习主题的大观念为线索，将教材中不同单元内容建立起关联，必要时可对单元进行一定的整合或分解。关联单元中的每个单元又可延伸出相关的具体内容。

每一个学习主题都有反映其学科本质的大观念，大观念的不同表现形式是推进学生该主题学习进阶的依据。因此，可根据主题的学科本质和学生的学习进程提取大观念，进而确定大观念的阶段性表现，在此基础上确定该主题的学习单元和关联单元。

"数与运算"作为一个学习主题，《数学课程标准（2022年版）》对其学科本质做了描述，"数是对数量的抽象，数的运算重点在于理解算理、掌握算法，数与运算之间有密切的关联"；也对学生的学习提出了整体要求，"初步体会数是对数量的抽象，感悟数的概念本质上的一致性，形成数感和符号意识；感悟数的运算以及运算之间的关系，体会数的运算本质上的一致性，形成运算能力和推理意识"。对"数与运算"学科本质的理解包括数的抽象，运算的算理，以及数与运算的关联。相关的核心素养包括数感、符号意识、运算能力和推理意识等。大观念体现学科本质，将相关的学习内容建立关联，帮助学生理解学习内容中具体的知识与方法，有助于实现知识与方法的迁移，最终促进学生核心素养的形成。大观念可以看作沟通不同内容、促进核心素养形成的桥梁。从数的抽象、运算的算理以及它们之间的关系思考"数与运算"主题的大观念，至少包括"数是用符号和计数单位表达数量""计算是计数单位个数的运算""运算律是四则运算的依据"等。

数的符号表达是从数量抽象为数的标志，数是数量的抽象，用抽象的符号和相关的规则表达数量，是数的抽象过程中不可缺少的一环。小学阶段数的认识主要包括对自然数、分数和小数的认识。对自然数的认识是从1开始的，用1，2，3，…，9九个数字表示1~9的数量，再运用0和位值制表达更大的数。因此，数字符号和数位是数的抽象表达的关键。分数和小数的表达同样需要运用数字和数位，小数是小数的数位，分数则是分数单位。将这些统一起来表述，其核心要素就是数字和计数单位。

计数单位个数的运算是理解数运算算理的基本依据。加法是最基本的数运算，其他运算都可以由加法演变而来。学习运算是从整数加减法开始的，由数的表达的特征，即不同数位上的数字代表不同的值，进行加减法运算时就必须将相同数位上的数相加，小数和分数也具有同样的道理。乘法也可以理解为相同加数相加，而除法是乘法的逆运算，具体操作时也是在计算乘法。因此，"计数单位个数的运算"可以看作数运算的大观念。

运算律是进行数的四则运算的依据。稍复杂一点的四则运算的算理都需要用运算律来解释，如 $14×12 = 14×（10+2）= 14×10+14×2$。几乎对所有数运算的算理的理解都要用到运算律。

"数与运算"主题内容在小学阶段分散在不同阶段学习，随着学习进度的展开，教材会安排若干单元内容。如 20 以内数的认识与运算，多位数的认识与运算，小数的认识与运算，分数的认识与运算，等等。这些单元内容中，作为"数与运算"主题学习的典型的或重要的内容，特别是对数的抽象和计算的算理起重要作用的内容，可以作为这一主题的关联单元。从学习进阶的角度去思考，对于与"计数单位"及"计数单位个数的运算"相关的大观念的建立及其迁移，更为重要的单元有哪些？在内容整体分析时，我们可以将其作为深度学习研究的关联单元，进而整体把握对这部分内容的理解和掌握。

（3）单元中引领性关键内容

根据前面的分析，可以确定"数与运算"主题下的关联单元，包括"百以内数的认识及其运算""万以内数的认识及其运算""小数的意义及其运算""分数的意义及其运算"。这些单元内容以具有一致性的大观念作为学习的支撑，也就是"数是用符号和计数单位表达数量"和"计算是计数单位个数的运算"。而在这四个单元中，大观念的表现形式呈现阶段性特征。如百以内数的认识及其运算，整数的数位及其所表示的值是其大观念的具体表现；小数的意义及其运算，其大观念表现是小数数位及其所表示的值；分数的意义及其运算，其大观念表现是分数单位及其表达的意义。相关的数的运算也与这些大观念的表现有关，最后到分数意义及其运算学习时可以将具体表现表述为计数单位。

每一个单元都包括若干个例题，这些例题多数与所在单元的大观念相关，其中至少有一个典型关键内容。如万以内数的认识及其运算中，"千"的认识可作为关键内容。由百到千，要建立一个新的计数单位，即新的数位"千"，用原来的个、十、百 3 个数位最多能表达 999，比 999 多 1 怎样表示呢？就要有新的数位，这个数位上的 1 表示比 999 多 1 的数，就是新的计数单位"千"。再如数的计算，14×12 是典型的例子。计算这个乘式，既需要对整数的数位及其运算的理解，也需要运用运算律理解算理。综合上述分析，形成对"数与运算"主题的关联单元、大观念及其阶段性特征、关键内容的理解（见表 1-2-1）。

表 1-2-1　"数与运算"主题下关联单元及其相关内容

主题/关联单元	大观念	大观念阶段性特征	关键内容（典型例子）
百以内数的认识及其运算	数是用符号和计数单位表达数量，计算是计数单位个数的运算，运算律是四则运算的依据	数位，相同数位上数的"累加"	百以内数的认识（对 11~20 各数认识）百以内数的加减法，$37+45=$
万以内数的认识及其运算		数位，相同数位上数的"累加"与转换，运算律	万以内数的认识（怎样表示一千）$14×12=14×(10+2)=14×10+14×2$ 运算律及其应用
小数的意义及其运算	数是用符号和计数单位表达数量，数的计算是计数单位个数的运算，运算律是数计算的依据	小数数位，小数相同数位上数的"累加"，单位的细分，运算律	小数的意义（百分位、千分位的值）小数的加减法，$4.75+3.4=$ 小数的乘除法，$2.35×3=$ $9.7÷4=$
分数的意义及其运算		分数单位，相同分数单位个数的"累加"，运算律	分数的意义（$\frac{3}{4}$ 表示什么?）分数的加减法，$\frac{1}{2}+\frac{1}{4}=$ 分数的乘除法，$\frac{3}{8}×\frac{1}{2}=$
整理复习		计数单位，计数单位个数的"累加"	体会一致性

　　与这四个典型单元内容相关的还有其他内容，这些内容的本质特征与相关阶段内容相似，其学科大观念具有一致性。教师在教学过程中应抓住计数单位、运算律等大观念，注重知识之间的关联，设计有效的学习任务和组织

有助于思考与探究的学习活动，有助于学生很好地理解和掌握相关的知识内容，促进学生在学习过程中实现知识与方法的迁移。

深度学习教学设计可以选择典型的单元内容"万以内数的认识及其运算"作为核心内容研究，这个内容在教材中可能是两个单元，为体现内容结构化的特征，需要将两个单元的内容进行整体分析，确定单元目标和课时目标①。同时分析与其关联的前后单元的学习内容，构成体现大观念的关联单元。前后单元的内容分别作为其基础和延伸，本单元内容作为教学设计的重点。"小数的意义及其运算"内容同样是"数与运算"主题的核心内容，应对其进行整体分析。小数意义的学习是进行加减法运算的基础，特别是对小数数位的理解，以及对小数数位与整数数位之间关联的了解。小数加减法在形式上与整数加减法有相同之处，但由于小数以小数点为界分为整数部分和小数部分，相同数位上的数相加减与整数运算是一致的，在算法的表现形式上又有所不同，这种表现形式上的异同对学生理解小数加减法会产生一定的影响，这也是教学中需要特别关注的地方。

2. 指向学生发展的整体目标

深度学习致力于学生发展整体目标的实现。依据《数学课程标准（2022年版）》以及深度学习的特征，小学数学深度学习指向学生发展的目标主要包括以下五个方面：核心知识与技能的理解与掌握；基本思想与活动经验的获得；审辨性思维与问题解决能力等高阶思维的提升；交流合作与自我反思习惯的养成；核心素养的形成（重点是针对主题的核心素养表现）。

（1）核心知识与技能的理解与掌握

深度学习以核心内容的单元为载体，通过对单元中体现大观念本质的关键内容的深度探索，达到理解与掌握相关的核心知识与技能的目标。深度学习的教学重点研究的主题/关联单元，包括相关主题的核心知识与技能；理解与掌握的标志是对单元内容本质的理解，对其体现的大观念的把握，了解知识与相关知识的关联，能把知识和方法运用到新的情境之中。如"万以内数的认识及其运算"，是在百以内数认识基础上，进一步理解"千""万"两个新的数位，将原有的数位与新数位建立联系，并理解一个4位数的意义，以

---

① 目前有教材分别在二年级下册和三年级上册；有教材都在二年级下册，实际教学时可以整合在一起，也可以分别按两个教材单元教学，但进行内容分析时需要整体考虑。

及比较大小的方法。具体来说，可以用数的意义说明 3408 与 4018，3755 与 3765 大小的比较；清楚地叙述 356+468 的算理。同时有意识地与"百以内数的认识及其运算"建立联系，为学习后续相关内容做好准备。

"小数的意义及其运算"是学生在学习小数的初步认识和整数运算的基础上进一步学习的内容，对小数意义的理解主要体现为由直观的认识到重点从数位理解小数，如十分位的数表示多少个十分之一或 0.1，百分位上的数表示多少个百分之一或 0.01。而学生要完成小数的运算，需首先依据小数的意义、四则运算的意义和运算律理解算理和算法。小数运算的算理和整数运算的算理具有一致性，也为后面学生学习分数运算做准备。

（2）基本思想与活动经验的获得

《义务教育数学课程标准（2011 年版）》［以下简称《数学课程标准（2011 年版）》］在"双基"（基础知识、基本技能）的基础上，增加了对"基本思想"和"基本活动经验"的要求，形成了"四基"。"四基"的提出，对数学教育的内涵进行了再创造，对学科育人的目标有了新追求。作为数学的基本思想，必须满足两个基本原则：一是为数学的产生与发展所依赖，二是学习过数学的人应具有的基本思维特征。依据此原则，可以提出三个基本数学思想——抽象、推理与模型。

而基本活动经验，是学生运用数学思想解决问题的内在动力，需要在学习活动中持续积累与发挥作用。深度学习所强调的素养导向的学习目标、引领性学习主题、挑战性学习活动、持续性学习评价等四个核心要素，开放性学习环境和反思性教学改进两个支持要素，既构成了以学生为主体的学习过程，更通过引领性学习主题、挑战性学习活动、开放性学习环境等，实现对数学基本思想和活动经验的调用与持续积累。例如，在解决与"单价、数量、总价""速度、时间、路程"等相关的实际问题的过程中，学生逐渐感悟、理解"乘法模型"的数学内涵，实现对一类问题模型的抽象，发展模型意识与应用意识，积累"抽象""模型"等基本思想和活动经验。

（3）审辨性思维与问题解决能力等高阶思维的提升

在深度学习过程中，学生主动参与学习过程，在独立思考、质疑问难等活动中，发展初步的抽象与推理能力、批判性思维、问题解决能力。具备这些能力的标志是有独立的见解、有初步的数学化意识、有符合逻辑的思考、有科学的态度、有判断真伪的能力等。如与"万以内数的认识及其运算"关联的是数的抽象表达（数字符号和数位），以及简单的推理（运算的算理）。与小数的意义及其运算关联的是推理能力、问题解决能力等。

（4）交流合作与自我反思习惯的养成

在深度学习过程中，学生形成独立思考、学会倾听、勇于质疑、懂得交流、善于合作、能够反思等学习习惯和品质，体现了学习过程中学生的自主性、合作意识、团队精神和批判性思维。若要想在数学学习中实现对学习内容的真正理解，对思维方法的体验与内化，对不同方法的理解，以及与同伴合作的意识和习惯，需要教师在教学活动中为学生创造机会，鼓励学生积极主动参与学习活动，促进真正的学习发生。

（5）核心素养的形成

《数学课程标准（2022年版）》中核心素养的不同表现与单元内容相关联。与"万以内数的认识及其运算"关联的核心素养的表现包括数感、符号意识、推理意识等。与"小数的意义及其运算"关联的核心素养表现包括数感、推理意识、运算能力等。

综合上面分析，结合教材分析和学情分析，确定的单元目标和课时目标见表1-2-2。

表1-2-2　单元目标和课时目标

内容	万以内数的认识及其运算	小数的意义及其运算
单元目标	（1）理解和表达万以内的数，会计算万以内数的加减法； （2）探索并理解相同数位相加及进位的道理，准确表达计算的过程和方法； （3）体会整数的表达及其运算的一致性； （4）尝试提出解决问题的方法，参与不同方法的讨论，养成良好的学习习惯	（1）理解小数的意义，会计算小数的加法和减法； （2）探索并理解小数各数位的值及其表达； （3）能根据需要确定一个小数的近似数； （4）探索并理解相同数位上的数相加减的道理； （5）体会小数加减法与整数加减法的一致性； （6）积极参与提出解决问题的方法、质疑讨论等学习过程，养成认真严谨的学习态度

续表

内容	万以内数的认识及其运算	小数的意义及其运算
课时 1 目标	略	略
课时 2（关键内容之一）目标	两位数加两位数： (1) 会计算两位数加减两位数； (2) 探索并理解两位数加减法的算理； (3) 养成认真严谨的学习态度	小数的意义： (1) 理解小数的意义及其表达； (2) 了解小数的产生，体会小数的表达与整数的关系； (3) 在探索小数意义与表达的过程中养成独立思考、质疑交流的学习态度
课时 3 目标	略	略
课时 4 目标	略	略

3. 促进知识与方法的迁移的整体设计

深度学习的教学采取单元整体教学设计的思路：从体现大观念的典型单元内容入手，整体分析单元内容，选择单元内容中的关键内容，确定单元目标和课时目标；重点设计一个或几个关键内容的学习活动，通过挑战性学习任务和开放性学习活动，引导学生思考、质疑与交流，促进知识与方法的迁移，实现素养导向的学习目标。前文在单元整体分析时阐述了单元中关键内容的选择和相关的单元目标的确定，下面仅就"小数除法"单元中的关键内容——整数除以整数商是小数的例题（如 97÷4 = ?）学习活动的设计做简要说明。（详见第四章的相关案例）

首先，确定挑战性学习任务。问题情境是"4 人聚餐，AA 制付费，李刚先垫付 100 元，服务员找 3 元，每人应给李刚转账多少元？"AA 制这一现实问题是学生熟悉的，学生根据学过的整数除法，很容易列出算式 97÷4 = 。但实际计算这个问题时却面临挑战：当计算到 97÷4 = 24（元）……1（元）时，剩下的 1 元怎样分？在计算整数除法中的有余数除法时，不需要或者不能够分这个 1，而当时的情境都是类似"97 个人过河，每条船最多载 4 个人，需要多少条船？"此时的结果是 24+1。而现在的 AA 制情境，再用 24+1 的方法处理不合适，因此必须想办法再分剩余的 1 元。

其次，展开独立思考、质疑交流、合作探究等学习活动。面对剩下的 1 元怎样分，组织开展多样化的学习活动。在独立思考的过程中，学生提出不同的解决问题的思路，有的学生把 1 元换成更小的单位，1 元 = 100 分，1 元 = 10 角就可以继续分了；有的学生直接用具体的元、角、分的实物来分；还有学生在竖式中将小数的计数单位细分。面对不同的解决问题的办法，引导学生提出质疑、交流讨论，最终解决这个小数除法的问题。在这个过程中，学生从解决实际问题的需要中体验小数运算的必要性，在探索计算结果中了解小数除法与整数除法的关联，体会它们之间的一致性和差异性，最终理解小数除法计算方法的本质，即在较大的计数单位不够除的时候，将其细分成较小的计数单位，就可以继续除了。这与整数除法计算时高位不够除，再看较低的数位的思路是一致的。

最后，评价学习目标的达成状况。在整个学习活动中，师生的对话，学生之间的交流，学生提出新的问题和方法，以及对不同方法的质疑和讨论，都是围绕如何解决 AA 制带来的问题这一目标而展开的。而在实现这一目标的过程中，学生的核心知识与技能、参与意识与态度、高阶思维的表现（如批判质疑、提出新的方法等）也会逐步提升，学生也能从针对数量理解算理（针对元角分）到针对抽象的数理解算理（小数的十分位、百分位），最终逐步形成运算能力、推理意识等核心素养。

二、小学数学指向深度学习的教学实践模型

依据前面展示的项目组研制的指向深度学习的教学实践模型，结合小学数学学科特点，形成小学数学指向深度学习的教学实践模型（见图 1-2-1）。此模型分为准备、设计与实施、反思三个阶段。

下面以小数除法为例对教学实践模型各要素做简要分析①。

1. 准备阶段要素分析

准备阶段是指从学习主题/单元的整体分析入手，对学习内容和学生学习情况进行整体分析，进而确定学习单元和关联单元。这一阶段是开展深度学习教学设计时不可缺少的，但它不是教学设计本身的要素，因此，将其作为

① 详细案例见本书第四章相关内容。

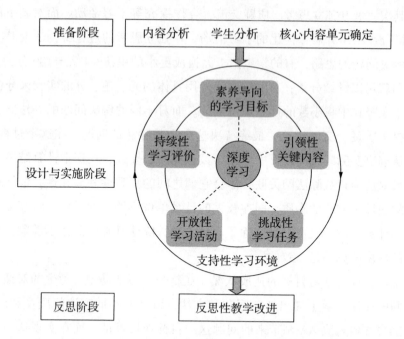

图 1-2-1 小学数学指向深度学习的教学实践模型

准备阶段呈现。

准备阶段主要是对所选择的单元内容进行整体分析，包括内容本质分析、单元教材分析，以及对学生学习情况进行分析，在此基础上确定学习目标，为设计与实施学习活动做准备。

"小数除法"单元是"数与运算"主题的核心内容，是学生学习整数四则运算的最后阶段，也是对小数意义的运用和再认识。小数除法是培养学生数感、推理意识和运算能力的重要载体。

（1）内容本质分析

小数除法作为"数与运算"主题的核心内容，体现了数与运算的学科本质。数是数量的抽象，小数作为特殊的分数本质上表示小于 1 的数。表示十分之一的十分位（0.1）、表示百分之一的百分位（0.01）等小数数位，是整数数位的拓展。小数的表达是小数数位的个数，如 0.62 是由 6 个 0.1 和 2 个 0.01 组成，而 3.62 则看作整数 3 和小数 0.62 的和。整数的数位、小数的数位、分数的分数单位都可以看作计数单位。小数运算的算理与整数运算的算理具有一致性，都是计数单位的"运算"，运算律保证其运算的合理性。与计数单位、运算律相关的大观念也是小数除法的大观念。通过大观念的建立逐步引导学生从非本质的形式走向对数学本质的理解，体会数概念的一致性、数运算的一致性，沟通数概念与数运算之间的关联。

（2）单元教材分析

单元教材分析从纵向和横向两个视角进行。教材纵向分析的目的在于梳理单元内容的前后关联，了解核心内容的来龙去脉。小数除法单元与小数的意义和除法计算密切相关，小数加减法、小数乘法、除法的意义、整数除法等内容都与小数除法相关联，特别是有余数的除法可以看作整数除法与小数除法的桥梁。

教材横向分析是梳理不同版本教材对该单元的呈现方式。对比北师大版、人教版、苏教版等版本的教材后发现，小数除法单元都包括小数除以整数、整数除以整数商是小数、小数除以小数、整数除以小数等内容。从表现形式上看，不同版本教材在前面的小数教学中均呈现了能够体现小数实际意义的正方形模型或数线等直观模型。从除数是整数的小数除法入手，引导学生在探索发现中理解小数除法的意义，体会计数单位的不断细分，进而发展运算能力。

（3）学生学习情况分析

通过学情调查和对以往学生学习的经验分析，学生学习小数除法时的主要困惑有两种：一种是受到除数是整数的小数除法竖式干扰，理所当然地认为商的小数点与被除数小数点对齐；另一种是将商不变的性质与乘法和加减法的情况混淆。为此，小数乘除法的学习必须回到计数单位上来，引导学生从除数和被除数的计数单位及其细分的角度上理解小数除法的意义和算理。

在上述分析基础上确定单元目标和课时目标（略，见第四章案例）。

2. 设计与实施阶段要素分析

设计与实施阶段是深度学习教学的主体，在准备阶段对内容整体分析的基础上，确定深度学习教学的基本要素，主要包括确定素养导向的学习目标，提炼引领性关键内容，提出挑战性学习任务，设计与组织开放多元的学习活动，开展持续性学习评价。

在单元整体分析的基础上，对小数除法单元内容进行适当调整，将整数除以整数商是小数的例题作为关键内容，在第一课时安排，突出小数除法中在较高数位除不尽时，将计数单位细分的过程，引导学生从除法运算的本质来理解小数除法的算理，进而再安排其他内容的教学。

（1）小数除法单元设计的顺序和课时安排

围绕小数除法单元的不同教学内容，将其结构化，明确有进阶的大观念、核心环节、设计意图和课时，形成如表1-2-3所示的"小数除法"单元设计顺序和课时安排。

表1-2-3　"小数除法"单元设计顺序和课时安排

大观念（关键词）	教学内容	核心环节	设计意图	课时安排
计数单位细分	整数除以整数商是小数	4人聚餐，AA制付费，李刚先垫付100元，服务员找3元，每人应给李刚转账多少元？	唤醒有余数的除法"前概念"，借助具体情境，产生计数单位细分的需求，体会除的结果用小数表示；探索算法，理解除法运算的一致性	3课时
同步转化后的单位细分	小数除以小数	淘气通话费4.2元，每分钟0.3元，打了多少分钟？	持续探索小数除法算理，借助人民币和直观模型，根据商不变的性质进行转化，感受运算律的价值	3课时
根据需求进行单位细分	人民币兑换	妈妈用600元人民币可以兑换多少美元？（假设1美元兑换人民币6.31元）	在解决兑换问题时，感受近似值在生活中的真实需要，根据需求保留商（小数）的近似值	4课时
	循环小数	蜘蛛3分钟爬行73米，平均每分钟爬多少米？	计算蜘蛛的爬行速度，初步认识循环小数，体会数和运算的一致性	

（2）素养导向的学习目标

依据课标的内容要求和学业要求，分析小数除法单元相关的核心素养表现，在单元整体分析的基础上，确定"整数除以整数商是小数"课时的学习目标。

①结合具体情境，探索"整数除以整数商是小数"的除法算理，经历计数单位细分的过程，感悟计数单位的作用，发展运算能力及数感。

②掌握除数是整数的小数除法的竖式标准算法，能解决一些简单的实际

问题，形成推理意识。

③结合具体情境，体会小数除法在日常生活中的应用，感受数学与生活的联系，在解决问题中学会合作交流、大胆表达，培养问题意识。

（3）引领性关键内容

在单元中选择引领性关键内容时，应选择最能体现该内容的学科本质和大观念，对后续学习能起到知识与方法迁移作用的内容。每一个单元中都有1~2个这样的关键内容，也是单元学习应重点关注的内容。在小数除法单元中，"整数除以整数商是小数"的小数除法体现了小数除法是整数除法的延续，是对余数能否细分、如何细分的再讨论，既能将整数除法的算理迁移到小数除法中，又能很好体现小数除法算理。因此，"整数除以整数商是小数"的小数除法是小数除法单元的关键内容，用"整数除法"推开"小数除法"的大门，体会计数单位的不断细分，探寻小数除法的通法，凸显数与运算的一致性。

（4）挑战性学习任务

选择和呈现挑战性学习任务是深度学习教学活动展开的关键一环挑战性学习任务应具备两个基本特征：一是学习任务的提出和展开直接指向关键内容的学科本质，促使学生理解和掌握核心知识与方法；二是学习任务具有一定的挑战性，为学生提供深度思考的空间和讨论交流的余地。在上述整数除以整数的小数除法案例中，老师利用 AA 制的真实情境，引出挑战性学习任务。针对"4 人聚餐，AA 制付费，李刚先垫付 100 元，服务员找 3 元，每人应给李刚转账多少元？"这样一个看似简单的问题，学生很容易列出算式，并依据以往的整数除法的经验进行计算，但在计算的过程中会出现用以往整数除法的方法"计算不下去"的困境。

（5）开放性学习活动

开放性学习活动是由挑战性学习任务引发不同的解决方案，面对不同的方法或答案，师生开展质疑、交流、合作、探索的过程。学习活动的开放程度、活动采用的具体方法会因学习内容和挑战性学习任务的不同而有所区别，重要的是引起学生对问题的思考，引发学生围绕关键内容的讨论与交流，引起真正学习的发生。在案例中，大部分学生都写出了这样的算式：97÷4=24（元）……1（元）。接下来讨论"每人应付 24 元还是 25 元？怎样解决这个问题？"学生经过独立思考后，呈现出至少三种不同的解决方法。

第一位学生用算式表达：1 元=100 分，100÷4=25（分），结果是 2 角 5 分。

第二位学生用算式表达：1 元 = 10 角，10 ÷ 4 = 2（角）······ 2（角）。

第三位学生用语言记录：1 元钱不够分了，就换成 10 角，继续分，每人 2 角还剩 2 角，又不够分了，继续把 2 角换成 20 分，再继续分，每人 5 分。结果是 2 角 5 分。

教师带领学生讨论不同方法的道理，结合情境中的单位元、角、分，理解单位细分的过程和算理；接下来再去掉单位，从整数和小数的计数单位（1，0.1，0.01 等）理解小数除法的算理，掌握小数除法的计算方法。

开放性学习活动往往需要匹配支持性学习环境的设计，以达到可视化、直观性和高效率。在小数除法案例中，由于学习内容以理解算理为重点，可以仅运用投影、动画等方式展示学生的不同方法。而其他内容的学习可以更多运用现代数字技术营造的支持性学习环境。如针对"图形的位置与运动"主题设计的"探秘送餐机器人"的主题活动，学习活动的设计运用了软件程序，设计了编程体验、机器人找朋友等活动，每一个活动都需要现代科技的支持和辅助。

（6）持续性学习评价

深度学习的评价将过程性评价和结果性评价相结合，随着教学活动的展开进行持续性评价。评价指向素养导向的学习目标，对核心内容与方法的理解和掌握，学生参与学习的状态，学生独立思考、交流质疑、表达等核心素养的形成等方面开展评价。对除数是整数的小数除法的评价主要是从课堂教学中学生的表现，如学生在独立思考、交流质疑、尝试计算、练习总结等环节中的表现，评价学生的学习过程和计算方法的掌握情况。

3. 反思阶段要素分析

反思阶段是一组深度学习单元教学完成后，教学设计者与实施者对深度学习教学从准备到设计与实施的各环节、各要素进行反思，提出改进建议，以促进深度学习教学的不断改进和完善。

深度学习的教学设计一般以一个单元为教学单位，对单元内容进行整体设计与实施，这个过程包括上述准备阶段和设计与实施阶段的各个环节。这些环节的效果如何，在实践中的具体表现怎样，是否有需要进一步改进之处，这些问题都需要研究者在不断反思中回答。也就是说，对于一个单元关键内容较为完整的深度学习研究与实践，需要若干次改进与迭代，逐步完善。反思性教学改进就是在一个单元的教学活动完成后，对教学活动的准备、设计、实施、评价等过程进行反思、研讨和改进的过程。

反思性教学改进的参与者主要是深度学习的教研团队，包括教学设计者和实施者，也可以邀请高校或教研部门的研究人员共同讨论。

反思性教学改进需要对设计方案、实际教学观察记录、持续性学习评价诊断出的素养达成情况，单元学习目标及学习活动的设计、评价内容与方式的安排等进行阶段性总结，提炼有价值的设计思路与方法等，并综其特征或表现，提出进一步调整与改进的建议。对于小数除法单元的教学设计，课后教研团队认为，AA 制是一个可引起学生深度参与小数除法算理探究的好的情境，伴随着"还能不能继续分""究竟该怎样分"这些关键问题的产生，学生原有的生活经验和已有的除法知识积累，顺理成章地成为新算法的生长点，逐步融入"必须继续分"的需求当中。凸显小数除法本质的活动，1 除不了 4，为了"必须继续分"就要把"1"当成"10"，凸显了运算的可持续性。所以，小数除法的本质就在于如何记录把余数 1 通过单位细分，作为新的单位 10 再除，而这个记录方法就是用小数点把整数部分和小数部分隔开。小数点是每当遇到除不尽就必须除下去时的"定海神针"这一点，对学生的影响必定是深远的。

反思性教学改进有助于教师和研究团队对深度学习理念的进一步理解，也促进了教师的专业成长；指向系统自洽和循环改进，基于实践反思不断促进教、学、评的一致性。

此外，模型要素还包括支持性学习环境。支持性学习环境作为辅助措施供选择使用。支持性学习环境主要包括物理环境，特别是基于现代信息技术与数学学习融合的理念而设计的环境。不同主题或单元的内容对技术手段的要求不同，融合的深度与广度有差异，作为选择性要求，教师可针对具体内容和教学方式的要求灵活运用。

第三节 小学数学深度学习的意义

深度学习的教学改进聚焦对课标学习主题的整体理解，以核心内容的单元为线索，在教师理解其学科本质、教材呈现和学生发展需求的基础上，设计和实施教学活动，实现学科育人目标。深度学习的研究和实践有利于提升学生的整体素养和教师的专业素养，助力小学数学教学质量的整体提升。

一、指向学生整体素养的提升

深度学习的教学改进通过单元主题的整体理解，指向学生的整体发展，改进课堂教学，实现素养导向的学生发展目标。深度学习追求的课堂变革是以课程标准中学习主题的核心内容为线索，以教材的内容分析为基础，针对学生学习的需求和数学学科内容的本质提炼关键内容，提出具有挑战性的学习任务，设计有针对性的开放性学习活动，引导学生深度探究，理解核心内容，提升核心素养。这一课堂变革的基础在于教师对数学学科本质的理解，对学生学习的理解，以及对一般教育学、心理学知识的运用。对数学学科本质的理解包括对数学知识的掌握，对数学价值的认知，对具体内容来龙去脉的把握等。对学生学习的理解包括学生发展与学习的一般特征，以及学生学习相关主题的特征、困惑和前概念等。在此基础上，设计有效的教学活动，引发学生的积极参与和深度思考。

小学数学深度学习的目标在于学生整体素质的提高，特别是学生核心素养的培育。学生在深度学习过程中，面对挑战性学习任务，在特定的问题情境中，独立思考、互动交流、深入探究，深刻理解所学内容的本质，体验学习内容中的思维方法，发展核心素养。对于学生而言，深度学习的价值追求体现在：深度理解并整体把握学习内容和探究任务，掌握所学内容的本质与方法；体验学习相关内容过程中运用的学习方法与策略；形成与所学内容相关的数学学科核心素养和一般发展核心素养；形成相关内容反映的学科价值观。

二、促进教师专业素养的提升

深度学习的教学设计是一项复杂且专业性强的教学改进活动，需要教师具备全面的较强的专业素养。教师需要扎实的专业知识、较强的专业能力和良好的专业精神。教师的专业成长是一个持续过程，包括理论素养的提升、专业知识的拓展、专业能力的提高等等。通过深度学习的教学研究与实践，教师可以从多方面获得专业成长，主要体现在以下三个方面。

一是树立整体的儿童发展观。儿童发展是一个整体，对数学学科的学习有助于学生的整体发展，这体现了数学学科全面育人的价值。深度学习的教学致力于实现素养导向的学习目标，使学生理解、掌握数学核心知识与技能，发展学生的高阶思维和问题解决能力，培养学生积极的情感态度价值观，最终指向有助于学生终身发展的核心素养的形成。教师在研究和实践深度学习的教学中，始终关注儿童整体的健康成长，促进儿童知识、能力、情感、素养等各方面的整体发展，只有不断树立和完善整体的儿童发展观，并在实践中落实，才能使深度学习真正实现。

二是构建整体的学科知识观。深度学习的教学研究与实践，需要教师对数学知识进行整体把握，特别是对数学学科本质的理解，以及对学习内容之间的关联的把握。教师只有不断理解学习内容主题的结构化特征，从整体上理解单元内容，特别是体现大观念的关键内容，才能在教学活动中自觉地促进学生理解学习内容的本质特征，实现知识与方法的迁移，保障素养导向的学习目标的有效实现。

三是实践整体的教学设计观。指向深度学习的教学实践模型反映了整体的教学设计思路，包括目标、内容、方法、评价等教学活动的基本要素。从促进学生深度学习的视角审视这些要素，从整体上认识它们之间的关系，并在具体的学习主题和单元内容的设计与实施过程中深入研究其内涵、特征，以及在具体的教学活动中的表现，需要教师具有整体的教学设计观，综合考虑各要素的特征及其关联。在这个过程中，教师的专业素养不断提升。

三、助力小学数学教学质量的整体提升

小学数学深度学习以数学学科的核心内容为线索，从核心内容出发提炼体现单元学科本质的关键内容，并通过挑战性学习任务促进学生对所学内容的深度思考与探究。教学活动的重点放在该关键内容所反映的学科本质和思维方法上，在理解与掌握知识的过程中，培养学生的思维能力和解决问题的能力。聚焦数学关键内容的教学设计，可以实现"由少量主题的深度覆盖代替所有主题的简单覆盖"①，起到举一反三、事半功倍的作用。少量主题的

①　布兰思福特．人是如何学习的：大脑、心理、经验及学校（拓展版）［M］．程可拉，孙亚玲，王旭卿，译．上海：华东师范大学出版社，2013：18.

"深度覆盖"是对一个关键内容进行深度探究的过程。所有主题的"简单覆盖"是指对所有的学习内容都是一般性的浅层次的记忆性学习。数学的核心内容往往是一组内容，是一个内容群。着眼于核心内容的教学设计是解决一类问题，而不是一个问题。小学数学深度学习将重点放在数学学科关键内容，目的在于通过关键内容的整体分析与深度探究，解决小学阶段与之相关的具有代表性的一类问题。对这类问题的理解与把握，特别是在解决这类问题时发展的思维与能力，对于学生整体理解把握学科知识和提升学科核心素养有重要意义。

深度学习的教学以对内容主题的整体理解为依托，通过反映主题、单元的学科本质的大观念确定关联单元，展开深度学习的设计与实施。《数学课程标准（2022 年版）》的一个重要特征就是以主题整合为标志的内容结构化，内容结构化体现了知识之间的关联，有助于学生从整体上理解所学内容，促进知识与方法的迁移，发展核心素养。深度学习的教学与《数学课程标准（2022 年版）》提倡的内容结构化与单元整体教学深度契合，通过深度学习的教学研究与实践，可促进课程标准的理念与目标的实现，推进数学课程标准的有效实施。

第二章

小学数学深度学习
教学设计路径

第一节　小学数学深度学习教学设计概述

深度学习是一种教学设计与组织的框架，重点着眼于学生对学习内容的深刻理解，进而发展学生的数学学科核心素养。深度学习的教学通过单元的整体设计，使学生理解数学知识背后的结构和道理，包括数学思维方法、逻辑推理和问题解决策略等，从而提高学生的数学素养和综合能力。教学设计主要围绕内容理解、学生理解、教学策略来展开。

基于第一章建构的小学数学指向深度学习的教学实践模型，本章从教学设计的视角进一步深入讨论小学数学深度学习的基本要素和支持要素（见表2-1-1）。

表 2-1-1　小学数学深度学习的基本要素与支持要素

类别	名称	要点
基本要素	关键内容	设计引领性关键内容：单元学习核心内容的价值提炼，反映学科本质和主题大观念，落实相应的核心素养
	学习目标	设计素养导向的学习目标：经过单元内容学习后获得知识与技能，基本活动经验和思想方法，以及发展形成的数学学科核心素养
	学习任务	设计挑战性学习任务：达成学习目标的学习任务，基于内容与目标设计的一系列彼此关联、结构化、有逻辑且有挑战性的学习任务
	学习活动	设计开放性学习活动：指向高阶思维的深度学习活动要具有开放性，以学生为主体，尊重学习需求，赋予学生充足的学习机会，使每个学生都能主动参与深度探究
	学习评价	设计持续性学习评价：评估学生在挑战性学习任务中的表现，对学习目标达成以及核心素养发展情况等进行诊断性的评估
支持要素	支持性学习环境	提供更加丰富的学习资源，学习时空更加灵活，学习方式更加多样，学习交互更加深入，学习反馈更加个性化
	反思性教学改进	教师完成教学任务后，团队和个人根据观察记录与分析以及持续性评价中诊断达成情况，分析教学存在的问题及原因，进一步改进教学

每一个要素都有相对独立的功能，要素之间紧密联系，存在着关联性和一致性。教师要整体分析单元关键内容，确定重点达成的目标，据此设计有挑战性的学习活动，并对活动进行反馈，提供支持性学习环境和反思性教学改进以便对基本要素起到支撑作用，最终达到用少量主题的深度覆盖去替换学科领域中对所有主题的表面覆盖，这些少量主题使学科中的关键概念得以理解①，从而避免了学生碎片化的、接受式的学习，使其能够自主建构知识，迁移理解内化，形成真正有意义的深度学习。小学数学深度学习教学设计流程如图 2-1-1 所示。

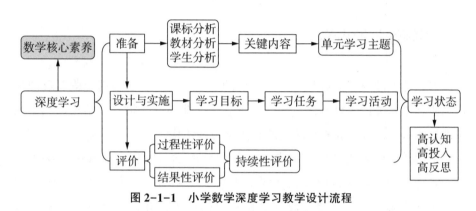

图 2-1-1 小学数学深度学习教学设计流程

小学数学深度学习具体设计时可考虑上图的结构关系，以数学核心内容为载体，分析这一内容反映的数学内容特征和数学思想，以及对应的核心素养，提炼这一核心内容的关键内容，再进行深度学习的教学设计，为学生提供多元的、综合的学习素材，并且帮助学生刻画出一个单元学习内容清晰的、连续的学习轨迹，使学生切实理解所学内容，发展特定教学内容中蕴含的高阶思维，如批判性思维、创造性思维、问题解决能力等，进而促进学生持续地发展。

《数学课程标准（2022 年版）》提出教学评一致性，小学数学深度学习的教学评一体化设计也要遵循这样的原则。教学与评价不可割裂、不可分离，是教育界对教学与评价规律达成的共识。现代教学设计理论把教学评价纳入整个教学过程之中，把它视为教学过程的一个环节，教学和评价相互促进。

---

① 布兰思福特.人是如何学习的：大脑、心理、经验及学校（拓展版）［M］.程可拉，孙亚玲，王旭卿，译.上海：华东师范大学出版社，2013：18.

因此，小学数学深度学习视角下的教学评三者本质应保持一致，共同指向学生的数学学科核心素养发展。

第二节 小学数学深度学习教学设计的基本要素

小学数学深度学习的教学设计与实施反映了教学的常态化，具体包括五个基本要素：引领性关键内容、素养导向的学习目标、挑战性学习任务、开放性学习活动和持续性学习评价。

一、引领性关键内容

引领性关键内容是对单元关键内容的进一步提取，这些内容既要反映学科本质和单元关键内容所在主题的大观念，又要与现实世界、学生的基础与兴趣相联系，体现核心素养落实的具体化与整体化。

小学数学学科引领性关键内容是开展深度学习的切入点和组织深度学习的载体。引领性关键内容，既要基于数学课标的关键内容和教材编写的自然单元来确定，也要遵循数学学科知识的逻辑，并在此基础上，实现多维整合和结构化。因此，引领性关键内容不仅能反映数学学科的知识本质特征和基本思想，帮助学生建构学科知识结构，还能发展学生的数学学科核心素养。

（一）引领性关键内容的特征

1. 联结主题内容知识

"联结主题内容知识"指的是和课程标准各领域的主题内容相关联。深度学习主张教学内容以原本的内在结构构成学习关键内容，以结构化的、适合学生展开主体活动的方式呈现有内在关联的内容①；引领性关键内容强调基于大观念对教学内容进行进一步结构化②。小学数学深度学习的引领性关

---

① 郭华. 如何理解"深度学习"[J]. 四川师范大学学报（社会科学版），2020，47（1）：89-95.

② 刘月霞. 指向"深度学习"的教学改进：让学习真实发生[J]. 中小学管理，2021（5）：13-17.

键内容能反映数学课标中相关学习主题的学科本质，整合学科体系中零散、碎片的知识，有机联结孤立的知识要素。学生在全面把握知识内在有机联系的过程中，形成对学科核心知识的深度理解和意义建构，获得对学科知识与方法的迁移能力和应用意识。

2. 反映学科本质

小学数学深度学习的引领性关键内容能反映学科的基本问题，体现学科稳定的内容结构。学生在基于引领性关键内容而设计的深度学习教学活动中能够体会所学内容的基本思想，获得所学内容的基本方法，把握所学内容的数学本质，从而形成对数学学科本质的理解，形成相关数学思考和学习策略。

3. 指向数学学科核心素养

小学数学深度学习的引领性关键内容能整合或解释小学数学学科体系中若干相关的内容，反映学科的本质特征和基本思想，是掌握学科知识、形成和发展数学学科核心素养的通道。小学数学深度学习的主要目标在于，通过对学科核心知识的理解和掌握，培养学生的高阶思维和关键能力，最终指向学科核心素养的形成。

（二）引领性关键内容的确定

小学数学深度学习的引领性关键内容以学习单元为载体；而学习单元以反映学科本质，促进学生建构学科知识结构，促进学生数学核心素养的发展为核心。引领性关键内容的确定大体分为四个步骤，分别是建构引领性关键内容结构；确定学生学习进阶表现；筛选并调整引领性关键内容；论证引领性关键内容的价值。

1. 基于学科主题大观念，建构引领性关键内容结构

引领性关键内容结构的建构是深度学习教学设计中十分重要的一环。豪森（Howson，2005）通过研究一系列欧洲、亚洲和北美的数学教科书，指出现行教科书中的数学主题是以"经常出现的随机方式"呈现的，缺乏整体结构和关键内容之间的明显联系[①]。然而，深度学习及新课程改革都突出关联

---

① Howson G. "Meaning" and School Mathematics ［M］//Kilpatrick J, Hoyles C, Skovsmose O, et al. Meaning in Mathematics Education. New York：Springer，2005：17-38.

性、结构化及整体性的理念。其一，以大观念为核心，建构引领性关键内容结构是内容整合最主要的部分。大观念的提取无统一路径，聚焦数学学科结构化主题提取大观念被认为是符合新课标内容组织结构化理念，且操作性强的较好方式①。所提取的大观念并非知识内容本身，而是能反映学科本质特征的内容，这些本质特征往往反映学科的基本思想和方法，是发展学生学科核心素养的关键。如关键内容"剩之愈小　割之弥细"，主要体现的是单元学习内容"小数除法"的数学本质。其二，以数学学科核心素养为主线，构建引领性关键内容结构，可依托一个或几个数学学科核心素养，如数感、运算能力、空间观念、数据分析观念等。如关键内容"基于平均数的应用，培养数据意识"，主要体现的是学生在平均数的运用和复习过程中，进一步发展数学学科核心素养——数据意识。其三，以现实问题为背景的跨学科领域内容整合生成引领性关键内容。这一类别的单元关键内容可以从教材上"数学好玩""数学广角"中选取，也可以自主开发。如关键内容"货币与我们"等，主要体现的是学生在亲自用货币模拟交易的过程中认识并使用货币。

2. 基于核心素养，确定学生学习进阶表现

引领性关键内容的建构指向核心素养发展的目标定位，因而必须在整体上考虑利于核心素养发展的结构组成。引领性关键内容体现在系列学习单元之中，符合数年来教学改革实践探索出的教材编写体系。一类核心内容群，可能由一个或几个单元构成。系列学习单元一般分散编排在不同学期，但能共同体现同一关键内容的核心，反映学科本质上的一致性。学习单元内容的构建以深度学习和内容结构化理念为依据，而内容结构化的特征之一是体现同一主题对不同学段的水平要求及核心素养的要求②。因而除了考虑单元内容之间的衔接及其内在关联外，还须考虑核心素养在不同学段的相关内容之间的进阶表现。基于学科思想方法和大观念选择单元学习关键内容，就要以学科核心素养及学生学习进阶发展为目标，对相关核心教学内容进行整合，

---

① 马云鹏．基于结构化主题的单元整体教学：以小学数学学科为例 [J]．教育研究，2023(2)：68-78.

② 马云鹏．聚焦核心概念　落实核心素养:《义务教育数学课程标准（2022 年版）》内容结构化分析 [J]．课程·教材·教法，2022（6）：35-44.

体现学习目标、学习情境、学习任务、学习活动和学习评价的一致性①。

3. 基于学情诊断，筛选并调整引领性关键内容

从课程设计层面看，应基于课程标准、学科教学内容、核心素养的表现初步确定引领性关键内容。从课程实施层面考虑，需要探查引领性关键内容是否适合当前学生的接受水平，并对其内容组成做进一步调整和筛选。不同地区、不同学段的学生差异明显，即使同一环境中的学生也存在较大的个体差异。为更好地调适引领性关键内容结构，帮助学生达到学习的深层水平，教师及其所在的团队需要通过学情分析做诊断。在具体操作上，可从诊断项及诊断手段两方面展开。从诊断项方面展开是指对不同层次学生已有的知识能力基础、思维方法、认知结构、学习兴趣及学习习惯等方面进行综合分析，进而对引领性关键内容的学习单元大小、课时容量等做出调整。从诊断手段方面展开是指采用多种方式收集有关学生学习该单元或系列学习单元的重要信息，再基于这些信息决定从哪里开始，用什么样的策略帮助学生进行深度学习。一般来说，我们可以采用课前访谈、问卷调查、课堂观察以及课前测验等方法对学生的学习情况进行分析。学情是动态变化的，因而也应对引领性关键内容做弹性调整。

4. 基于教学实施，论证引领性关键内容的价值

引领性关键内容在内容结构化与情境化，以及育人的意义与价值等方面具有引领性。在对引领性关键内容结构进行顶层设计时，应以深度学习及新课程理念为目标，除考虑对学生的适切性之外，论证其能否反映单元建构水平及与深度学习的融合程度也是十分重要的一环。对所建构的系列学习单元的审视及论证实质上是一个价值论证的过程，具体是指引领性关键内容对于落实新课程标准的价值，对于学生高阶思维发展与核心素养目标达成的价值，对于学生学会学习以及育人作用的价值。价值论证需要在教学实施中进行。由此不难看出，引领性关键内容的完整建构需要经历论证、诊断、调适的循环过程。

---

① 刘月霞，郭华．深度学习：走向核心素养（理论普及读本）［M］．北京：教育科学出版社，2018：75．

二、素养导向的学习目标

深度学习的目标是教学活动的预期结果，即学生通过对学习单元中关键内容的探究应达到的结果，是学生的学习方向。确定学习目标是教学设计的核心要素，适应时代发展的单元整体教学需要确定素养导向的学习目标①。小学数学深度学习目标以学生的核心素养为重点，即学习目标的确定与表述要体现素养导向，包括学生对学科核心知识的深度加工、对学科思想和方法的灵活运用、对相关新情境或新问题的应对、对学习过程和结果的自我调控，以及对与单元学习内容有关的人、事、物的态度和价值评判，体现数学学科的高阶思维。

（一）学习目标的特征

素养导向的小学数学深度学习目标不能空泛，要具有整合性且能具体化，要可评价也可落实。具体应具备以下四个特征。

一是指向学生发展。关注学生的心理状态、先前知识、思维水平、情感态度等，从学生的基础、兴趣、需求和问题出发，提出和阐释学习目标，以"学生将会理解……"的陈述形式或以学生感兴趣的开放性问题的形式进行表达。

二是体现学科本质。期望学生掌握能反映学科本质且最有价值的理论、思想、概念、技能，策略、方法和情感态度价值观等。关注单元学习关键内容的内容是什么（学科知识）、如何做（学科思想方法）、为什么（价值）、如何表达（形式），从而体会像数学学科专家一样思考数学问题的过程。

三是指向高阶思维。目标是追求对学生的理解、评价、迁移、问题解决与创新能力的培养，发展学生的高阶思维。

四是表达要具体明确。目标要清晰表达学生实际学到什么，达到何种程度。表述清晰、规范的学习目标是教师组织学习内容和选择教学方法的依据，也是评价学生学习效果的依据。要基于课程标准中的内容要求、学业要求以

---

① 马云鹏．基于结构化主题的单元整体教学：以小学数学学科为例［J］．教育研究，2023（2）：68-78.

及学业质量标准，依据学年课程总体目标，围绕单元学习关键内容，确定单元学习目标和每一个学习活动的结果，形成具体明确的目标。

（二）学习目标的确定

小学数学深度学习目标的确定要依据课程标准、知识内容要求，体现发展学生的数学学科核心素养的过程等。课程标准为学习者设定了明确的学习方向和预期成果，无论什么样的改革探索，学习目标的确定必须紧密结合课程标准，确保学习内容的系统性和完整性。知识内容的要求必然会涉及关键知识点和相关联的核心素养，核心素养是学生在数学学习和应用过程中逐步形成和发展的，自然会在过程与方法这个维度的目标中生成。

另外，还要考虑整体分析单元内容的本质和学生在不同阶段学习的内容的特征，以确定不同单元的单元目标和课时目标，包括数学课程目标中的"四基"（数学基础知识、基本技能、基本思想、基本活动经验）、"四能"（发现问题、提出问题、分析问题和解决问题的能力）等方面的要求，目标的表述应包含知识技能、数学思想和情感态度，最终指向核心素养的形成。[①]具体流程如下。

首先，明确数学学科核心素养的内涵和要求。数学学科核心素养是学生在数学学习和应用过程中逐步形成和发展的关于数学课程目标的集中体现，是具有数学基本特征的思维品质、关键能力以及情感、态度与价值观的综合体现。它包括了数感、量感、符号意识、运算能力、几何直观、空间观念、推理意识、模型意识、数据意识等多个方面。因此，首先需要深入理解和把握这些核心素养的内涵和要求，为学习目标的确定提供理论依据。

其次，分析数学课程标准和教材内容。根据数学学科的特点和学生的认知发展规律，结合《数学课程标准（2022 年版）》的要求，明确单元目标和课时目标，要有相关联核心素养培养的明确表达，体现数学学科的特色。同时，对每节课或每个单元的教学内容进行深入分析，明确需要学生掌握的知识点和技能点，确保这些内容和技能与核心素养的培养密切相关。

再次，了解学生的认知基础。学生的数学基础、学习能力、兴趣特点等

---

① 马云鹏. 基于结构化主题的单元整体教学：以小学数学学科为例［J］. 教育研究，2023（2）：68-78.

因素也都会影响学习目标的确定。因此，在确定学习目标时，需要充分了解学生的认知基础，确保学习目标既具有挑战性又符合学生的实际情况。

最后，考虑学习目标的可达成性和可测量性。学习目标应该明确、具体、可达成和可测量。选择具体、明确的表述方式，避免使用模糊、笼统的语言，确保学习目标具有可测量性，以便于评价学生的学习成果和教师的教学效果。

学习目标的确定还会涉及单元整体目标和具体的课时目标，在设计时应有不同侧重，具体如下。

单元整体目标是针对所选定的学习单元从整体上设计学生的发展目标，具有统整性和指导性，是指本单元在学科内容领域上所要达成的整体的终极目标。单元整体目标要指向学生的发展，指向数学学科的思想方法，指向学生的高阶思维。单元学习目标要在单元计划中具体分解成每一课或每一个学习活动的学习目标。虽然此阶段的目标还没有具体到上课的每一个环节和每一个学生，但都要符合课程标准相关的学习要求，教师要考虑学习目标的达成区间，为后面依据学生个体差异制订具体学习任务目标做准备。

具体的课时目标是单元整体目标的分解和分层，是指针对单元整体目标所进行的系列化、序列化的纵向分解。知识要体现数学课程标准和教材的基本要求，指向学生对具体内容所承载的学科思想方法的理解，指向应用所学知识和方法解决问题的能力的发展。学习目标应与教学活动相匹配，定位准确、集中，教师要考虑学习目标达成的序列性和过程性，应方便在具体教学实践中理解和把握；表述应更为微观、具体且针对性较强，与具体的学习活动或内容紧密对应。

三、挑战性学习任务

深度学习活动的设计，应以引领性关键内容的整体分析和学生学习特征分析为基础，以单元整体目标为指向，着力体现深度学习的理念，引发学生的有效参与，促进学生的深度思考，实现课时目标和单元整体目标。在具体的操作中，教师应着重围绕核心内容及引领性关键内容，以学习任务或问题情境为线索，设计具有挑战性的学习任务，创设学生有效参与的问题情境，提出引发学生深度思考的关键问题。

（一）挑战性学习任务的特征

富有挑战性、能激发学生学习兴趣、从多样化的角度切入的学习问题或任务，会吸引学生全面、深度地参与学习活动，建立学生经验与知识之间的联系，激发学生的学习潜能，促进探究的持续与深入。

挑战性学习任务反映的是实现学习目标的单元学习过程。每个单元的学习任务都由一组彼此关联的、结构化的、有逻辑的系列学习活动所构成。挑战性是指任务或活动相对于学生现有水平具有一定的难度要求，学生依靠现有的知识经验或思想方法难以完成，必须吸收新的知识、建立新的联系，或者转变思路、调整方法等，即在上述各方面有综合发展，才能够完成任务。因此，小学数学挑战性学习任务至少具有如表 2-2-1 所示的特征。

表 2-2-1 小学数学挑战性学习任务的特征

特征	内涵说明
具有针对性	承载指向核心素养培养的学习活动、表现性评价活动
具有真实性	学生真实地参与探究、讨论等学习过程；链接真实世界的情境素材；有实际意义和价值
具有驱动性	学生感兴趣，能激发好奇心与探索欲，培养态度和责任感
具有进阶性	学习任务与问题解决对应，同时顺应学生的能力素养进阶，形成完整的问题解决过程
具有建构性	体现学生是活动主体，强调学习者的主动建构，包括与已有经验建立关联、深度理解、迁移等学习过程

（二）挑战性学习任务的设计

深度学习不仅要求学习者掌握概念、原理、技能等结构化知识，还要求学习者理解复杂概念、情境问题等非结构化知识，最终形成结构化与非结构化整合的认知结构体系，并灵活地运用到各种具体情境中来解决实际问题。[①]这就要求教师一定要根据学习内容的特点、学习目标的要求、学生思维的发

---

① Black P，Wiliam D. Assessment and Classroom Learning［J］. Assessment in Education：Principles，Policy & Practice，1998（1）：7-74.

展状况适时创设能够促进深度学习的课堂情境，并引导学生积极体验，最终达到将所学知识与情境建立联系并实现迁移的目的。

1. 要反映学科本质

小学数学挑战性学习任务的设计要体现数学学科的本质且富有挑战性，与学生的经验和前概念有冲突。学生能在解决冲突的过程中，通过探究理解数学本质，从而达到核心素养发展的目的。另外要能引起学生的探究兴趣，让学生产生持续探究的需求。学生的深度学习以教师设计的深度学习任务情境为基础，在学习过程中，学生对数学核心概念的理解不能仅靠教师讲授，更要让学生在情境中有问题可以思考、有活动可以探究、有想法可以表达。每一个数学概念的建立在学生的头脑中是鲜活的，数学思维才能有所生长。

2. 要能保证学生的有效参与

学生有效参与学习任务是保证深度学习效果的基础。挑战性学习任务一定包含与学习核心内容密切相关，与学生已有的知识经验关联，并与学生相关的前概念相冲突的情境。所以，学习任务应是能够交叉多认知思考水平，且以高层次认知思考水平活动为主的学习活动，这样可以满足班级不同水平学生学习目标的达成，也可以有效保证班级全体学生以积极的态度投入认知性学习中。在这样的情境中，每一位学生都可以参与学习，不同的学生可能有不同水平的理解，进而引起学生的交流与讨论，甚至争论。正是通过这样的过程，学生逐步理解新的内容。

3. 要蕴含促进学生深度思考的启发性问题

设计挑战性学习任务时，教师需要思考：什么样的启发性问题能够促进学生探究、理解和学习迁移？有研究者指出，教科书应该提出一系列问题，帮助学生建立联系和识别数学概念，并激发学生数学推理和反思的内在动力，避免出现浅层教学综合征[①]。一般来说，基于探究关键内容的问题会非常广泛，可能有大问题，也可能有小问题，关键是由学习目标转换而来的问题。深度学习任务设计时，教师要从中筛选出具有启发性的优质问题，即能激发学生投入兴趣、动机、坚持的情绪状态及高水平的思考技能，学生有能力解

---

① Vincent J, Stacey K. Do Mathematics Textbooks Cultivate Shallow Teaching? Applying the TIMSS Video Study Criteria to Australian Eighth-Grade Mathematics Textbooks [J]. Mathematics Education Research Journal, 2008 (1): 82-107.

决且足以挑战学生的思维水平的问题，且通过问题的探究与思考，学生能深刻理解核心内容的本质，发展学生的数学学科核心素养。学生能否提出并回答更多高水平的问题，也是教师评估学生是否具有深度学习表现的一个重要观察项。

4. 要与学生的生活世界相联系

与学生的真实生活世界有关联的知识有助于学生进行体验性、探究性学习。小学数学有很多内容是符号性知识，这些内容对小学生来说相对比较抽象。教师可以将这类内容转化为能够承载知识本质的问题与任务，这些问题和任务要与现实世界、学生生活经验充分关联起来。这样既可以丰富学生的认识和经验结构，让学生理解其意义，又可以让学生以多种方式深度加工知识，为应用而加工，实践或运用所学的内容解决问题。只有与学生的真实世界产生联系的学习内容，才能引发学生通过体验性、探究性的学习活动生成深度理解，并能将其应用于新的情境中，形成新的认知技能，从而实现知识和认知的迁移，促进高阶思维与技能的发展。

四、开放性学习活动

小学数学深度学习教学设计的一个重要环节是设计开放性学习活动。组织开放性学习活动意味着学生有足够的时间和空间去自主探索和操作，自己发现问题和解决问题的机会更多，学习方法更加多样化。教师可以以开放、自主、合作、探究为核心策略，从多维视角进行知识链接，并基于学生的学习过程进行动态调整，让深度学习真正发生。

（一）组织开放性学习活动要以深度探究为主轴

学生在小学数学课堂上能否发生深度学习，一个关键点就是学习活动的组织。挑战性学习任务可以在文本层面设计得很完美，但真正落地需要组织开放性学习活动。开放性学习活动能够使学生沉浸其中并获得成功体验。因此，指向高阶思维培养的探究活动要具有开放性，以学生为主体，尊重学习需求，重视兴趣发展，让学生有充足的学习机会。因此，教师应围绕学习任务和关键问题不断引导学生进行探究，以提出、分析、思考并解决一系列问题等来组织学习活动，通过这样的活动让学生获得积极的数学学习体验。

1. 学习活动组织要指向问题解决策略的多样性

学习任务的设计应针对单元整体目标的核心，以使学生学习活动的结果最大化。组织学习活动时，教师要关注不同层次学生的需求及其在学习速度、学习能力等方面的差异；关注学习活动应该在他们的最近发展区内进行；关注学生多元智能的倾向，能够满足共性与个性的需求，为学生提供思考与讨论的时间和空间，便于其深度加工数学知识。因此，教师应精心设计数学学习活动，活动任务本身要蕴含不同的问题解决的策略和方法；注重关联任务的设计，以利于培养学生知识迁移的能力[1]；同时考虑学生的表层理解与深层理解的平衡，最终达成概念性理解。

2. 学习活动组织要渗透学习方法和过程的指导

设计小学数学深度学习活动时，要关注如何有效地指导学生完成挑战性学习任务。学生完成学习活动不仅是在课堂上完成一个任务的参与，更是通过活动任务的完成经历一种学习过程、体验一种学习方法。完成学习活动的过程就是关键问题解决的过程，也是问题解决策略的选择过程。学生只有主动参与学习活动，才能在自己原有认识的基础上构建起关于新知的意义，也才能有效应用新知。在学生探索解决挑战性任务的过程中，教师需为学生提供必要的指导，甚至在必要时直接示范解决问题的策略。在这个过程中教师要为学生提供方法、工具、策略，让学生利用这些去交流探讨、行动实践，最终实现对问题的深入理解。

（二）组织开放性学习活动应关照统整性和适切性

引领性关键内容具有统摄性、整体性和进阶性的特征，这就要求以此为依据设计的系列学习活动也要具有统整性的特点。同时，要关注教学实施过程中的操作性、可行性和适切性，尤其关注学生的参与程度，了解学生对关键内容的深度学习，以怎样的状态在真实地发生。

1. 小学数学深度学习活动应具有统整性

基于单元学习关键内容的活动设计，教师不能仅思考一节课的活动，还要

① Bell A. Principles for the Design of Teaching［J］. Educational Studies in Mathematics, 1993, 24（1）: 5-34.

从单元整体学习的角度思考学习活动各个环节之间的设计。如是否符合课堂教学内在逻辑，是否符合学生认知发展的规律，是否关注学生学习的逻辑起点。开放性学习活动不仅要帮助学生建立数学概念之间的联结，还要协助学生把所学的数学知识与真实世界及其他学科建立起联系。学习活动中如果提供多种工具，教师要指引学生选择合适的工具并正确使用工具解决问题。具体活动过程中，教师要根据学生具体的表现情况或学生的需求，及时调整学习活动，教师要持续地观察判断，这个活动是否满足学习目标和学生需求，是否会吸引学生积极参与数学活动的探索过程，会不会促使学生应用已知来解决未知问题等。

2. 小学数学深度学习活动应具有适切性

组织探究活动时，教师要充分考虑学生的学情，以学生能够理解的方式展开探究活动，要选择适合学生年龄特点、学习特点的活动方式。适切性主要表现在能引起学生持续探究，吸引学生全面、深度参与学习活动；能建立学生的经验与知识之间的联系，激发学生的学习潜能，促进探究的持续与深入；能够引起师生深度思辨性的对话。立足真实情境的问题解决、侧重于高阶思维能力的学习评价、基于整合思维的整合性学习、突出深度思辨的思维指向是深度学习的主要特征①，因而，教师要能够针对重要内容与学生进行深度、高水平的课堂对话，并能够评估学生在教学过程中的思维和理解②。

五、持续性学习评价

深度学习提倡持续性学习评价。持续性学习评价指的是以单元整体目标为依据，以具有序列性的课时教学目标为着眼点设计的不同层次和水平的评价。学习评价的设计要区分不同的认知层次和学习水平。教师根据学习目标，在学习过程中或者学习结束后，通过对话、观察、布置作业、发布评价量表、单元测试、个别化指导等多种方式，对学生学习目标的达成情况进行分析、诊断，发挥用评价调控学习过程、反馈与指导教学改进，以及促进学生进行反思改进的作用。

---

① 苗颖. 灵动课堂：我的历史教学主张 [M]. 上海：上海教育出版社，2020：10.

② Stigler J. The Teaching Gap: Reflections on Mathematics Teaching and How to Improve It [C]. Washington, D. C.: Pearson National Educational Leadership Conference, 2004.

（一）持续性学习评价的特征

持续性学习评价不仅回答学生是否达成既定学习目标，还要伴随学习全过程。持续性学习评价是指依据深度学习目标，为学生的深度学习活动持续地提供清晰反馈，帮助学生改进学习的过程。评价要体现匹配性、过程性、多样性和一致性，包括建立标准并提供反馈。有效的持续性学习评价关注以下四个方面：

一是评价要依据深度学习设计的学习目标，确定评价的标准，注重能力素养发展。

二是评价要关注过程，贯穿整个学习活动过程，以便及时了解学生的学习状况和学习需求，教学过程始终伴随着对学习的诊断和评价。

三是利用多角度、多样化的方式开展多主体评价。对学生在学习过程中呈现出的不同状态，教师要考虑不同学生的特点和个性，不以统一标准要求所有学生，因人而异进行评价。对学习过程的评价应该伴随学生学习活动的始终，但不必刻意为之，可以在面对学生个体时进行，也可以在面对学生集体时进行，评价内容可以指向学生的学习态度、学习方法、学习结果等。根据评价目的的不同，教师可选择有针对性的评价方案。评价分类非常多，如过程性评价和结果性评价，检测性评价和激励性评价，正式评价和非正式评价等，要从不同角度综合考虑来选择。结合评价主体，可以选择学生自评、学生互评、教师评价和专家评价等。另外可以师生共同制订、执行评价计划，最重要的是让学生参与评价过程，通过师生共同参与的诊断评价过程，让学生看到自己的进步，改进自己的不足，而非简单的考核与甄别。

四是重反思改进，以"改进与发展"为导向，反馈意见要详细、具体，应能根据每个操作给予持续性辅导，通过评价激发学生持续的学习动力。

（二）持续性学习评价的设计

持续性学习评价的目的是诊断学生的学习效果，针对学生学习过程中遇到的困难，通过指导给予帮助与支持。评价方案的设计包括评价目标、评价内容、评价方式、评价重点等，根据学习的进程，教师可在不同的学习节点，根据具体的内容与教学实践的情况设计不同层次和水平的评价。评价不必太复杂，要有利于评价效果的实现。

1. 过程性评价

过程性评价是指在教学过程中对学生的学习过程进行的评价，其价值取向是更关注学习过程中学生的表现，着重评价学生学习的动机、效果、过程与非智力因素。在评价过程中，评价方法的运用要与教学内容相适应，多种评价方式相结合，收集学生学习过程中的重要信息，充分反映学生在数学学习中的典型表现，全面衡量学生核心素养的发展水平。

小学数学深度学习的过程性评价在操作层面应注重评价学生的这些能力：观察能力、提出问题、独立或与别人合作解决问题的能力；运用正确的数学术语进行描述和交流的能力；用不同的方式如简图、表格等，呈现数学问题解决的信息和结果的能力。此外，如果有动手实践操作的内容，还要评价学生是否能围绕探究的问题完成整个探究过程。要重视学生的自评和互评，学生参与评价活动是发挥学生主体性的重要体现，也有助于对学习过程中学生所表现出的情感、态度方面进行评价。

2. 结果性评价

结果性评价是指在教学结束时进行的教学评价。它的目的是对整个教学过程或其中的某个重要部分取得的较大成果所进行的更为全面的评价，因而它是一种评定分数划分等级的评价。它主要用于评定学生对一学期、一学年或某个学习课题的教学目标达到的程度，判断教师用的教学方法是否有效，并全面评价学生的学习效果。结果性评价还应具有形成性评价的职能，通过结果性测验及时地向学生反馈，有助于学生了解自己的学习情况，从而改进学习。

结果性评价的目的是让教师及时掌握每个学生的学习目标达成情况以及在学习过程中所遇到的问题，同时让学生对自身的学习情况也有所了解并做出恰当的评价，真正成为学习的主人，掌握学习的进程。因此，要关注并引导学生学会自我评价。一般情况下，为了降低学生进行自我评价的难度，教师可以根据内容给学生设计自我评价卡，尽量让学生采用填空的方法进行评价。比如，"在完成学习卡片之后，对自己评价一下吧，请在你能做的事情后面打'√'"。对于高年级学生，可以适当增加评价项目，除了要求学生对学习兴趣、个人表现、学习达成度等方面进行等级评价，还可以要求学生写出学习之后的困惑和收获。

第三节　小学数学深度学习教学设计的支持要素

前一节讨论了小学数学深度学习教学设计的五个基本要素，本节将讨论两个支持要素，包括支持性学习环境和反思性教学改进。

一、支持性学习环境

支持性学习环境是影响小学数学深度学习的支持要素之一。在不同的课堂学习环境中，学生会呈现不同的学习表现。小学数学深度学习关注学生知识结构的建构，注重发展学生的高阶思维和核心素养。因此，一个适合小学数学深度学习的环境应是开放的学习环境，能为学生提供思考、表达、交流的空间和时间，同时为学生学习提供相应的支撑。

（一）小学数学支持性学习环境的特征

支持性学习环境是深度学习的支持要素，具备一定的适恰性、开放性和弹性，能够充分调动学生学习的积极性和参与度，为学生提供思考、表达、交流的空间和时间，促进学生深度学习的发生。小学数学支持性学习环境最明显的特征是具有开放性，这样的学习环境能促使学习资源更加丰富，学习时空更加灵活，学习方式更加多样，学习交互更加深入，学习反馈更加个性化。具体来说，有以下五个主要特征[①]：

第一，将与问题、情境和内容相关的过程与操作、解释和实验的机会相结合。

第二，采用一些能够把内容和概念与日常生活经验联系起来的复杂且有着丰富含义的问题，且这些问题是在那些"需要知道"的地方自然产生的，以围绕"整体"探究高层次概念、灵活的认知和各种各样的观点的启发式方法为中心。

第三，学生能按照自己的需要，检测和修订他们的学习过程，并从这个

---

① Michael H, Susan L, Kevin O. Open Learning Environments：Foundations，Methods，and Models [M]. New Jersey：Lawrence Erlbaum Associates，1999：118-119.

过程中独立地发展自己的认知。

第四，把数学认知和优化的情境紧密结合起来，让学生学会从综合的情境中抽象出数学问题，构建数学问题的直观模型，探索解决问题的思路。

第五，强调错误在建立认知模式时的重要性；深度理解源于最初往往存在缺陷的认知。

（二）小学数学支持性学习环境的设计

小学数学深度学习环境的构建过程中，教师要充分挖掘已有的课程教材、硬软件条件以及教室实体空间等学习环境要素；也要充分运用互联网、智能设备、人工智能等一系列信息技术方式，融合创设开放性的学习环境。通过人文环境、物理环境、虚拟环境三方面的构建，形成更广阔、更个性化的学习时空。具体而言，支持性学习环境包含人文环境、物理环境、虚拟环境三大方面。

1. 人文环境

主要指安全、和谐、具有鼓励性的心理氛围和人际关系。人文环境的开放性主要表现在以下三个方面。

一是对学生多样化理解和表达的尊重与接纳，尤其是对学生答题错误的反馈。一方面，学生在充满信任的环境下才有可能大胆尝试、积极探索，获得持续努力的信心和韧性；另一方面，学生表现出的困惑和问题可以作为学习资源，学生在"试误"和自我修正的过程中不断提升理解，达成对学科知识的掌握。

二是宽松的心理环境及有弹性的教学安排。重视学生在学习过程中的情感体验和心理感受，在既定目标的指引下，允许甚至鼓励学生按照自己的进度和节奏展开学习。

三是人际互动的开放性。除了增进师生之间、生生之间的互动之外，可以通过"请进来、走出去"等策略，使学生有机会向学校之外的企事业单位和科研机构专业人员学习和讨教。这可以增进学科知识技能学习与生活、生产劳动、学科发展等真实问题的联系，使学生感受学科知识迁移运用的多种场景，体验学科知识和学习的意义。

2. 物理环境

通常指的是学习活动赖以进行的一切物质条件所构成的整体，包括：

①自然环境：地理环境、校园环境、教室的位置和室内布置；②设施环境：课桌椅、实验仪器、图书资料、电教设备和声光电温等；③时空环境：教学时间安排、班级规模、座位布局等。而随着信息技术的快速发展，由信息技术所营造的虚拟学习空间，可将上述学习的自然环境、设施环境、时空环境皆融为一体，形成独立的学习环境。物理环境是教育教学思想和价值观的物化，为深度学习的发生创造最佳的空间。

这里讨论的物理环境包括为学生提供真实学习情境的校内外场所；个性化的、丰富的学习资源；个性化学习区域；有利于师生、生生交互，合作探究的场所、设备、设施；有助于学生总结反思改进的工具等。

深度学习物理环境的开放性主要体现在以下两个方面：

一是体现开放的学习空间。引领性关键内容需情境化呈现，需要与真实世界建立关联。为此，学校内的专业教室、场地设施等一切条件，校外的"大观念"应用的真实场景等，在设计深度学习时需加以考虑、引入，当然也包括虚拟的学习空间。还可以与家庭、社区、高校、企事业单位等合作，开展实践性、项目式、合作探究式的学习。墙面、白板、投影、移动设备、软件工具、纸笔等，都可作为学生思维可视化的环境、条件，由此促进教师与学生反思改进。

二是支持开放的学习时间。以单元为学习单位对学习内容进行重构后，学习的时间也将发生变化。根据关键内容的范围，课时可能会缩短，也可能会增多，也可能涉及大、小课时的编排，尤其当学习空间延展至校外时，学习时间也会做适当的调整。

3. 虚拟环境

虚拟环境主要指的是信息化、数字化、智能化的学习环境，包括数字资源、软件工具、信息平台三大方面。将虚拟环境融合到教学设计之中，可以从不同维度促进深度学习的发生。

第一，数字资源。指在教学系统中可支持学习的数字材料，为学习者构建丰富、可选择、有进阶的学习素材。随着互联网、移动互联网、智能终端的普及与发展，数字资源的类型越发丰富多样，包括文字、图片、音频、视频、数据集、三维模型等。数字资源不仅便于共享与传播，更有助于教师运用资源进行再设计，为学生提供了生动、直观、富有启发性的可视化知识。

数字资源包括微课程学习资源与生成性学习资源。微课程是在新媒体环境下，依据学习目标，基于素养导向，借助微视频、移动设备、网络平台等信息化工具发展起来的一种容量小、时间短、视频化、易传播的数字资源。微课程学习资源的开发要基于国家课程标准，按照微课程目标界定关键内容，设置挑战性学习任务，并将此细化为几个核心子问题或子任务，分析学习问题之间的相互关系，形成"学习问题链"或"学习任务群"，从而设计其结构层次和呈现方式。通常一个微课程资源包应包括学习目标、微视频、学习活动、学习评价等内容。

生成性学习资源是指学生在学习过程中生成的讨论成果、学习作品以及在学习过程中产生的一些学习问题等内容。生成性学习资源的收集与分析，有助于教师有针对性地为学生提供学习支持，促进学生的个性化学习；也可对这些资源进行合理共享，帮助其他同学从中获取学习经验，少走学习弯路。借助信息技术工具，可为每一位学生建立相应的生成性学习资源库。例如：借助网络平台可为每位学生建立"网络错题库"，帮助学生找到个人学习薄弱之处，有针对性地进行学习与指导。

第二，软件工具。指能为学生提供记录、搜索、分享、协作与创造的技术整合方式，包含信息查询类工具、认知加工类工具、协同学习类工具。软件工具为教师开展教学提供丰富多样的教学组织方式，为支持学生们多样化的学习路径与学习方式提供适恰的工具。

软件工具可分为信息搜索工具、协作交流工具、知识可视化工具、虚拟体验工具、知识管理工具。信息搜索工具能够帮助学生检索到想要的学习资源和认知答案。协作交流工具可以支持学生线上进行小组协作学习和交流讨论，是一种互动工具。交互的方式有实时交互和非实时交互，包括实时交流和讨论、实时汇报、共享资源、发布信息等。知识可视化工具，如概念图、思维导图、认知地图、思维地图等，能应用视觉表征手段，建构、表示和传达复杂的知识，能够改变学生认知方式，促进有意义的学习。虚拟体验工具能支持学生在模拟的虚拟环境中学习，为学生提供更真实和身临其境的学习体验。知识管理工具可以帮助学生加强个人知识管理意识，培养知识管理习惯，构建个人知识生态体系，提升个人学习效率。在一定情境中使用适当工具，能促进学生的学习。

第三，信息平台。信息平台的功能侧重于学习过程中的数据采集、数据分析、数据协同，以及基于数据驱动的教学设计与教学改进。信息平台打破了学习时空上的限制，扩展了教学时空，使线上线下教学进一步融合，有助于教师根据学习者的学习数据进行更多个性化、差异化、智能化的教学。

平台支撑下的过程性学习评价是指在学习环境中，将评价嵌入学习过程，依据学习目标，伴随每位学习者的全学习历程，基于平台开展的有针对性、适时的反馈与干预。这种评价方式既能及时为教师提供学生学习过程的证据，帮助教师了解学生的学习状况，调整教学方式；也能及时为学生提供个人学习证据，加强学习者的自我反思、自我控制与调节。

二、反思性教学改进

反思性教学改进是教师在实施深度学习过程中或者完成教学任务后，教师个人或教研团队通过观察记录与分析，以及在持续性评价中诊断学生素养达成情况，分析教学存在的问题与原因，通过教研组研讨、个人撰写教学反思、改进教学设计等方式，进一步调整单元教学目标、改进教学进度、完善教学内容、丰富教学策略等的一种专业要求。开展反思性教学改进，不仅是对教学整体的反思改进，也可以是对教学设计与实施过程中的某个环节的反思改进。反思性教学改进强调教师对自身教育理念、教学设计、教学实施、个人专业能力、团队合作方式等方面的系统反思改进。

反思性教学改进主要基于学生参与表现和学习结果等证据，从学习目标达成，教学设计与实施的优点和不足等方面进行反思，提出改进设想。根据深度学习的理念，小学数学反思性教学改进应重点关注素养导向的学习目标、引领性关键内容、挑战性学习任务、持续性学习评价等方面。

（一）小学数学深度学习反思性教学改进的内容

1. 是否设计了适切的引领性关键内容

引领性关键内容是对单元关键内容的价值提炼，既要反映学科本质和主题大观念，又要与真实世界和学生的基础与兴趣相联系，体现核心素养落实的具体化与整体化。在确定引领性关键内容时，教师需要考虑学生先前的知识经验以及与学科的其他重要思想和概念间的联系，引发学生的学习兴趣，使其能积极卷入学习当中来。具体来说，需要考虑以下四个方面：（1）关键内容尽可能指向大观念，并要联系生活实际，激发学生的学习兴趣，体现对育人意义和价值的引领；（2）关键内容概述应在内容结构化和育人的意义与价值方面体现引领性；（3）关键内容学情分析可以是着眼单元整体描述学情，也可以是课时学情分析的概括；（4）简要说明或列出开放性学习环境的整体情况。

2. 是否达成素养导向的学习目标

素养导向的学习目标是学生经由单元学习而获得的核心素养的具体表现。单元学习目标有助于确立学生学习的重点，让学生知道要学什么，主要分为课程目标、单元目标和课时目标。其中，单元目标描述了学生从单元特定的关键内容中学到的东西；课时目标与课时的评估相呼应，明确了每节课学生通过深度学习活动而理解的学习内容。

确立学习目标需要整体考虑核心素养的落实。对照课程标准中的学科核心素养维度和课程目标，结合本单元具体内容，参照学业质量水平，明确学生在各项素养维度上的具体表现。具体来说，需要考虑以下三个方面：（1）依据单元整体规划，体现深度学习特征（如活动与体验、联想与结构、本质与变式、迁移与创造、价值与评判），兼顾任务的目标指向；（2）根据单元关键内容和学生实际，将学习目标分解到各个单元再到各个课时；（3）符合学生的知识经验水平和思维发展阶段，满足学生的兴趣、需要和问题。

3. 是否设计了合理的挑战性学习任务

挑战性学习任务反映的是实现学习目标的单元学习过程。设计挑战性学习任务需要对学生的表现有所预设，依据单元关键内容、单元学习目标、单元学习内容，以及学生已有的知识和经验而进行，设计基于解决关键问题的体验性学习活动，引导并帮助学生体验、经历、发现知识的形成过程，促使学生在活动中展示出他们对事物的新认识，呈现他们的思维特点。具体来说，需要考虑以下三个方面：（1）学习任务要相对完整，能够涵盖关键内容的结构，并与单元课时匹配；（2）学习任务的教学过程可采用图文结合的方式表达；（3）学习任务的名称和内容等与关键内容概述保持一致，且学习任务的目标需要指向单元学习目标。

4. 是否开展了持续性学习评价

持续性学习评价是依据单元学习目标，设计评价学生学习活动的评价标准、评价方式、信息反馈手段。持续性学习评价贯穿学习始终，包括课前、课中和课后。课前可以通过预习性作业、访谈或上一节课的表现结果进行评价诊断，作为教学设计的依据。课中可以通过师生对话、课堂观察、挑战性学习任务中的表现、评价量表等来进行评价诊断，并进行课堂教学内容、策略、进度等方面的调节，评价结果也可以作为课时作业设计的依据。课后可以通过巩固类作业、应用性作业、单元测验等进行评价诊断，并作为下一节课或者下一个单元教学设计的基础。

开展持续性学习评价需要建立评价标准，并通过教师或教研团队持续进行信息反馈，促进并帮助学生改进学习方式。具体来说，需要考虑以下七个方面：（1）可以针对需要评价的关键学习任务进行描述，也可以针对单元进行整体描述；（2）简要说明评价内容；（3）列出针对评价内容的关键表现，形成评价指标；（4）简要说明各评价指标的评价方法、赋值方法与标准；（5）呈现重要的评价工具；（6）可以与挑战性学习任务结合在一起撰写，不一定要采用表格的方式，可单独按序编制；（7）课堂的持续性学习评价不宜过多，也无须求全，注意操作的可行性。

（二）小学数学反思性教学改进的建议

1. 探索反思性教学改进的理论与方法

反思性教学作为教师专业素养成熟的基础，有助于提高深度学习的效果。因而，教师要积极主动获取反思性教学的相关理论与知识，并以此为指导进行教学实践，在实际的教学过程中加深对理论知识的理解。一方面，教师可以通过参加一些培训课程或学术讲座，了解前沿教育理念和方法，系统学习反思性教学理论，奠定理论基础；另一方面，不同专家对反思性教学理论会有不同的见解，这要求教师在运用时不能一味地将他人的方法生搬硬套到自己的课堂中来，而是要通过比较去理解反思性教学理论，进而结合教学实际情况、学生特点去更好地诠释反思性教学理论，完善自身的反思策略。

通过反思，教师不仅能够发现自己在教学设计中存在的问题和不足，还可以通过观摩其他教师的课堂教学实践，发现他人的优点和不足，在汲取他人优点的同时深入思考自己的教学方法是否正确合理，通过不断总结实践经验优化课堂教学，提高自身的专业素养。另外，在深度学习理念下，小学数学教师不仅要传授给学生系统的知识和方法，还要创设真实的问题情境，组织学生全身心参与学习活动，进行深度探究。这就要求教师要具有反思性教学的能力，通过不断地实践和反思总结经验，培养学生探究学习的习惯，促进学生关键能力和核心素养的共同发展。

2. 增进开展单元学习持续性评价的技能

单元学习评价是持续性学习评价的组成部分，为反思性教学改进提供基本依据，因此，体现深度学习理念的单元学习评价，也应体现学科核心素养的要求。首先，基于单元学习目标制定单元评价目标。评价是检验学生学习目标达成情况的关键，单元评价目标要着重凸显单元目标中关键的、学生在学习和作业中表现有困难的点进行重点评价，这既体现了评价与教学的呼应，也体现了单元评价独特的功能定位。其次，体现核心素养评价的基本要求。核心素养理念下的学习不仅是为了获得学科知识和技能，还应致力于培养个体在应对和解决复杂现实问题时的综合性品质与能力，所以针对学生核心素养所设计的评价任务要具有开放性、综合性和情境性等特征，且要具有长周期性，能够让学生表现出不同的素养水平，从而实现对学生的学科核心素养达成度的评价。

3. 学会引导学生从被动反思转为主动反思

著名数学家弗赖登塔尔曾指出"反思是数学思维活动的核心和动力"。为使学生的学和教师的教都能达到理想的效果，教师在教学中要有意识、有目的、有计划地指导学生自我反思的方法，并积极创造反思条件，引导学生从多方面对自己的学习过程进行自觉、深入、反复的思考。通过长期、不断地反思与总结，激发学生的反思意识，促使学生从被动反思转为主动反思。

首先，引导学生对所学知识进行反思。以往的教学中，教师在课堂总结时往往是让学生将本节课的重点内容复述一遍，或是象征性地问学生有哪些收获，忽视了课堂总结的时效性和学生的主体性。在深度学习理念下，教师应采用多种方式引导学生积极参与课堂活动，以探究者的身份对所学内容进行及时反思和总结，加深对知识的理解，再引导学生对学习过程进行反思。在教学过程中，教师可以直接给学生布置反思的任务，让学生学会有条理地反思，帮助学生养成良好的学习习惯；还可以在发现学生的问题后，给学生提供反思的方向，帮助学生找到学习过程中存在的问题，进行集中解决。另外，对于一些典型题目，尽管教师反复强调，仍有许多学生犯错，究其原因在于学生没有自己反思和总结解题中的经验，仅是按照正确答案将错误改正过来，下次遇到同类型的问题时仍然不知道解题的关键。因此，教师要积极引导学生对自身做题方法和解题思路进行反思，结合自己容易出错或理解不到位的题目，探寻符合自身思维逻辑的解题方法，从而提升自我反思能力。

结　语

在深度学习的背景下，小学数学教师需要遵循以学生为课堂主体的教学原则，对传统教学模式进行创新改革，选取合适的教学模式推进深度学习的开展，改善教学现状，为小学数学教学工作提供理论与实践经验。

小学数学教师应通过整合明确引领性关键内容，确定素养导向的学习目标，以培养学生深度学习的意识和习惯；通过挑战性学习任务，促进学生深度学习思考；通过开展开放性学习活动，使学生的深度学习真正发生；进行持续性学习评价，为学生提供清晰反馈并助力改进。教师还应建立深度学习支持性学习环境，为学生学习提供资源，助力学生主动探究和思考，使学生可以多角度思考问题，自觉关联新旧知识，对所学内容可以进行良好的迁移应用，全面提高小学生的数学素养。"对深度学习的研究，是一个对教学规律持续不断的、开放的研究过程，是对以往一切优秀教学实践总结、提炼、提升和再命名，需要更多的教师和学者共同的努力和探索"。① 教师在此过程中，不断优化教学设计，转变教学方式，深化教学评价，促进自我专业成长与发展。

---

① 郭华. 深度学习与课堂教学改进 ［J］. 基础教育课程，2019（Z1）：10-15.

第三章

小学数学深度学习的
核心内容及其教学设计

依据小学数学指向深度学习的教学实践模型，针对具体内容的研究，需要经历准备、设计与实施、反思三个阶段。其中的关键是基于课程标准的内容主题选择深度学习的核心内容，对核心内容从学科本质分析、大观念提取、学习目标确定、具体内容规划等方面进行单元整体分析，在此基础上进行体现知识与方法迁移的教学设计。本章基于课程标准的学习主题和综合与实践领域对小学数学深度学习的核心内容及其教学设计进行阐述。

第一节 "数与运算"主题的核心内容及其教学设计

"数与运算"主题是"数与代数"领域的内容之一。小学阶段所有的运算都是数的运算，包括整数、小数、分数的运算，而运算的重点在于理解算理、掌握算法，对算理的理解最终都要追溯到数的意义。提炼"数与运算"主题的核心内容，明确其教学设计与实施的策略，有助于从整体上理解数和运算，体会数的概念和运算的一致性，为学生从整体上把握和理解数学知识与方法，形成数感、符号意识、推理意识等奠定基础。

一、对"数与运算"主题的整体理解

《数学课程标准（2022 年版）》对课程内容进行结构化整合，将"数与代数"领域分为"数与运算""数量关系"两个主题，而"数与运算"整合了"数的认识"和"数的运算"两个核心内容，体现了两者之间的密切联系和一致性。

（一）对"数与运算"主题一致性的理解

《数学课程标准（2022 年版）》将《数学课程标准（2011 年版）》中的"数的认识""数的运算"这两个主题整合为一个主题，体现了"数的认识""数的运算"在本质上具有整体性和一致性。

"数的认识"的重点是由数量抽象为数，主要是理解数的意义和表达。计数单位将整数、小数和分数三者统一起来，在意义上整数、分数、小数都是对数量的抽象，表达上都可以理解为计数单位及其个数。

小学阶段所有的运算都是数的运算，数的表达的一致性也体现在运算中。

如整数、小数中相同数位上的数相加，分数中相同的分数单位相加，都可以理解为对计数单位的累加，进而可以拓展到四则运算。而运算的重点在于理解算理，掌握算法。对算理的理解主要是理解数计算的规则或道理，运用数与运算的意义、运算律进行计算。对其算理的理解最终都要追溯到数的意义，将所有的运算都统一到基于计数单位和计数单位个数的运算，都可以理解为计数单位的累加，实现数与运算的一致性。

（二）对"数与运算"主题阶段性的理解

在理解学习主题的一致性的同时，还应重视其阶段性。阶段性是指一个主题内容在不同阶段的表现形式和水平。阶段性要求体现具有一致性的内容的阶段性特征，一致性是在不同阶段的学习进阶中逐步实现的。明确主题内容的阶段性，有助于理解和把握不同阶段学习内容的呈现方式和对学生学习的要求。

对于"数与运算"主题，《数学课程标准（2022年版）》第一学段的要求是"理解数位的含义""会整数加减法""会简单的整数乘除法"等；第二学段的要求是"了解十进制计数法""掌握多位数的乘除法""感悟分数单位"等；第三学段的要求是"理解小数和分数的意义，感悟计数单位""能进行简单的小数、分数四则运算""感悟运算的一致性"等。由此可见，计数单位是体现数与运算一致性的核心，但在不同阶段有不同层次的要求和表现。

第一学段的表现是理解整数数位的含义，即不同数位上的数表示不同的值，数的认识和运算都是通过数位理解数的表达和运算的算理。第二学段通过十进制计数法进一步理解数位，同时在分数和小数的初步认识中感悟分数单位和小数计数单位。第三学段在理解小数和分数意义的基础上，感悟计数单位和运算的一致性。这样的阶段性要求体现了从整数的数位，到小数的数位和分数中的分数单位，再统一到计数单位的过程。

（三）依据"数与运算"的学科本质提取大观念

基于"数与运算"主题的学科本质分析，提取计数单位、计数单位个数的运算、运算律作为数与运算大观念的核心词，通过大观念的建立逐步引导学生从现实问题走向对数学本质的理解，体会数概念、数运算的一致性与阶段性。

大观念1　数是用符号和计数单位表达数量

数是数量的抽象，整数、小数、分数都可以用数字符号和计数单位来表达。数的认识本质在于将具体的数量以抽象的形式表达。1，2，3，4，…，9这样单一的符号可表达数量，数字符号与数位的组合可以表达更大或更小的数。在分数的表达中使用的是分数单位。将分数单位和位值制中的数位统一起来就是"计数单位"。

大观念2　计算是计数单位个数的运算

数的计算与计数单位相关，加法可以简单地理解为计数单位的个数相加，减法是加法的逆运算；乘法也是加法，是将加的过程重复多次，除法是乘法的逆运算。四则运算都可以理解为是对计数单位个数的运算。

大观念3　运算律是四则运算的依据

运算律是进行运算的依据和基本法则，是理解算理不可缺少的内容，也是理解数量关系的基础。运算律是"一切初等运算的依据"，可以把整数、小数、分数、代数式等的运算贯通起来，是进行加减乘除四则运算的基本法则，是理解运算算理的基本依据。

综上所述，"数与运算"主题的一致性主要体现在对数概念的本质理解，阶段性主要体现在对计数单位不同阶段理解的具体要求。在实际教学中，以符合学生发展水平和接受能力的形式构建结构化的单元教学，在计数单位的统领下体现学习进阶，建立大观念。

二、以计数单位等大观念为线索提炼核心内容

核心内容是能够很好地体现主题学科本质的内容群或单元，对核心内容的理解有助于学生学习与其相关的更多内容。深度学习的教学设计致力于精心设计和实施主题下的核心内容，以期达到举一反三的作用，实现以少量内容的深度覆盖代替所有内容的浅层覆盖。

计数单位作为数的认识的大观念的核心词，将整数、小数和分数三者统一起来，整数、分数和小数都是用若干个计数单位来表达。所有的运算也都能统一到基于计数单位和计数单位个数的运算。因此，以计数单位为提炼核心内容的线索，一是打通了数域之间的关联，二是架起了数的认识与运算的桥梁，实现了数与运算的一致性。

（一）基于计数单位，提炼数的认识的核心内容

基于计数单位理解数的认识的整体性和阶段性，提炼出以下核心内容。

1. 理解数位的含义与数的表示——11—20 各数的认识

"11—20 各数的认识"的重点是理解数位的含义，即不同数位上的数字表示的数值不同。数的大小由计数单位及计数单位的个数决定。这是在认识 10 以内的数后对数的进一步认识，也是后续认识百以内数、万以内数，乃至认识小数的基础。学生在认识 10 以内数时，主要是用一个符号表示数量，而从学习 11—20 各数的认识开始，出现了位值的概念。如 13 中的"1"在十位上，表示 1 个十，"3"在个位上，表示 3 个一，出现了"十位"和"个位"、几个十和几个一。因此，在学习过程中，我们需要引导学生体会数是对数量的抽象，感悟和理解数位的含义。

2. 体现十进制计数法的本质——大数的认识

"大数的认识"本质是通过数位与数级理解十进制计数法，是引导学生在"20 以内数的认识""100 以内数的认识"的基础上，产生更大计数单位的需要，经历新的计数单位产生的过程，感受十进关系，感悟表示所有自然数的方法，体会数的意义的一致性。

学生在学习"万以内数的认识"时，重点是发现数位的规律和理解相邻计数单位之间的十进关系。例如：在认识"千"这个新的计数单位时，借助计数器拨数活动，引导学生多次经历"满十进一"的过程，从而得到 10 个一是 1 个十、10 个十是 1 个百、10 个百是 1 个千，从而认识新的计数单位"千"，感受相邻计数单位的十进关系，进一步加深对位值概念的体会。

3. 感悟计数单位的拓展——小数的意义

对小数意义的理解是对十进制计数法的拓展。小数意义的重点在于理解位值记数的"十分"与"十进"，用十进制这条"线"将整数和小数的"珍珠"串起来，使它们浑然一体，形成一个完整而美丽的十进位值制计数系统。

小数是小学阶段数域的一次重要扩充。自然数是以"1"为单位不断累加，而把"1"平均分成十份、百份、千份……，要表示其中的一份或几份

的数就可以用小数表示，0.1、0.2、0.3……，0.01、0.02、0.03……，继续数下去，也是单位的累加。小数的现实意义是为了表示小于"1"的量，其价值在于精准表达；小数的数学意义是单位细分，可以理解为十进制的反向延伸，也可以看作分母为 10 的 n 次方的分数。小数的出现标志着十进制计数法从整数扩展到了分数，使分数与整数在形式上获得了统一。

4. 感悟分数单位——分数的意义（再认识）

《数学课程标准（2022 年版）》建议"在初步认识小数和分数的基础上，引导学生在具体情境中，理解小数和分数的意义，感悟计数单位"。分数的再认识是学生在初步认识分数的基础上对分数的进一步学习，是学生对分数概念的理解由感性上升到理性的阶段。

分数的再认识重点是要引导学生经历分数概念抽象的过程，体会分数意义中部分与整体的关系，进一步理解分数表示等分后的部分与整体的关系。分数同整数、小数一样也有计数单位，分数单位是分数的计数单位，分数单位无论是几分之一，都表示把 1 平均分成若干份，取其中的一份，分数的计数单位与其等分的数量有关。所以要引导学生理解分数可以表示小于 1 的数，分数可以描述等分后部分在整体中的大小；认识到分数也是分数单位及个数的表达，体会数概念的一致性。

（二）基于计数单位的累加与细分以及运算律，提炼数的运算核心内容

基于计数单位的运算与细分，理解数的运算的整体性和阶段性，提炼出以下核心内容。

1. 体会计数单位个数的累加——两位数加减法

两位数加减法的重点是理解"相同数位上的数相加减"和"满十进一，退一当十"的道理，这需要学生利用数概念、加减法的意义进行说明。两位数加减法的数学本质是"相同计数单位个数的累加和减少"，其算理和算法与多位数的加减法、小数的加减法都是一致的，与分数的运算也是一致的，体现了数运算的一致性。

如 38+17，个位上 8+7 = 15（满十进一），十位上 3+1+1 = 5（5 个十），所以 38+17 = 55。算理理解的基础是数的意义，同时计算本题也是对整数意义的再认识，38+17 = 30+8+（10+7）= 30+10+（8+7）= 40+15 = 55。所以

算理的理解需要用到整数的位值制，还有运算律（加法交换律、结合律）。

2. 将未知转化成已知理解算理——两位数乘法

两位数乘法的重点是根据数和乘法的意义，将两位数乘一位数的方法迁移到两位数乘两位数中，感悟从未知到已知的转化过程。两位数乘法的算理是根据数和乘法的意义，把其中一个乘数拆分成不同计数单位的数之和的形式，然后分别相乘，再把所得的积加起来。其算理和算法与多位数的乘法、小数乘法、分数乘法都是一致的，体现了数运算的一致性。

如 12×14，通过直观模型"点子图"，用不同的方法将因数拆分，把 12 分成 10 和 2，或把 14 分成 10 和 4，再进行计算求和得到结果：12×10+12×4 或 14×10+14×2，引导学生经历用图示表征解释算法的过程，沟通直观模型、算式表征与计算方法之间的联系，理解算理与算法之间的关系，为寻求乘法运算的通法打下基础。

3. 感悟计数单位细分的一致性——整数除以整数商是小数的小数除法

小数除法是整数除法的自然延续。从整数除法扩展到小数除法，其算理具有一致性。整数除以整数商是小数的小数除法（如 97÷4）是关键内容之一，解决的问题是"每次分完有余数出现"，于是将余数转化为更小的单位再进行细分，由此在除法运算中产生了更小的计数单位，正式推开小数除法的"大门"，并贯穿整个小数除法单元学习的始终，体现了数运算的一致性。

如解决有余数除法 97÷4＝24……1 时，对余下的"1"能不能分、该怎么分的讨论，引发了学生的认知冲突，由此学生产生了继续细分的需求，小数的计数单位自然产生，这是对计数单位不断细分的承接，是对小数意义的再认识，打通了数与运算的关联。

4. 感悟计数单位运算的一致性——异分母分数加减法

异分母分数加减法的本质仍是相同计数单位个数的累加和减少，但由于分数的表达形式不是十进制，与整数、小数运算不同的是，当分数单位不同时不是通过对齐数位来找到相同单位，而是通过通分将单位变得一致。

如异分母分数加减法 $\frac{1}{2}+\frac{1}{4}$，需要通分找到分母的最小公倍数 4，并以 $\frac{1}{4}$ 为共同的分数单位，再进行分数单位个数的累加。这在本质上与整数、小数运算一脉相承，但要求学生既要利用整数和小数运算中积累的经验和方法，也要根据分数的意义和同分母分数加减法的计算方法，共同理解异分母分数加减法的算理，体现了数运算的一致性。

5. 由理及法体会运算中的推理——分数除法

分数除法的本质也是分数单位以及分数单位个数的运算，分数的运算就是在分数单位相同的前提下分子的运算，即整数的运算。这样就把分数除法与整数除法关联起来，体现了分数除法与整数除法的一致性。

分数除法学习的难点是使学生理解分数除法运算为什么颠倒相乘，实现除法向乘法的转化，这个过程有助于发展学生的运算能力和推理意识。把分数除法问题转化成了分数乘法，根据分数乘法的意义"求一个数的几分之几是多少"，建立起分数除法与分数乘法之间的联系，为进一步推理理解分数除法的算理奠定基础。

6. 从特殊走向一般——运算律

运算律是数运算的基本定律，在数的运算中具有一般性，是算理算法的基础。乘法分配律与算理直接相关，其特点是同时包含两种运算，增加了学生寻找生活问题原型的难度、从一个特例出发探索一类问题中规律的难度、形成通用表达形式的难度。这就需要我们的教学摆脱静态的、压缩式"学习公式"的模式，走向动态的、经历名副其实"分配"的学习过程。

乘法分配律的本质是乘法的意义：$c \times (a+b)$ 表示求 $(a+b)$ 个 c 相加是多少，可以直接求 $(a+b)$ 个 c 是多少，即 $c \times (a+b)$，也可以先分别求得 a 个 c、b 个 c 是多少，然后将其结果进行求和，即 $c \times a + c \times b$，两种方法的形式和过程不同，但结果相同。通过提供凸显乘法本质的问题情境，在变化的问题中，引导学生感悟和理解乘法分配律的本质，以及对从具体数的计算到符号化过程的理解和运用。

三、确定素养导向的学习目标

单元学习目标应体现课标中"数与运算"教学的有关要求和教学提示中的建议，兼顾课程理念与教学活动思路，有助于指引教师设计丰富的问题情境，开展多样性的学习活动，促进学生对知识技能的理解、对数学思想的体验、对活动经验的积累，进而促进核心素养的形成。

"数与运算"主题的教学应特别关注数感、符号意识、运算能力和推理意识等核心素养表现的形成，并将之体现在学习目标之中。学生在问题解决的过程中，整体理解数与运算，感悟数的概念和运算的一致性，逐步形成和发展核心素养。

（一）联系生活实际理解数的意义，培养数感

数感是指对于数与数量、数量关系及运算结果的直观感悟。感悟既包括感知，又包括领悟；既有感性体验，更有理性思考。在小学阶段对数感的强调更多的是在感悟层面，在数学教学活动中，不仅要让学生感悟"数是对数量的抽象"，还应当反过来，让学生感悟"抽象出来的数与数量也是有联系的"。

学生在小学阶段主要学习对整数、小数和分数的认识，这些数的产生与发展都源于人类的生活实践。抽象的核心是舍去现实背景，联系的核心是回归现实背景。如学生在一年级上学期学习对1—10各数的认识时，教师可利用学生熟悉的5朵花、6只小鸟、7张桌子等生活实际情境来帮助学生理解数是对数量的抽象。再如，同样是100这个抽象的数，100粒黄豆与100匹马给人的现实感觉是大不一样的。因此在教学中，教师要为学生提供丰富的、真实可感的现实背景，来帮助学生理解数的意义，使学生在真实世界中感悟数量和数量关系，经历由数量或数量关系到数的抽象过程，进而理解和掌握数的概念，形成数感。

（二）经历用符号表示的过程，感受符号的意义与作用，发展符号意识

数学课程的任务之一就是让学生感悟和拥有使用数学符号的能力，小学阶段学生的数学符号意识是不断发展的，是从简单到复杂、从低级到高级、从具象到抽象，呈现层次性发展的。其目标为：知道符号表达的现实意义；能够初步运用符号表示数量、关系和一般规律；知道用符号表达的运算规律和推理结论具有一般性；初步体会符号的使用是数学表达和数学思考的重要形式。四条目标分别对应数学符号的感知与识别、理解与运算、联想与推理、抽象与表达四个维度。

教师在教学中需创设真实的问题情境，来凸显数学符号的必要性；鼓励学生创造不同的数学符号（字母、图形等），沟通联系和相互转换；调动学生运算的经验基础，引导学生一般性地表达发现的规律，并结合实际说明符号的含义，经历推理的过程，培养学生对数学符号的意义与本质的理解。如

在对 11—20 各数的认识中，学生经历了从数数到计数的过程，这个过程中学生经历了来自符号化的表达的两次思维上的跨越：一次是用不同数位表示不同的计数单位，另一次是用相同的符号表示计数单位相同的个数。再如，学生用归纳的方法探索运算律、用字母表示运算律，感知运算律是确定算理和算法的重要依据，形成初步的代数思维。发展学生的符号意识，为抽象能力和推理能力打基础，每个阶段都大有可为。

（三）依托数概念与运算的一致性，在说理表达中形成推理意识

推理意识是指对逻辑推理过程及其意义的初步感悟。推理意识可以看作推理能力的初级阶段，主要是让学生经历初步的逻辑推理过程，并基于经验感悟形成初步的意识，既能进行合情推理，又能进行初步的演绎推理。

数学运算本身就是一种严格的推理。《数学课程标准（2022 年版）》强调数与运算的联系，对数与运算一致性的理解过程就是推理过程。从运算的代数结构上看，运算法则就是一种逻辑规则，其基础是对运算的定义和对运算律的规定。因此判断各种法则、算法的运用是否"合法"需要通过运算律进行解释或论证。如：多位数加法运算中各种横式与竖式算法，体现了运算律及位值概念的逻辑关系，这样的分析就是一种数学推理。再如：基于计数单位，学生可以合乎逻辑地推出异分母加减时需要先"通分"。因此，在观察、实验、猜想、验证等数学活动中，要培养学生清晰表达自己的思考过程与思考结果的能力，养成讲道理、有条理的思维习惯，力求做到言之有理、落笔有据，形成推理意识。

（四）经历算理、算法探寻发现的完整过程，发展运算能力

运算能力是指根据法则和运算律进行正确运算的能力。运算能力不仅表现为会算和算对，还包括对于运算对象、运算意义、算理算法的理解及解决问题时的合理选择，也就是说运算能力所指向的运算不是现成的，而是需要经由学生的发现得到。因此，教师要在学生经历算理、算法探寻发现的完整过程中促进其运算能力的发展，为学生的探索、发现提供一片沃土。

学生拥有运算能力首先表现为"能够明晰运算的对象和意义，理解算法与算理之间的关系"，这是正确进行运算的基础；其次表现为"能够理解运算的问题，选择合理简洁的运算策略解决问题"，这是对运算的应用；最后表现为"数学推理能力的发展，形成规范化思考问题的品质，养成一丝不

苟、严谨求实的科学态度"，这是运算能力的价值。

以"小数除法"单元为例，在《数学课程标准（2022 年版）》第三学段"数与运算"主题下的内容要求是：能进行简单的小数、分数四则运算和混合运算，感悟运算的一致性，发展运算能力和推理意识。在单元内容分析和学情分析的基础上，确定如下单元学习目标。

1. 体会小数除法的意义，激发运算需求，沟通实物原型、直观模型与竖式之间的联系，探寻小数除法的通法，会计算小数除法。

2. 探索小数除法算理，体会计数单位细分在运算中的作用，理解循环小数的意义。

3. 增强交流、合作、质疑等能力，激发自主研究问题的热情。

其中第 1 条体现引导学生经历算法产生的过程，从中理解算理，获得"双基"。第 2 条引导学生在探索的过程中表达、质疑、讨论，形成推理意识，体会数与运算的一致性，发展运算能力和数感。第 3 条体现鼓励学生主动参与、积极思考，促进学生学习经验的积累和情感态度的养成。对"四基"和核心素养的要求贯穿在教师的教学行为和表现中。

四、基于数与运算的联系，设计挑战性学习任务

围绕数与运算主题的大观念，设计挑战性学习任务，建好数意义的"承重墙"，打通数与运算的"隔断墙"。

（一）设计指向计数单位的挑战性学习任务，促进学生深入理解数的意义

设计挑战性学习任务的目的是帮助教师在真实情境中提出能引发学生思考的数学问题，引发学生的认知冲突，促进学生积极探究。

例如，"小数的意义"教学，教师巧妙地从学生已知的 0.6 出发，运用几何直观的方法给学生提供了一个具有挑战性的情境："比 0.6 多出了一小块阴影，整个阴影部分如何用小数表示？"。本课的教学从讨论"这个数在 0.6 和 0.7 之间"开始，学生主动动手进行细分，在正方形模型上把一个长条平均分成 10 份，进而又将整个正方形再平均分成 10 份，直观地理解增加的小方块是大正方形的 $\frac{1}{100}$，创造出了一个新的单位。这个过程使学生既能从

"1"这个单位的细分来理解新的计数单位的产生，又能从小数单位的累加来认识小数，理解百分之一可以用 0.01 表示，61 个 0.01，就是 $\frac{61}{100}$，也就是 0.61，也逐步理解了小数的意义、小数计数单位，以及小数的计数单位与整数计数单位的联系。教师设计具有启发性和开放性的问题情境与挑战性的学习任务，将学生带入了研究探索之中。

（二）设计打通运算算理的挑战性任务，引导学生感悟运算的一致性

数的意义和联系以及运算的意义和联系，是理解算理算法的重要基础。数的意义的学习，是对数位和计数单位的理解。数的运算的学习，不管是整数、小数还是分数，都可以看作计数单位的累加或减少。

例如，在"小数除法"一课中，教师以"AA 制"这一真实情境引入，当聚焦"每人应给李刚转账多少元？"时，几乎所有学生都用以往的"有余数除法"的方法来解决，列出了竖式结果是 24 元余 1 元。那么，应该给李刚多少元，是 24 元？还是 25 元？抑或是 24 元至 25 元之间？这引发了学生的问题：余数 1 要不要分？怎么分？当整数除法解决不了这一问题时，余数就要继续分下去，就产生了小数。"AA 制"情境不仅引出了要解决的问题，而且激发了学生的运算需求，当学生的旧经验遇到新问题时，认知冲突便产生了，"AA 制"的真实情境是学生持续探索小数除法算理的动力源泉。

例如，在"两位数加减两位数"的教学中，教师创设真实的生活情境，引导学生根据加法和减法的意义，理解"相同数位上的数相加减"的算理，利用数概念、加减法的意义进行说理，这促进了学生对整数意义的再认识。对于算理的理解，如 35+32，个位上 5+2＝7（表示 5 个一加 2 个一等于 7 个一），十位上 3+3＝6（表示 3 个十加 3 个十等于 6 个十），60+7＝67，所以 35+32＝67。其算理和算法与多位数的加法、小数的加法都是一致的。在课堂上，教师可以使用计数器、小棒等学具模型，通过沟通不同模型之间的联系，以及沟通竖式与学具模型图之间的联系，帮助学生理解算理、掌握算法。

（三）创设体验式的教学情境，沟通数意义与数运算的关联

数意义是数运算的基础，数运算是数意义的再解读，两者相辅相成。在数运算的教学中，教师要创设体验数产生的活动，引导学生感受数的表达与

运算方法的一致性，沟通数概念与数运算之间的关联。

以"小数除法"为例，学生用一个竖式来记录把 97 元平均分 4 份的过程。一位学生得到的商是 2425 元，有学生马上说道："好像有点不对啊，商怎么是 2425 元，这么多啊"。这时有学生在 24 和 25 的中间加上了小数点，马上平息了争议。老师连忙追问："这个小数点非要写上吗？"这一问题引发了学生对小数意义的再讨论。小数点的自然出现，凸显了其定位（确定数位）的重要作用。小数除法的本质就在于记录把余数 1 放大 10 倍后再除产生的商，而这个记录方法就是用小数点把整数部分和小数部分隔开，小数点是基于等式性质的特殊标记，是在表示运算结果中产生的。对小数除法的学习有助于加深学生对小数意义的再认识。

五、创设促进迁移的开放性学习活动

挑战性学习任务为学生理解学科内容的本质、形成核心素养创设条件，而开放性学习活动将为学生提供思考、交流、理解的空间和时间。通过开放性学习活动，有助于学生完成知识与方法的迁移，并最终获得发展。

（一）围绕计数单位，组织开放性学习活动

数的认识、数的运算都与计数单位密切相关，通过相关学习活动有助于学生认识到计数单位及其个数的运算的过程和方法，深入理解基于大观念的关键内容。

1. 借助实物模型，从具体到抽象，持续理解计数单位和单位个数

对数意义的学习，本质上是理解符号和计数单位。数运算的学习，本质上是理解运算是计数单位个数的累加和减少。如在学习"11—20 各数的认识"时，学生开始体会位值制，理解数位的含义，即不同数位上的数表示的数值不同。教学时，我们通常会用 1 块大石头表示 10，用 1 块小石头表示 1；也会利用学生非常熟悉的"小棒"摆一摆，用 1 捆小棒表示 10，1 根小棒表示 1；还可以引导学生进行"辨 11"的学习活动，如：古人想到了用 1 块大石头和 1 块小石头表示 11，那如果只有两块大小一样的石头，能否表示 11 呢？这个挑战性的问题，给学生提供了思考的空间，帮助其真正理解"不同数位上的数表示的数值不同"。用大石头和小石头分别表示"十"和"一"，

有大小的区别；用一捆小棒和一根小棒表示"十"和"一"，看上去也是不同的。但相同大小的石头，一块石头写上 10，一块石头写上 1，就可以区分，这正是位值制的本质。因此对于数意义的学习，可以借助学生熟悉的实物直观模型，化无形为有形，帮助其理解数位的含义，建立计数单位的表象。

2. 注重整体感知，体会数是计数单位及个数的累加，感悟数意义的一致性

小学阶段学生要认识的数主要包括整数、小数和分数。这些数具有共同的本质意义，即：数是对数量的抽象，数是对多少个计数单位的表达。整数、小数和分数都可以看成计数单位及个数的累积。教师可以基于计数单位建立数的整体结构，帮助学生打通数域之间的关联。

以"小数的认识"为例，在学生认识了新的小数单位 0.01 后，面对着黑板上的"0.6，0.66，6.66"时，教师提出"写出的 6 一模一样，它们所表示的意义一样吗？"等问题。通过辨析不同位置上 6 的意义，让学生感受到无论是整数还是小数都是计数单位累加出来的，但不同位置上的 6 只能说明单位个数相同的，而大小是否一样还要关注对单位的理解，因为位置不同，相邻的计数单位之间是十倍关系，所以 6 的含义也不同。教师帮助学生拨开了小数"位置不同"的外衣，走向"位值不同"的本质，在这个过程中学生触摸到了小数是十进制的反向延伸，感悟到数意义的一致性。

3. 从计量走向计数，用计量单位的转换支撑计数单位的累加或细分

基于"数与运算"的学科本质和大观念，理解小数除法的算理和算法。如"小数除法"的核心本质是"十进制单位的细分"（见图 3-1-1）。数量在现实生活中显而易见，数是数量的抽象。用于衡量数量多少的计量单位也是具体的。

如在解决把 97 元平均分成 4 份问题的过程中，围绕剩下的 1 元怎么分，学生独立思考，呈现出不同的解决方法。有的学生建议把 1 元换成 10 角，再平均分成 4 份，用算式表达：1 元 = 10 角，10÷4 = 2（角）……2（角）。又遇到问题后，学生想到把剩下的 2 角换成 20 分，用算式表达：2 角 = 20 分，20÷4 = 5（分），结果是 2 角 5 分。在这里，支撑计量单位的细分时，"转换单位"发挥了关键作用，而实物原型与计数单位的对应，将抽象的计数单位隐藏在"位置"里面（位值制）——1 元对应于 1，1 角对应于 0.1，1 分对应于 0.01。学生产生了单位细分的需求，有意识地进行创造。对计量单位细

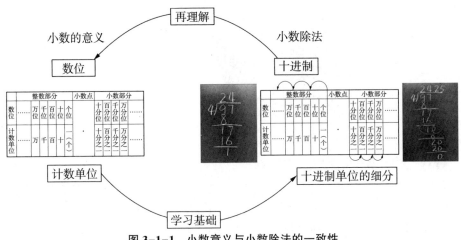

图 3-1-1　小数意义与小数除法的一致性

分→转换→记录的过程，凸显了计数单位无限细分的本质，体现了整数除法与小数除法运算的一致性，用整数除法帮学生推开了小数除法的大门。

（二）体会运算律的作用，在开放性学习活动中积累运算经验

运算律是四则运算的基础，数运算的算理都要归结为运算的意义和运算律。学生学习和理解算理的过程，有助于学生体会运算律的一般化表达过程及其作为算理依据的作用。

1. 在猜想—验证过程中，从特殊到一般，感悟运算律的价值

运算律是数运算的基本定律，学生在小学阶段学习的运算律有加法交换律、乘法交换律、加法结合律、乘法结合律和乘法分配律。学生对于乘法分配律的理解主要是通过实际问题和具体计算，具体方法是用归纳的方法探索运算律、用字母表达运算律，从特殊走向一般，感悟运算律的价值。

比如，北师大版小学数学四年级下册"乘法分配律"提供的"贴瓷砖"的生活情境（见图 3-1-2），能帮助学生理解可以从不同角度观察瓷砖的个数，从乘法的意义理解两个数的和与一个数相乘的积，等于这两个数分别与这个数相乘，再把所得的积相加。

第一组算式分别计算两种不同颜色的瓷砖，再将它们相加，从而得到瓷砖的总数。第二组算式从左、右墙面观察，分别计算再相加，这样也能得到瓷砖的总数。像这样的学习从学生熟悉的情境出发，将静态的分配律转化成

● 贴了多少块瓷砖？说说你是怎样算的。

$3 \times 10+5 \times 10$	$(3+5) \times 10$	$4 \times 8+6 \times 8$	$(4+6) \times 8$
$=30+50$	$=8 \times 10$	$=32+48$	$=10 \times 8$
$=80$（块）	$=80$（块）	$=80$（块）	$=80$（块）

图 3-1-2 北师大版小学数学四年级下册 "乘法分配律" 主题图

动态的分配过程，进而再扩充到不同数的运算，从不同的情境中体会相同的规律。其实无论哪种运算律的学习，学生都经历了由浅及深、从特殊到一般再到形成规律的一般性表达的过程，从而感悟运算律的价值，发展了推理意识，初步形成代数思维。

2. 把未知转化成已知，沟通算法间联系，理解理和法的关系

运算律是运算推理的依据，保证运算的正确性。学生一般正式学习运算律是在四年级，而其实在这之前学生已经在潜移默化之中感受了运算律的价值。

如在学习 "12×14" 这个两位数乘两位数的乘法算式时，教师通过设计圈画点子图的环节帮助学生思考并将其转化，通过自主思考后发现可以通过拆 12 将算式转化为 14×10＝140，14×2＝28，28+140＝168；或者拆 14 转化为 12×10＝120，12×4＝48，120+48＝168；也可以同时拆 12 和 14，如图 3-1-3 所示。

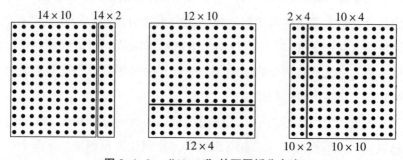

图 3-1-3 "12×14" 的不同拆分方法

将未知的两位数乘两位数的乘法转化为已知的两位数乘整十数、两位数乘一位数的乘法和加法，这样我们通过将乘数进行拆分、分别计算、再将其合并的过程来解决新问题，"乘法分配律"在其中起着重要作用。

第二节　"数量关系"主题的核心内容及其教学设计

《数学课程标准（2022 年版）》把"数量关系"作为一个主题，整合了《数学课程标准（2011 年版）》中"常见的数量关系""式与方程""正比例、反比例""探索规律""估算"以及"运用四则运算的意义解决问题"等内容，使原来"数与代数"领域中一些分散但具有相同本质特征的内容成为一个主题，更有利于学生感知这些内容之间的关联。同时在学习图形与几何、统计与概率、综合与实践领域等内容时也要关注数量关系，其最终目标就是问题解决。

一、对"数量关系"主题的整体理解

《数学课程标准（2022 年版）》明确提出："数量关系"主要是用符号（包括数）或含有符号的式子表达数量之间的关系或规律。学生经历在具体情境中运用数量关系解决问题的过程，感悟加法模型和乘法模型的意义，提高发现和提出问题、分析和解决问题的能力，形成模型意识和初步的应用意识。

（一）对"数量关系"主题的一致性的理解

数学是研究数量关系和空间形式的科学，将数量关系作为学习内容主题之一，体现数学学科本质，促进学生问题解决能力的培养。在义务教育阶段，数量关系包括相等关系和不等关系。小学阶段的相等关系包括四则运算意义、加法模型和乘法模型、等量的等量相等、比和比例等，不等关系主要在初中阶段涉及。数量关系主题教学的核心是对"模型"的感悟、建立和应用的过程，紧紧抓住数量关系，千条江河归大海，用"模型"一以贯之解决真实情境中的问题。

（二）对"数量关系"主题的阶段性的理解

数量关系主题的内容贯穿小学数学的三个学段，如图 3-2-1，从整体上认识这些内容的本质，有助于学生理解内容结构，提高问题解决能力。初中第四学段的"方程与不等式""函数"两个主题是小学阶段数量关系的拓展，义务教育阶段的"数量关系""方程与不等式""函数"构成了一个统整的主题。

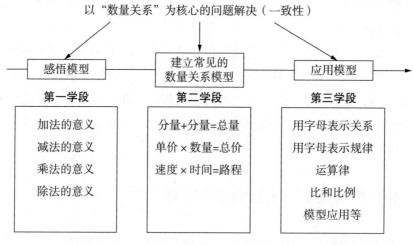

以"数量关系"为核心的问题解决（一致性）

感悟模型	建立常见的数量关系模型	应用模型
第一学段	第二学段	第三学段
加法的意义 减法的意义 乘法的意义 除法的意义	分量+分量=总量 单价×数量=总价 速度×时间=路程	用字母表示关系 用字母表示规律 运算律 比和比例 模型应用等

落实核心素养：推理意识、模型意识、符号意识、应用意识

图 3-2-1 "数量关系"主题的核心内容与核心素养

1. 第一学段：感悟模型，理解运算的意义，运用数和数的运算意义解决问题

学习数量关系模型的初步阶段是感悟运算的意义，即学生一开始学习加法或者乘法的时候，已经指向了对加法模型或者乘法模型的感悟。"感悟"意味着学生暂时还只是通过对运算意义的理解感知加法和乘法，不能主动将其抽象成加法和乘法模型。但学生只有理解了运算的意义，才能知道何时使用这种运算，运算意义决定了解决实际问题时方法的选择。

2. 第二学段：建立模型，抽象数量关系模型，运用数量关系模型解决问题

学生进入数量关系模型的理解阶段的特征是建立常见的数量关系模型。

小学阶段的模型总的来说分成两大类，一类是等量关系模型，另一类是变量关系模型（第三学段）。等量关系模型主要包括加法模型、乘法模型以及复合模型等。在等量关系模型中，学生首先需要在情境中识别出相等的数量关系，然后应用常见的等量关系模型来解决简单的问题。

3. 第三学段：应用模型，运用数量关系模型、比和比例等解决较复杂的问题

对数量关系模型的拓展和应用，主要聚焦变量关系模型。学生通过数字规律、图形规律、运算律等初步感受变量之间的关系，初步感悟变量之间还存在着某种不变的关系。此阶段，要引导学生从静态的等量关系情境中概括出关系逐渐扩展到能够从变化的情境中概括出规律，感受变中有不变的思想。

（三）依据"数量关系"主题的学科本质梳理大观念

学科大观念是体现主题的学科本质、起到打通知识之间联系的基本观念。大观念对于具体内容的理解和掌握起着支配作用，并在后续实现知识与方法迁移的过程中发挥重要作用。数量关系主题的大观念围绕数学化、模型和相等等核心词表达。

大观念1　真实情境转化为数学问题是现实问题数学化的过程

问题解决的过程是在真实情境中发现和提出问题，用数学的方法分析和解决问题。运用四则运算的意义解决问题就是将情境中的数量关系转化成数学表达式，表达媒介可以是语言，也可以是算式，甚至更多是算式，转化的过程也称为数学化的过程。

大观念2　数量关系模型是对真实情境中数量关系的一般化

建立数量关系模型、应用模型解决问题是问题解决能力形成的基本路径。针对小学阶段中的加法模型和乘法模型，建立数量关系模型并用其解决问题是学习此类内容的重点。如前所述，小学阶段常见的等量关系模型有加法模型（总量＝分量＋分量）、乘法模型（总价＝单价×数量、路程＝速度×时间），随着学习内容的不断增加，数量关系变得复杂，运用的模型会出现拓展和变式，但基本的思考方式是一致的。利用这两个模型及其变式（分量＝总量－分量；单价＝总价÷数量、数量＝总价÷单价；速度＝路程÷时间、时间＝路程÷

速度）、拓展和组合能解决大多数实际情境中的问题。

大观念3　相等是数、数量、度量等概念关系的基本表达

数量关系主题的重点在于探索真实情境中数量之间的相等关系，并用式子（模型）、语言、列表、画图等方式表达情境中数量与数量之间的相等关系。等号不仅可以表示运算结果，还可以表示两个数量的相等关系。理清题目中的数量关系，建立等量关系，是解决问题的关键。小学阶段的数量关系主要是相等关系。用四则运算的意义、加法模型、乘法模型解决问题时，基本的思路就是理清现实情境中蕴含的数量关系，寻找数量之间的相等关系。

以主题的大观念为线索，引导学生准确理解主题的具体内容及其关联，体会学习内容本质的一致性，并通过聚焦大观念的重点内容的深度学习，深刻理解和掌握所学内容，形成相关的核心素养。

二、以数量关系的大观念为主线提炼核心内容

数量关系主题的内容贯穿小学数学的三个学段，其主要内容有：运用四则运算的意义解决实际问题，常见的数量关系，理解并运用常见的数量关系解决问题，理解作为基本事实的"等量的等量相等"，理解用字母表示关系、性质和规律，比和比例等。这些内容的本质都是数量关系。数量关系主题突出了问题解决的内容载体及对学生问题解决能力的培养。

（一）理解加、减、乘、除的意义，运用数和数的计算解决问题

第一学段，学生对数量关系的感知离不开对四则运算意义的理解。因此，从一年级开始，教师就要在丰富的真实情境中帮助学生建立四则运算所表达的数量关系，因为加、减、乘、除四则运算的意义既是数的运算的依据，也是利用数量关系解决问题的重要基础。

1. 加法模型的初步感悟——加、减法的意义及问题解决

首先，引导学生通过对数量的"合并"和"去掉"感知加、减法算式的意义，从多个例证初步理解算式表达的数量关系。其次，联系生活中的问题情境，借助画图和实物操作等帮助学生在解决问题中理解运算的意义。

加法是最基本的数量关系，主要是表示"合并"。而"分"与"合"的经验来源于学生的日常生活。从学生熟悉的日常生活概念出发，遵循学生的认知逻辑设计活动，建立起生活与数学之间的连接，有助于学生实现加法模型的初步渗透，并在解决丰富现实情境的问题中逐步感悟加法模型的本质。

2. 乘法模型的初步感悟——乘、除法的意义及问题解决

首先，引导学生感知乘、除法的意义。乘法是通过对数量的"合并"实现求相同加数的和，是相同数量的累加，这是乘法的基本含义。除法通常有等分除和包含除两种含义：把总数量平均分成若干份，求每份是多少是等分除；已经知道每份是多少，求可以分成几份就是包含除。

其次，在具体情境中，采用题组的方式引导学生进一步感知四则运算之间的关系：乘法是加法的升级版，除法是减法的升级版，加与减、乘与除之间具有互逆关系。

运算的意义既是学习具体运算的基础，也是解决相关实际问题的依据。无论是加法、减法，还是乘法、除法，每一种运算都是从众多情境中抽象出来的具有共性的一类数量关系。因此，运算意义的教学及其相互之间的关系是数量关系学习的重中之重，是解决问题的关键。教师在教学中要以大观念"和"为统领，引导学生在真实情境中感受加、减、乘、除四则运算之间的关系。

（二）建立模型，运用模型解决问题

模型是数量关系的一般性表达，是四则运算意义的抽象（一般化）。建立模型涉及加法模型和乘法模型的抽象、变式及应用。

1. 建立加法模型——总量＝分量+分量

加法模型的学习流程主要是从理解加、减法意义（加法表示数量的合并，减法表示两个数量的差）到理解加、减法关系（互逆关系），再到建立加法模型（总量＝分量+分量）及其变式（分量＝总量-分量），并运用加法模型及其变式去解决问题。这是一个不断从简单到复杂的过程，但它的本质是一样的，就是"加法模型"这一核心概念，学生通过不同现实情境的内容，抽象出"总量＝分量+分量"的模型。加法模型的学习进阶如图3-2-2所示。

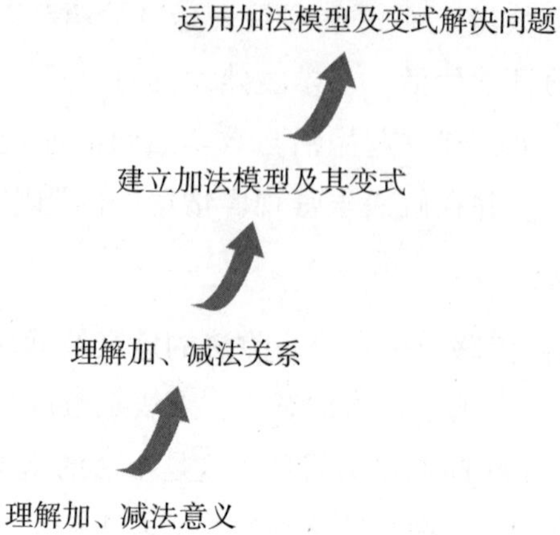

运用加法模型及变式解决问题

建立加法模型及其变式

理解加、减法关系

理解加、减法意义

图 3-2-2　加法模型的学习进阶

从开始认识加、减法时，教师就要不断引导学生沟通加与减的关系，让学生有意识地从加、减法的认识中初步感知加法模型及其变式，了解运算之间的关系，为以后进一步的学习打下基础。在后续的"数量关系"主题相关内容的学习中，教师也要引导学生不断重复运用和强化相关的大观念与方法，逐步提高分析问题和解决问题的能力，逐步形成模型意识。

2. 建立乘法模型——**总价=单价×数量；路程=速度×时间**

乘法模型的学习流程是从理解乘、除法意义（乘法表示几个相同加数的和，除法表示从一个数里连续分走几个相同的数）到理解乘、除法关系（都是关于相同加数、相同加数的个数、总数的关系），再到建立乘法模型（总价=单价×数量；路程=速度×时间）及其变式（单价=总价÷数量；数量=总价÷单价；速度=路程÷时间；时间=路程÷速度），并运用乘法模型及其变式去解决问题。这是一个不断从简单到复杂的过程，但它的本质是一样的，就是"乘法模型"这一核心概念，学生通过不同现实情境的内容，抽象出"总价=单价×数量；路程=速度×时间"。乘法模型的学习进阶如图 3-2-3 所示。

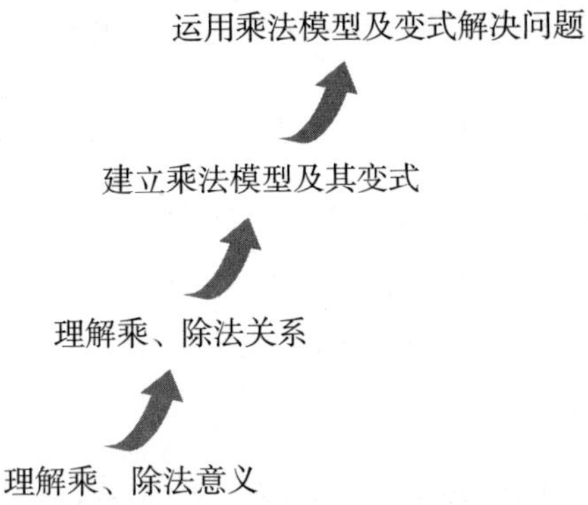

运用乘法模型及变式解决问题

建立乘法模型及其变式

理解乘、除法关系

理解乘、除法意义

图 3-2-3　乘法模型的学习进阶

（三）理解数量关系，运用模型拓展解决问题

1. 解决现实问题——估算

估算是对数量的运算，重点是通过分析具体情境中的数量关系解决问题。《数学课程标准（2022 年版）》在第二学段的内容要求是：能结合具体情境，选择合适的单位进行简单估算，体会估算在生活中的作用；而第三学段的学业要求是：能在解决实际问题中运用恰当的方法进行估算，并能描述估算的过程。

2. 感悟字母表达的一般性——用字母表示数量关系

用字母表示关系时，字母表达的往往是一类数量。用含有字母的式子表示数量关系和规律，是在实际情境中对具体数量及其关系和规律进行抽象后形成的结构化、一般化的表达。另外，对基本的算术关系与结构的理解，以及适当地将其进行一般化处理，有利于学生早期代数思维的形成。

3. 感悟关联，体会变与不变——用比和比例解决问题

比是两个数量倍数关系的表达，主要分为两种类型。一种是同类量的倍数关系；另一种是不同类量的倍数关系，比如速度=距离÷时间，通过比值的单位"千米/分"，我们可以感悟作为度量的比，感悟比在自然科学中的应用。对于比的度量意义，一般情况下可通过两个数量不是同类的量之比来体现。如"速度"，便是路程与时间的比，它是一种特殊的数量关系，是变量之间关系的表达。这里的数量与一般问题中的数量不同，常规问题中的数量是固定的常量，比中的数量是一个变量。这里也为学生后续学习成正比的量以及正比例函数做铺垫。

"成正比的量"是在学习乘法模型、积的变化规律、商的变化规律、比和比例等知识的基础上学习的，$\frac{y}{x}=k$（这样的关系，也可以表示为 $y=kx$）。利用图像、表格、关系式等表达方式，引导学生体会成正比的量的含义，形成推理意识；从两个有关联的量的变化特征中寻找不变，引导学生理解成正比的量的规律，抓住本质；尝试用数学的眼光观察、分析生活中的数学现象，引导学生初步感悟代数思维。

比和比例本质上反映的是数量之间的一种关系，也可以引导学生用乘法模型来理解，作为乘法模型的拓展应用。

4. 利用模型解决问题——用分数、百分数解决实际问题

加法模型、乘法模型是"数量关系"主题的大观念，有了模型，教师在教学有关分数乘、除法的问题解决时，可以引导学生对真实情境中的数量关系进行分析和理解，将具体情境与数量关系模型建立联系，利用模型解决分数、百分数等相关问题。教师在引导学生运用模型解决较复杂的问题时，可带领学生体会模型的价值。如针对"一本书 100 页，看了它的 $\frac{1}{5}$，还剩多少页？"这一问题，教师可引导学生梳理：全书的页数－看了的页数＝剩下的页数（加法模型拓展）；看了的页数＝全书的页数×$\frac{1}{5}$（乘法模型）；剩下的页数＝$100-100×\frac{1}{5}$。通过建立加法模型和乘法模型，并将其与四则运算的意义联系起来，从而解决实际问题。

三、确定素养导向的学习目标

《数学课程标准（2022 年版）》将"数量关系"作为一个独立的主题，是内容结构化的具体体现，即把具有相同本质特征的内容进行整合。这样就更有助于教师从整体上理解和把握以数量关系和问题解决为重点的内容，促进学生问题解决能力的培养；也有利于学生从内容结构的整体视角理解"数量关系"，理解如何在解决实际问题的过程中，应用数学模型来解决问题，从而发展其符号意识、推理意识、模型意识和应用意识等数学核心素养，提

高问题解决能力。

（一）在画一画、摆一摆等操作活动中理解题意，形成几何直观

在问题解决过程中，理解题意是关键一步，用动手操作、直观图表示对题意的理解，促进学生将文字语言、图形语言和符号语言进行转化，有助于学生分析和解决问题，发展学生的几何直观。

比如，"停车场有3辆黑汽车和1辆白汽车，一共有多少辆汽车？"这一问题引导学生的多种感官参与，学生在说一说、画一画、摆一摆等活动中，逐步发展符号意识，并用算式3+1=4来表示。然后呈现"开走一辆白汽车，还剩几辆车？"，最后用4-1=3来表示。通过情境和直观表达，引导学生体会汽车数量合与分的过程，初步感知加法、减法算式的意义，利用直观图和问题情境，解释计算结果的实际意义，为进一步认识加法模型打下基础。

（二）从解决一道题到解决一类问题，形成初步的模型意识

"数量关系"主题强调过程性学习，要让学生经历并体验发现和提出问题、分析和解决问题的过程，从而掌握问题解决的方法，提高问题解决的能力。从模型的角度来看，本主题的学习有助于学生进一步感悟模型可以解决很多情境中的数学问题，认识到一类问题的结构特征，体会数学关系式表示的概括性和简洁性，从而加深对模型的感悟，并能在新情境下利用模型解决问题，促进理解和迁移。如提供算式、图片让学生讲数学故事，就有助于他们深切感受模型的价值。

（三）运用所学知识解决真实问题，形成初步的应用意识

《数学课程标准（2022年版）》提示教师要注重创设真实情境。真实情境创设可从社会生活、科学和学生已有数学经验等方面入手，围绕教学任务，选择贴近学生生活经验、符合学生年龄特点和认知加工特点的素材。注重情境素材的育人功能，如利用体现中国数学家贡献的素材，帮助学生了解和领悟中华民族独特的数学智慧，增强文化自信和民族自豪感。注重情境的多样化，让学生感受数学在现实世界的广泛应用，体会数学的价值。

以"乘法模型"单元为例，在分析单元内容和学生学情的基础上，明确本单元内容的重点是建立数量关系模型，并应用其解决问题。在真实情境中

理解"速度"概念，借助几何直观，把握"速度、时间、路程"三者之间的关系，建立路程模型，通过现实情境建立"单价、数量、总价"模型，应用数量关系模型解决问题，形成初步的模型意识和应用意识。在此基础上确定本单元的学习目标：

1. 在具体情境中理解速度、单价的概念，理解"单价、数量、总价""速度、时间、路程"这两组数量关系模型。

2. 在真实问题解决中，经历建立数量关系模型的过程，能应用这两组数量关系模型解决问题，发展模型意识与推理意识。

3. 体会数学与生活的紧密联系，感悟数学的价值，发展应用意识。

单元目标的第 1 条关注"双基"的要求；第 2 条包含模型建立的过程，同时体现对模型意识、应用意识、几何直观等核心素养表现和问题解决能力的关注；第 3 条体现对情感态度价值观的关注，从而形成了以核心素养为导向的目标。

四、设计体现数量关系模型进阶的教学活动

《数学课程标准（2022 年版）》针对小学三个学段"数量关系"主题的教学，提出了核心素养培育的一致性，也针对不同阶段分别提出了不同要求，体现了阶段性与整体性。教师教学时要设计能引发学生思考、促进对数量关系理解和运用的真实情境，落实四基、四能，发展学生的核心素养。

（一）创设真实情境，提出挑战性学习任务

深度学习中的挑战性学习任务应当具备以下特征：

• 具有一定的探索性，解决它没有现成的方法和程序，而需要发挥学生的各种思考力和创造性。

• 具有一定的现实性和趣味性，既非人为编造的，又能激发每个学生的好奇心，促进生成新问题，形成问题串。

• 具有一定的启示意义，有利于学生掌握重要的数学思想方法和问题解决策略。

• 具有适当的开放性，这种开放并不一定表现在答案的多样性上，更为重要的是使所有的学生都能尝试解决。

如学习"路程模型"时，理解速度概念是关键，为此提出如图 3-2-4 所示的学习任务。针对这样的学习任务展开师生共同参与的探究活动。

比一比，谁走得快？

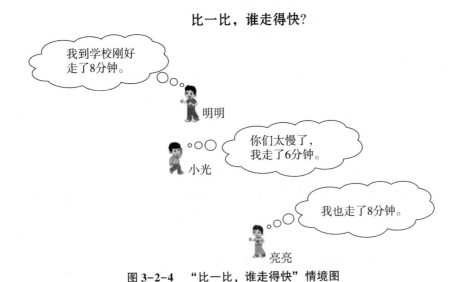

图 3-2-4　"比一比，谁走得快"情境图

明明、小光、亮亮都从家走到学校。小光用了 6 分钟，明明和亮亮用了 8 分钟，谁走得快？

刚开始许多学生觉得是小光走得快。但经过思考有不同的意见：有学生觉得也许是小光家离学校的路程比较近，所以用的时间短；也有学生认为三位同学的家离学校的距离不确定。进而引发学生思考和讨论看谁走得快，不仅要看用了多少时间，还要看走了多长路程，从而感悟速度这一概念。

挑战性学习任务的开放性、灵活性有助于启发学生独立思考，引发学生交流质疑，并且帮助学生聚焦需要解决的关键问题，在解决问题中理清抽象的概念，为建立模型做好铺垫。

（二）用"模型"一以贯之解决问题

建立数学模型是用数学方法解决实际问题的关键。在数量关系内容的教学中，特别是加法和乘法模型的教学，教师要引导学生从现实情境中提出数学问题，分类并聚焦同一类问题，研究此类问题的结构，让学生发现这些具体情境背后的问题结构是相同的。从一类问题出发，引导学生经历模型概括的过程，学生才能更好地感知模型的普适性。

如"超市今天运来 30 箱苹果，运来的梨是苹果的 2 倍，超市一共运来苹果和梨共多少箱？"题目中求总和的等量关系"苹果的箱数+梨的箱数＝总和"，这是一个加法模型；求梨的箱数是 2 个 30 箱，这是一个乘法模型。

如针对"六年级举行篮球比赛。六（1）班全场得了 42 分，其中下半场得分是上半场的一半。六（1）班上半场和下半场各得多少分？"这一问题，教师可引导学生梳理：上半场得分+下半场得分＝42（加法模型）；下半场得分＝上半场得分$\times \frac{1}{2}$（乘法模型）；用算式 $42\div（1+\frac{1}{2}）$ 求出上半场的得分，或者用 $42\div（1+2）$ 求出下半场的得分。通过建立加法模型和乘法模型，并将其与四则运算的意义建立联系，从而解决实际问题。

不论是整数的实际问题还是分数的实际问题，都可以通过加法模型和乘法模型及其变式来解决，教师可引导学生感受模型贯穿问题解决的始终。

（三）基于儿童认知，让问题解决过程可视化

"数量关系"主题强调过程性，尤其是要把问题解决的思维过程直观化、可视化，让学生经历思考、解决问题的全过程，掌握解决问题的策略，从而让学生会想事、会做事。

画图理解题意和问题：即借助直观表达数量关系。教学中要注重引导学生用画示意图、线段图等不同方式呈现已知条件和问题，分析表达数量关系，建立形与数的联系，运用多元表征构建数学问题的直观模型，利用图分析实际情境与数学问题，探索解决问题的思路。直观图是感悟模型、理解模型和运用模型的载体，学生养成画图解决问题的习惯，有助于迅速抓取题目中数量关系的大逻辑，把题目结构画出来，理清数量关系与问题解决之间的关联。

模拟操作解决问题：通过探索性的动手操作活动，模拟问题情境，把复杂的数量关系形象化，让学生看到问题的结构，从而获得问题解决的策略。

列表尝试解决问题：把问题中隐含的数学信息用表格的形式列举出来，有助于学生在多种答案中筛选排除，逐步聚焦到问题的答案。

逆推方法解决问题：逆推也叫还原，在解决问题的过程中，如果从已有的信息顺着想比较困难，不妨从反向去思考，从问题的结果一步一步地往前推，从而解决问题。

画图、模拟操作、列表尝试、逆推等都是问题解决的策略。教师可引导学生学会在具体情境中选择策略，针对具体问题具体分析，为解决新情境下的问题积累思考的经验。

（四）注重持续性评价，形成回顾反思的自觉意识

持续性评价包括过程性评价和结果性评价。评价力求体现匹配性、过程性、多样性和一致性。

过程性评价，是将教学实施和问题解决过程相结合的一种评价方式。问题解决的步骤包括：第一步，理解题意；第二步，分析解答；第三步，回顾反思。所以问题解决还要让学生初步形成评价和反思的意识。教师可引导学生首先从解决问题的步骤进行反思：理解题意时驻足反思，从多角度慢审题；分析解答时反思，深化对概念的理解，沟通知识间的内在联系，揭示问题的本质；完成解答后回顾反思，自觉检查思维过程，自我控制和调整思维方向，对解答结果做出估计和检验，如"想一想，这道题还能解决生活中类似的问题吗"，从而帮助学生形成迁移能力，做到举一反三和融会贯通。从问题解决的步骤进行反思，将反思贯穿问题解决的全过程。注重持续性评价的设计，考查儿童学得怎样，也能为教师调整教学，形成良性循环做好证据支撑。儿童的评价与反思意识可以从以下三个水平进行判断。

水平1：能回顾解决问题的过程，能主动和他人交流自己的想法。

水平2：能对结果的实际意义做出解释，有条理地表达自己的想法。

水平3：能自觉地进行反思，并能分享、欣赏他人的观点，进行调整和修正，能类比迁移。

综上所述，将"数量关系"作为一个单独的主题，凸显了问题解决在小学数学学习中的重要性。教师教学时要创设真实情境，聚焦问题，提出挑战性学习任务；用"模型"一以贯之，解决问题，突出数量关系的一致性；基于儿童认知，让问题解决过程可视化；还要注重持续性评价设计，使学生形成回顾反思的自觉意识，培育核心素养。

第三节 "图形的认识与测量"主题的核心内容及其教学设计

"图形的认识与测量"是"图形与几何"领域的学习主题之一，由"图形的认识"和"图形的测量"两部分内容整合而成。理解主题的学科本质和内容结构、了解主题的核心内容及其关联、分析学生学习该主题内容的基础和挑战，并基于此整体思考确定单元教学目标，设计并实施相关的教学活动，促进学生对图形的认识与测量的深刻理解，以此发展学生的量感、空间观念、几何直观、推理意识等。

一、对"图形的认识与测量"主题的整体理解

"图形的认识与测量"包括立体图形和平面图形的认识，线段长度的测量，以及图形的周长、面积和体积的认识与计算。

图形的认识主要是对物体形状的抽象，是对图形特征的认识。教师应鼓励学生经历从实际物体抽象出几何图形的过程，认识图形的特征，感悟点、线、面、体的关系；积累观察和思考的经验，逐步形成空间观念。小学阶段对图形认识的要求主要包括两方面：一是对图形自身特征的认识（这是进一步认识图形的基础）；二是对图形各元素之间、图形与图形之间关系的认识，主要包括对图形的大小、位置、形状之间的关系的认识。需要注意的是，对平面图形、立体图形的认识，不同学段的要求是不同的：第一学段是"辨认"，第二学段是"认识"，第三学段是"探索"。把握不同学段的要求，掌握不同阶段学生的表现，有利于帮助学生完成该主题的学习进阶。

图形的测量重点是确定图形的大小。小学阶段关于图形的测量涉及一维、二维、三维的内容，教学中教师要鼓励学生经历统一度量单位的过程，感受统一度量单位的意义，基于度量单位理解图形的长度、角度、面积、体积。引导学生在推导一些常见图形的周长、面积、体积计算方法的过程中，感悟数学度量方法，逐步形成量感和推理意识。图形的测量本质是对"图形大小的度量"，度量单位是核心。为此，把握"度量"这一"承重墙"，认识到度量的核心是用"单位"对图形进行测量，有助于打通线、面、体等不同测量

对象之间的"隔断墙"，从而在整体把握中进行深度学习。

（一）理解"图形的认识"与"图形的测量"整合的意义

把"图形的认识"与"图形的测量"整合为一个主题，究其本质，是因为二者密不可分。主要表现在以下两个方面：

1. 图形的认识是对图形特征的归纳和表达，图形的特征可以借助测量的结果来表达

图形的认识重点在于对图形特征的探索，一维、二维、三维图形分别从线段、角、面等几个要素认识图形的特征，如三角形有 3 条边和 3 个角；长方形有 4 条边、4 个角，相对的边相等，4 个角都是直角；长方体有 6 个面、12 条棱、8 个顶点，相对的面相等，相对的棱相等。

观察与操作是认识图形特征的重要方式，测量可以通过量化的方式直接判断和表达图形的特征。如"平行四边形对边相等且平行"这一特征，是根据对多种样态的平行四边形有关要素进行测量的结果而得知的。要从测量的角度认识图形，即通过对平行四边形四条边的测量来确认对边相等，通过对平行四边形两条对边之间的距离的测量来确定是否平行。

2. 图形的测量是确定图形的大小，图形测量的过程和结果与具体图形特征密切相关

图形的测量是对图形的长度、面积、体积的度量，图形的测量就是确定图形的大小。学习图形的测量，同样离不开对具体图形特征的认识。如我们学习圆面积的计算时，需要用面积单位进行测量，而测量圆的大小离不开对圆特征的认识，即圆是曲边图形，不能直接用面积单位密铺、测量来获得准确结果，需要转化为已知图形，再根据与已知图形之间的关联推导出圆面积的计算公式。正确测量结果的获得依赖于对圆及转化后的已知图形的认识。也就是说，"圆"这个图形的特征给度量带来了新的挑战，在这里我们可以直接感受到图形的特征及其与度量的关联。

初中第四学段"图形的性质"是"图形的认识与测量"的延伸，学生要以抽象的方式进一步探索小学阶段涉及的图形，从基本事实出发推导图形的几何性质和定理，理解和掌握尺规作图的基本原理和方法。

由此可见，"图形的认识"和"图形的测量"的整合，既凸显了两者之间的内在联系，又体现了新课标课程内容的结构化的特征，反映出了学习内容的整体性、学科本质的一致性和学生学习的阶段性。教师从整体的视角来设计教学，有助于学生更好地理解和掌握学科的基本原理，准确把握核心概念的进阶，实现知识与方法的迁移，促使数学核心素养真正落地。

（二）依据"图形的认识与测量"的学科本质提取大观念

课程内容的结构化提供了以学习主题的大观念为线索促进学习进阶的路径，通过核心内容的深度学习有助于实现核心内容的理解与进阶。下面分析图形的认识与测量主题的学科本质，梳理体现学科本质的大观念。

大观念 1　图形的特征与维度密切相关

维度是认识几何图形的核心要素。图形是对物体形状的抽象表达，现实世界的物体是三维立体的，从实物到模型是直观的抽象，如长方体的模型。在三维的物体或模型中可以看到二维的平面图形（如长方体上有六个面），从二维的平面图形中，可以看到一维的线段（如长方形有四条边）。对几何图形直观的认识是从三维、二维到一维，因此，学生从一年级开始接触几何图形时就让学生辨认立体图形。依据图形中包括元素的复杂程度看，从一维图形（只有点和线：如线段、射线、直线），到二维图形（有点、线和角：如长方形有 4 条边和 4 个角），再到三维图形（有点、线、角和面：如长方体有 12 条棱、8 个顶点、6 个面），元素越来越复杂。从理性的角度认识图形是从一维、二维、三维。图形的测量是对图形大小的理性认识，认识的顺序按一维、二维、三维展开，先学习线段的长度测量，再学习平面图形面积的测量，然后学习立体图形体积的测量。

图形的特征是认识几何图形的基本要素。一维图形有点和线两个要素，如线段有两个端点，射线有一个端点，直线没有端点；二维图形有点、线、角三个要素，如长方形有 4 条边和 4 个角，相对的边平行且相等，4 个角都是直角；三维图形有点、线、角和面四个要素，如长方体有 12 条棱、8 个顶点、6 个面，相对的面大小和形状一样，有 3 组棱，每组 4 条棱长度相等。一般规则图形都可以从这几个要素来认识。

大观念 2　根据度量单位及其个数的累加来确定图形的大小

度量单位是测量图形的关键要素。图形的测量本质是度量图形的大小，判定图形大小首先要选择和确定度量单位。长度单位、面积单位、体积单位和角度单位可以分别用来测量线段、平面图形、立体图形和角的大小。图形测量的过程就是确定一个图形包含多少个相应的度量单位的过程。

大观念3 图形的大小具有可加性

图形的测量是确定一个图形有多少个相应的度量单位，其合理性建立在一维、二维和三维图形大小具有可加性的基础之上。若干个小的图形可以拼接成一个大的图形，这些小图形大小的和就是这个大图形的大小。图形的长度、面积和体积都有这样的性质。

在教学设计中要充分考虑上述大观念，从体现大观念的核心内容入手，将零散的、碎片的数学知识建立起整体化、系统化、逻辑化的知识结构，建好图形的认识与测量的"承重墙"，打通"隔断墙"，促进学生对其学科本质的理解，形成知识与方法的迁移，逐步发展学生的空间观念、几何直观、量感和推理意识。

二、以图形的特征与度量单位为主线提炼核心内容

图形的特征与度量单位作为图形的认识与测量主题大观念的关键，体现在不同学段的相关内容之中（见图3-3-1）。一维、二维到三维，维度的不同使不同学段又具有阶段性的特征，体现为图形组成要素的不断丰富和度量维度的不断进阶。以大观念为主线提炼核心内容，要关注维度进阶的节点，从一致性的视角切入，关注"隔断墙"的打通。

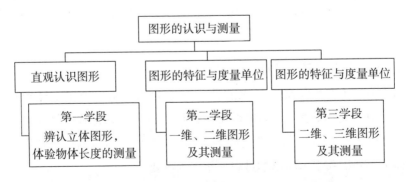

图3-3-1 "图形的认识与测量"主题的内容结构

（一）随着组成要素的不断丰富，围绕图形特征扩充提炼核心内容

从一维的线，到二维的面，再到三维的体，随着维度的增加，组成图形的要素也在不断地丰富。从图形的认识的内容分析，核心内容涉及组成图形的要素的认识，如线段、角、面。基于此，围绕图形特征这一主线，需要关注四边形的认识、圆的认识和长方体的认识。

1. 直观描述图形的特征——辨认立体图形和平面图形

学生对于图形的认识经历了立体—平面—立体的过程。第一学段对于图形的认识要求学生能辨认立体图形和平面图形，知道图形的名称，知道图形的具体形象，能够用语言直观描述其特征。此学段学生将现实世界中看到的立体的物体进行抽象，通过动手操作、动口表达等活动直观感知立体图形和平面图形的特点以及这两类图形的关联，初步感受面在二维图形与三维图形之间的关联，积累观察物体的经验，形成初步的空间观念。

2. 直线平面图形的特征——四边形的认识

在第二学段，学生将认识平面图形的组成要素，对于线段、角等要素间的关系的学习日趋丰富。此学段要求学生基于组成图形的要素，尝试提炼概括关键特征，因此教师要关注对"提炼特征"的方法的指导；通过分类认识图形，给每类图形命名，建立概念。此阶段在研究图形各要素大小关系的基础上，增加了从平行和垂直的位置关系的角度来认识图形各要素之间的关系，丰富了认识图形各要素之间关系这一角度。同时，此阶段还关注了对长方形、正方形、平行四边形、梯形之间关系的研究，由只关注图形各要素之间的关系，扩充到关注图形与图形之间的关系，这为后续多边形面积的度量提供支撑。

3. 曲线平面图形的特征——圆的认识

圆作为学生在小学阶段认识的唯一一个曲边图形，由于它的组成要素（圆心、半径）比较隐蔽，学生需要通过折、画、量等直观的操作方式进行外显，方能关注到要素及要素之间的关系（一中同长）。因此，在圆的认识的过程中，分析和表示图形的过程显得尤为重要。

4. 立体图形的特征——长方体的认识

长方体作为三维图形认识的起始，在原有线、角等组成要素的基础上，

增加了"面"这个二维要素，此时对立体图形的认识就要从面、棱、顶点这些要素的形状、大小、数量、位置关系全方位进行思考。教师不仅要引导学生寻找图形相同要素之间的关系，同时还要尝试从组成图形的不同维度要素的角度开启图形特征的探索，如面与棱的制约关系。此阶段认识图形特征时，更关注二维、三维的转化，通过展开与折叠、切割与堆积等方式认识长方体的特征。这既是对之前平面图形学习的扩充，也是对后续学习圆柱、圆锥及其他多面体的铺垫。

（二）基于度量的一致性，围绕度量单位的进阶提炼核心内容

图形的测量本质是对"图形大小的度量"，度量单位是这一主题的大观念的关键。小学阶段关于图形的测量涉及一维、二维、三维的内容，教学中要鼓励学生经历统一度量单位的过程，感受统一度量单位的意义；基于度量单位理解图形的长度、角度、面积、体积等，感受度量结果是度量单位的累加，习得测量的一般方法；在推导常见图形的周长、面积、体积计算公式的过程中，感悟度量方法，逐步形成量感和推理意识。

1. 对度量概念的整体理解——长度、面积、体积的认识

周长、面积和体积是小学阶段"图形与几何"领域中重要学习内容之一。度量一维图形大小的是长度，度量二维图形大小的是面积，度量三维图形大小的是体积。虽然测量的对象不同，可测物体的属性不同，但"长度""面积""体积"的测量拥有共同的本质特征，均以"单位测量"为核心，度量的过程都是通过度量单位的个数来表达量的大小。度量过程中教师应关注度量单位从非标准化到标准化的过程，在学生用单位进行度量的过程中，引导学生实现对量的实际意义的感知和理解。为此，以结构化方式的整体认知，变点状学习为同类概念的系统认知，有利于学生把握知识之间的内在结构，从而深刻地理解概念。

2. 一维图形长度的度量——周长

图形的测量最基本的就是测量线段的长度，测量一条线段的长度，就是看有多少个长度单位，本质是长度单位的累加。周长刻画的是二维图形边线的长度，它是对一维的线的刻画。但由于"周"附着在二维的面上，使其具有一定的隐蔽性。教师教学时应关注周长概念的建立，从平面图形中抽象出

图形的"周"，进而刻画"一周"的长度（即周长）。周长的本质是长度，周长是长度单位的累加。关注周长的教学，对于学生感悟度量的本质，凸显度量单位的价值，感受线段的可加性有着重要的作用，是圆周长等知识学习的重要基础。

3. 度量从一维走向二维——长方形的面积

长方形的面积度量是学生在用"线"量"线"的基础上第一次体会用"面"量"面"，度量从一维走向二维。长方形面积的学习重点在于感悟选用合适的面积单位进行密铺得到面积，进而发现面积单位的个数与长方形的组成要素（长和宽）的关系，推导长方形面积公式。度量的过程是：将长度是由若干条小线段的长度累加在一起，迁移到面积是由若干个小的面积单位累加在一起，完成一维向二维的进阶。而获得面积的方法又可以由二维降为一维，从"数面积"走向"算面积"，从而体会面积的度量可以转化为线段的度量。

4. 基于转化变未知为已知——平行四边形的面积

平行四边形作为"形状不规整"的直线多边形的代表，因其"最像长方形"，在对其进行面积度量的过程中，学生很容易想到将其转化为长方形进行度量。而结合教学实际发现，学生很容易通过"割补"和"推拉"两种不同的变换将其转化为长方形。在对平行四边形面积的研究过程中，借助反思、质疑、讨论，便于学生关注"面积守恒"是实现未知转化为已知的重要前提，积累"通过寻找转化前后新旧图形各要素之间的对应关系可以得到面积计算公式"的活动经验。这为其他直线多边形面积的度量，甚至圆的面积的度量提供了非常重要的基础。

5. 度量从二维走向三维——长方体的体积

长方体体积的度量仍然由统一度量单位的累加和寻找度量的量与各要素之间的关系两种方法得到，度量结果的获得方式和周长、面积的度量方法完全一致。但作为物体所占空间大小的度量的起始，长方体体积的学习仍是核心内容之一。学生在对一维的线、二维的面的度量过程中，积累了大量的可迁移的经验，基于一致性的度量结构，学习长方体体积时可以借助一维图形、二维图形度量的知识结构和认知路径，自主规划体积单元的研究内容和研究方法，实现自主迁移学习。这部分内容是整体打通小学阶段图形的认识与测量的一致性结构的重要内容。

三、确定素养导向的学习目标

小学阶段，"图形与几何"领域所对应的核心素养表现侧重于量感、空间观念、几何直观和推理意识。以上四种核心素养表现的发展依托于各学段内容的学习，各内容活动的设计和学习虽各有侧重，却不可分割，互有重叠、整体关联。以上数学核心素养的表现往往相互交织，适合一起培育发展。

素养导向的学习目标应结合单元内容所体现的学科本质，在整体分析学习内容和学生学情的基础上，参照《数学课程标准（2022 年版）》中相关的"内容要求""学业要求"，以及核心素养表现来确定和表述；应包括与"四基""四能""情感态度价值观"相关的要求，将核心素养表现融入其中。

（一）在完整的度量活动中发展量感

《数学课程标准（2022 年版）》中描述，"量感主要是指对事物的可测量属性及大小关系的直观感知。知道度量的意义，能够理解统一度量单位的必要性；会针对真实情境选择合适的度量单位进行度量，会在同一度量方法下进行不同单位的换算；初步感知度量工具和方法引起的误差，能合理得到或估计度量的结果。建立量感有助于养成用定量的方法认识和解决问题的习惯，是形成抽象能力和应用意识的经验基础。"

量感的发展始于测量教学的起点处。学生在围绕线、面、体等度量对象进行可测属性的大小度量时，经历了完整的度量属性的识别、度量单位的确定、测量过程及测量结果的获得。测量的学习能帮助学生由对物体的定性描述发展到对物体的定量刻画，有助于学生在理解常见的量的基础上用数量描述现实生活中的简单现象，发展量感。

（二）在猜想—验证的过程中发展推理意识

《数学课程标准（2022 年版）》中描述，"推理意识主要是指对逻辑推理过程及其意义的初步感悟。知道可以从一些事实和命题出发，依据规则推出其他命题或结论；能够通过简单的归纳或类比，猜想或发现一些初步的结论；通过法则运用，体验数学从一般到特殊的论证过程；对自己及他人的问题解决过程给出合理解释。推理意识有助于养成讲道理、有条理的思维习惯，增强交流能力，是形成推理能力的经验基础。"

学生在图形的认识和测量过程中，知道可以从一些事实和命题出发，依据规则推出其他命题或结论，这体现了学生推理意识的初步形成。如学生经历根据三条已知线段用直尺和圆规作三角形的过程，直观感受到"如果两边之和等于或小于第三边不能作出三角形"，进而感受到"三角形任意两边之和大于第三边"。在此基础上，教师可引导学生基于"两点之间线段最短"推出"三角形任意两边之和大于第三边"。通过简单的归纳或类比，猜想或发现一些初步的结论，如由长方形的面积公式推导其他图形的面积计算公式。长方形的面积公式是长乘宽，长方形的长对应一行面积单位的个数，宽对应有这样的几行。而平行四边形经过割补转化成长方形后，底相当于长方形的长，同样代表每行面积单位的个数，高相当于长方形的宽，同样代表面积单位的行数，因此，平行四边形的面积公式是底乘高。面积公式的整个推导过程，根据同维度图形与图形之间的关系，将图形进行等积变换，找到转化前后图形之间的关系，从而获得新图形的面积计算公式。再如对圆柱体积公式的猜想，长方体的体积公式是底面积乘高，而圆柱体和长方体都是直柱体，类比猜想圆柱的体积公式也是底面积乘高。学生在以上这些学习过程中逐步形成推理意识。

（三）在图形转化的过程中发展空间观念

《数学课程标准（2022 年版）》中描述，"空间观念主要是指对空间物体或图形的形状、大小及位置关系的认识。能够根据物体特征抽象出几何图形，根据几何图形想象出所描述的实际物体；想象并表达物体的空间方位和相互之间的位置关系；感知并描述图形的运动和变化规律。空间观念有助于理解现实生活中空间物体的形态与结构，是形成空间想象力的经验基础"。

学生结合现实生活情境认识并描述常见的立体图形和平面图形的特征，沟通图形各要素之间、图形与图形之间的联系，以及平面图形与立体图形之间的关系。通过观察、操作、想象的活动，在展开与折叠、视图与还原、切割与堆积、平面（二维）图形的旋转等过程中实现二维图形与三维图形之间的相互转化。学生在这些过程中逐步发展了空间观念。

（四）在探索和描述图形大小的过程中发展几何直观

《数学课程标准（2022年版）》中描述，"几何直观主要是指运用图表描述和分析问题的意识与习惯。能够感知各种几何图形及其组成元素，依据图形的特征进行分类；根据语言描述画出相应的图形，分析图形的性质；建立形与数的联系，构建数学问题的直观模型；利用图表分析实际情境与数学问题，探索解决问题的思路。几何直观有助于把握问题的本质，明晰思维的路径。"

学生在认识图形的过程中，能够感知各种几何图形及其组成元素，会依据图形的特征进行分类。如第二学段认识三角形，会根据图形特征对三角形进行分类。分类的过程是对图形不断地进行比较的过程，发现差异，聚焦共性，概括特征。在对三角形进行分类的过程中，学生关注角，如是否有直角，是否有钝角。在此基础上启发学生以三角形中的最大角为标准，对三角形进行分类，进而得到锐角三角形、直角三角形、钝角三角形。在分类的过程中，学生的几何直观得到增强。根据语言描述画出相应的图形，分析图形的性质，如根据"有两条边相等的三角形"画出特殊的三角形，即等腰三角形，再根据"两腰相等"的重要特征，分析出等腰三角形的性质。学生在这些学习过程中逐步建立几何直观。

确定素养导向的学习目标时，教师要关注核心素养的形成具有整体性、一致性和阶段性的特点，要注意核心素养是在教学活动中逐渐形成和发展的，要根据学习主题的数学本质，确定好单元培育的数学关键能力，找准"发力点"，同时需要教师结合各学段的教学内容实际，梳理制定分学段目标，体现出核心素养的进阶性，也体现出不同学段核心素养发展的一致性。

以"多边形的面积"单元为例，《数学课程标准（2022年版）》中的内容要求是"探索并掌握平行四边形、三角形和梯形的面积计算公式，会估计不规则图形的面积""在图形认识与测量的过程中，进一步形成量感、空间观念和几何直观"。在分析单元内容和学情的基础上，确定单元目标如下：

1. 会计算平行四边形、三角形、梯形的面积，会估计不规则图形的面积。

2. 运用面积单位或转化的方法探索平行四边形、三角形、梯形面积计算方法。

3. 体会求不同平面图形面积的方法的共性与差异。

4. 能运用平面图形的面积公式解决问题。

5. 养成严谨求实的学习态度。

单元目标的第 1 条是"双基"的要求。第 2、第 3 条包含探索过程中的活动经验、转化推理等数学思想，同时体现量感、推理意识、空间观念、几何直观等核心素养表现。第 4、第 5 条体现对解决问题能力和情感态度的要求。

四、设计体现图形特征与度量进阶的教学活动

（一）整体理解图形的认识与测量，设计挑战性学习任务，实现从对图形的直观感知到度量认知的过渡

1. 设计理解图形大小的挑战性学习任务，引领学生走进度量的世界

学生认识图形总要经历从直观判断到理性分析的过程，从度量的视角去认识图形是思维的一次飞跃，教师要为学生提供从直观判断到理性分析的探索活动平台。

如面积教学时，我们先出示一组有明显大小差异的两个图形（如图 3-3-2），学生常用观察法或重叠法直接比较，此时他们对面积的认知停留在直观判断的层面。接着，教师再出示面积大小差异不明显的两个图形（如图 3-3-3），进而把问题聚焦到"哪个面更大，大多少？"。此时，学生一般还会本能地选用重叠法，遇到多出的部分剪掉再重叠，直到比出大小为止。当教师追问"重叠法是万能的吗？"学生开始反思，当两个图形画在黑板上时就没法用重叠法了，逐渐意识到重叠法在很多情况下是无法使用的，而且在表达"大多少"的问题上也不太方便。于是，学生开始想到用一些比较小的物体的面去摆满图形的面，尝试设计度量标准，用量化的方法来表达图形面的大小。基于这种理性分析，学生开始从度量的视角认识图形，真正走进度量的世界。

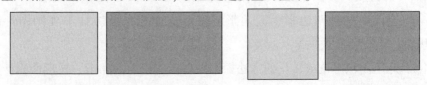

图 3-3-2　大小差异明显的两个图形　　图 3-3-3　大小差异不明显的两个图形

2. 设计理解"高"的度量价值的挑战性学习任务，帮助学生实现对多边形面积的度量认知

图形测量除了一般的方法（单位累加）外，还有其特有的方法，即寻找度量的量与图形各要素之间的关系从而得到公式①。在度量过程中，关注图形要素的价值，有助于学生更好地沟通图形的认识与测量的关系，感受从直观感知到度量认知的进阶过程。

如探索平行四边形的面积时，学生都能想到把平行四边形转化为以前学过的长方形，只不过转化的途径不一样，有通过割补转化的，也有通过推拉转化的。学生在割补转化时，能发现平行四边形的隐性要素——"高"，但此时并没有充分理解"高"这个要素基于度量的价值。教师一般都会设计关于这两种转化方法（见图3-3-4）的辨析活动，学生也都能知道用"邻边相乘"求平行四边形面积的方法是错的。这时，教师不要急于归纳公式，可以将问题聚焦到"邻边相乘为什么不对？问题究竟出在哪儿？"。在这个挑战性学习任务中，教师不断给学生提供各种支持，才能引发学生的深度思考。

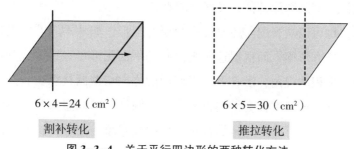

6×4=24（cm²）　　　　　6×5=30（cm²）

割补转化　　　　　　　　推拉转化

图3-3-4　关于平行四边形的两种转化方法

（二）关注一维、二维、三维的转化，掌握图形认识与测量的基本方法

1. 在二维、三维图形的转化过程中，将动手操作和观察想象相结合，深入理解图形特征

刻画图形的核心是将实物或模型在平面中表达出来。从三维的实物或模型中可以看到面、线段和点，将立体图形表达在平面上是将实物转化为

---

① 刘延革，冯林. 图形与几何领域的内容结构化分析：以"图形的认识与测量"主题为例[J]. 小学数学教育，2023（Z1）：4-6.

图形的过程。在二维图形中可以看到线段和点，平面图形也是表达在平面上。图形是抽象的，将图形还原（或想象）为具体的实物或模型，或将平面上的立体图形还原或展开二维的平面图形都需要学生具备空间观念。具体地说，在小学阶段，可以通过展开与折叠、视图与还原、切截与堆积等实现立体图形与平面图形之间的转化，有的立体图形还可以通过平面图形旋转得到。

以认识圆柱为例，其侧面是一个曲面，研究圆柱侧面积是学生第一次由平面图形面积的研究进入曲面图形面积的研究。教学时，教师可以设计一个圆柱侧面展开的活动，鼓励学生动手操作，引导发现：如果沿一条高将圆柱的侧面剪开，展开后得到的是一个长方形；如果沿一条斜线将圆柱的侧面剪开，展开后得到的是一个平行四边形；……；接着，再给出一些二维的平面图形（如长方形、平行四边形、梯形等），让学生想象哪些能围成一个圆柱侧面，进而操作验证。这就是从展开与折叠的视角来研究图形，即将三维图形通过展开转化成二维图形，再将二维图形通过折叠还原为三维图形，借助不同维度深入刻画图形特征，发展空间观念。

同理，也可以从视图与还原的视角研究图形，如从不同方向观察圆柱可以得到圆、长方形等，而根据这些观察到的平面图形可以还原成圆柱；还可以从切截与堆积的视角，沿着平行于底面的方向切截圆柱会得到圆，沿着垂直于底面的方向切截圆柱会得到长方形，而圆柱又可以想象为是由同样的圆片堆积而成的；还可以从旋转的视角，把圆柱想象为由一个长方形沿着一条边旋转而成的。

在上述二维、三维的转化过程中，学生需要不断地将动手操作和观察想象相结合，这不仅能够发展学生的空间观念，还可以帮助学生获得图形的特征及其表面积、体积等的结论和猜想。如圆柱可以想象成是由同样的圆沿垂直于底面的方向堆积而成的，学生能够自然地进行猜想，圆柱的体积等于底面积乘高，从而更好地沟通图形的认识与测量的关系，积累一定的基本方法与活动经验，同时也促进学生的推理能力和创新意识的发展。

2. 提供可操作的度量材料，将动手实践与理性思考相结合，沟通对不同维度度量的理解

指向对度量概念本质理解的教学中，教师要给学生提供可操作的度量材

料，重视测量实践活动的展开，将动手实践与理性思考相结合，引导学生去感悟、探索和优化。

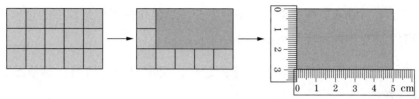

图 3-3-5　长方形面积的推导过程

如探索长方形的面积时，教师应给学生多提供一些面积为 1 平方厘米的实物，学生经历从完全密铺到只铺一行和一列，再到度量长度求得面积的过程，逐渐将对二维的面的度量转化为对一维的线的度量（见图 3-3-5），进而推理出长方形面积的计算公式。学生在得到面积计算公式后，教师要引导学生不要急于形式化，因为学生容易忽略公式本身的度量意义。此时，教师可以追问："明明要度量的是面积，怎么就变成度量线段了呢？通过线段能度量出面积吗？"接着，可以出示一个新的长方形（长 8 厘米、宽 5 厘米），引发学生思考："现在只有长和宽的厘米数了，你还能看见这些面积单位吗？它们是怎么排列的？能描述一下吗？"学生需要根据长度去想象：用 1 平方厘米的面积单位去密铺，一行摆 8 个，摆了这样的 5 行，所以面积是 8×5＝40（平方厘米），这个长方形一共包含了 40 个 1 平方厘米的面积单位。

整个度量的过程，学生将动手实践与理性思考相结合，由面剥离出线，再由线还原回面，沟通了一维与二维度量意义的理解，渗透了几何度量的本质（即两点间的距离）。长方体的体积教学也是如此。

（三）突出度量单位的统领作用，打通线、面、体等不同测量对象之间的"隔断墙"

1. 设计探索度量标准的活动，提供必要的素材，引导学生感受统一度量单位的必要性

度量的核心是确定度量单位，而度量单位的产生，总是要经历从非标准单位到标准单位转换的过程。以度量长度为例，教师要设计探索度量标准的活动，给学生提供一些必要的素材（如小棒、铅笔、小方块、书等），允许学生自己选择度量标准。在测量的过程中，鼓励学生积极暴露问题：每个人

使用的度量工具不一样，对度量结果的表达也不一样。围绕问题组织交流讨论，使学生发现使用非标准单位虽能度量出物体的长度，但由于单位的大小不一样，导致结果不够准确，也不便于交流。强化探索度量标准的过程，有助于学生感受到统一度量单位的必要性。

2. 经历用度量单位进行测量的过程，突出单位的价值，感悟图形测量的一致性

图形测量的教学，一是要引导学生认识度量对象的属性，即基于度量单位理解长度、面积、体积等概念；二是引导学生认识度量单位，即经历使用非标准单位测量到使用标准单位测量的过程，感受统一度量单位的必要性；三是开展用单位测量的活动，在测量中引导学生进一步感受度量的意义，感受在真实情境下选择合适度量单位的必要性；四是引导学生逐步养成用定量的方法认识和解决问题的习惯。

长度、面积、体积的学习具有共性，都要经历相同路径的概念建立过程，如提出问题、运用比较方法、产生度量单位、统一度量单位等，并通过"确定度量对象—找到度量工具—选择度量单位—获得度量结果"这四步来完成度量任务。因此，在第一学段，教师进行度量长度的教学时，要引导学生积累丰富的活动经验，尤其是突出度量单位的价值；这样学生到了第二学段度量面积时，便可唤醒之前度量长度的经验，并将两者建立联系；再到第三学段度量体积时，学生就能自觉迁移之前度量长度和面积的经验了。

在这个过程中，虽然从一维、二维到三维，图形的复杂程度递增，但学生要做的事情的本质是一样的。学生如果意识到这一点，将有助于感悟从未知到已知的转化，形成从整体的视角看待事物的思维方式。以结构化方式进行整体认知，变点状学习为同类概念的系统认知，有利于学生把握知识之间内在的结构关系，感悟度量结构的一致性。

第四节 "图形的位置与运动"主题的核心内容及其教学设计

"图形的位置与运动"是"图形与几何"领域的学习主题之一。在本主题的教学中，教师可理解主题的学科本质和内容结构，了解主题的核心内容

及其关联，分析学生学习该主题内容的基础和挑战，并在此基础上分析单元内容，确定单元教学目标，设计深度学习的教学活动。

一、对"图形的位置与运动"的整体理解

"图形的位置与运动"主题包括"图形的位置"和"图形的运动"两个板块，《数学课程标准（2022 年版）》中关于"图形的位置与运动"的内容包括确定点的位置，认识图形的平移、旋转、轴对称以及图形的放大和缩小。

（一）图形的位置与运动的本质

平面上点的位置可以用两个维度上的数描述，图形运动本质上是图形上点的位置的变化，图形的位置与运动的本质都是用坐标刻画图形。

确定图形的位置主要是确定点的位置，包括两种情况：一是用有序数对表示点的位置；二是根据与参照点的相对方向（角度）和距离确定点的位置。（见图 3-4-1）除此之外还有利用图形的位置和运动的知识描述路线图。

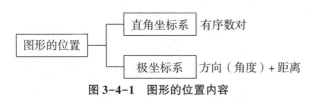

图 3-4-1 图形的位置内容

平面上点的位置需要用两个维度上的数来确定，可以用一对有序数对来刻画，也可以用长度（距离）+ 角度（方向）来刻画，这样才能保证位置确定的唯一性。图形的位置的学习在小学是分阶段进行的，第一学段是在综合与实践领域中以"我的教室"为主题的活动中，引导学生定性地认识物体的相对位置关系，形成初步的空间观念。第三学段从位置的学习来看，要进行位置的定量刻画，需要结合实际情境判断物体的位置，探索用数对表示平面上点的位置，增强空间观念和应用意识。

图形的运动分为刚体运动与相似运动两类。小学阶段学习的刚体运动包括平移、旋转和轴对称。在刚体运动变换前后，图形的形状和大小不变，仅是位置发生了变化。相似运动是指图形的放大和缩小。相似运动前后图形的形状不

变（对应角不变，对应边成比例），而图形大小发生变化。（见图 3-4-2）

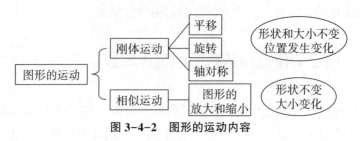

图 3-4-2　图形的运动内容

教学中学生需要经历对现实生活中图形运动的抽象过程，认识平移、旋转、轴对称的特征，体会运动前后图形的变与不变，感受数学美，逐步形成空间观念和几何直观。《数学课程标准（2022 年版）》把图形的运动分学段安排在第二、第三学段。第二学段的内容是结合生活中的现象，引导学生在定性地感知物体的三种运动过程中，形成空间观念和初步的几何直观。第三学段要借助方格纸上刻画图形运动的方向、距离和角度，引导学生进一步形成空间观念、几何直观和推理意识。

《数学课程标准（2022 年版）》将"图形的位置与运动"整合为一个主题，凸显了两个内容的本质特征和它们之间的内在联系。（见图 3-4-3）

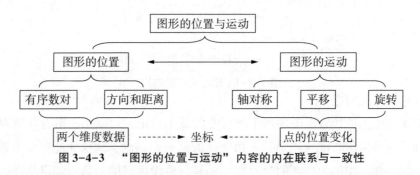

图 3-4-3　"图形的位置与运动"内容的内在联系与一致性

这样的整合有助于学生从整体上理解和掌握这些内容，并促进知识与方法的迁移。

（二）依据"图形的位置与运动"的学科本质梳理大观念

分析"图形的位置与运动"主题的学科本质，梳理其大观念。

大观念 1　数与形可以相互表达

图形的位置的本质是用数来表示形，用一对数表达平面上一个点的位置。

表达平面上点的位置有两种方式：有序数对；方向和距离。

由点的位置可确定线的位置，进而确定平面图形的位置。这种确定点的位置的方法就是直角坐标系和极坐标的雏形，借助这种方法可以用数来表达图形，建立数与形的关系。

图形的位置与运动本质上是点的位置及其运动，具体可通过点的坐标进行表达。它既是点的位置的数量表示又体现了数量的直观性，实现了数与形的结合。有了坐标，就可以把对图形的研究转为对数量关系的研究了。点是图形的基本要素，图形的位置与运动都与平面中点的位置有关。在直线上任何一个点都唯一对应着一个实数，而且仅需要一个实数就可以确定点的位置，数轴上的点和实数是一一对应的。在平面内确定一个点的位置需要一对数，数对中的两个数有顺序之分。当 $a \neq b$ 时，(a, b) 所表示的点与 (b, a) 所表示的点的位置是不同的。

大观念 2　图形的运动可以通过数量描述

图形的运动本质上是图形的位置或形状的改变。平移和旋转都是位置改变，形状和方向不变；轴对称是图形的位置改变，形状不变，方向改变，轴对称又称镜面反射变换。这些变换都是刚体运动。图形的放大和缩小是图形的形状不变，大小改变，是相似运动。

小学阶段学习的刚体运动包括平移、旋转和轴对称。判断一个物体的运动需要参照物，我们坐在行驶的车辆中时无法感知到车辆的运动，感知到的是路两旁的树木迅速地后移。这是因为我们以运动的车辆为参照物，所以静止的树木都"运动"了起来。因此，描述平移、旋转、轴对称时必须构建参照物[①]。

平移运动的参照物是一条射线，图形上所有的点与射线的距离保持不变，沿射线的方向移动相同的距离为平移（见图 3-4-4）。平移的基本特征是：图形平移前后"每一点与它对应点之间的连线互相平行并且相等"。确定平移变换需要两个要素：一是方向，二是距离。

---

① 史宁中．基本概念与运算法则：小学数学教学中的核心问题［M］．北京：高等教育出版社，2013.

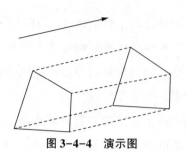

图 3-4-4　演示图

旋转运动的参照物是一条射线，图形上所有点到射线端点的距离保持不变，相对射线移动了相同的角度的运动为旋转。旋转的基本特征是：图形旋转前后"对应点到旋转中心的距离相等，并且各组对应点与旋转中心连线的夹角都等于旋转的角度"。确定旋转变换需要两个要素：旋转中心、旋转角（有方向）。

轴对称运动的参照物是一条直线。图形的一侧翻转到直线的另一侧，对应点到直线的距离相等、对应点连线与直线垂直的运动为轴对称。

由此看来，作为刚体运动的平移、旋转和轴对称至少需要两个要素才能刻画运动的过程，其中方向和距离可以准确描述和刻画图形在平面上的运动，是平面内刻画图形运动的要素。

图形的放大和缩小是图形的相似运动，其特征是图形的形状不变，大小发生变化。变化前后图形的对应边的长度成比例。

二、以图形的位置与运动的大观念提炼核心内容

小学数学深度学习围绕具有挑战性的学习主题展开，学习主题以数学核心内容为线索确定。数学学科的核心内容是数学学科领域中体现学科本质的内容，这些内容是联系学科中各部分的中心和纽带。核心内容构成数学学科稳定的内容结构，形成学科领域的主线。数学核心内容在学科本质上有共同性，在思维方式上有同一性，在学习方式上具有共同特征，在教学设计上具有一致的核心要素。

可依据《数学课程标准（2022 年版）》中对于"图形的位置与运动"主题中的内容要求、学业要求和教学提示，基于"图形的位置与运动"主题中的大观念来提炼这一主题的核心内容，具体如下。

（一）基于"数形结合"提炼核心内容

数与形的结合，可以通过坐标实现。它不仅能够描述点的位置和实际生活中物体的位置，也是表达图形运动过程的工具。

依据"数与形可以相互表达"这一大观念，结合深度学习视角下核心内容的理解，将"用数对确定位置"与"用方向（角）和距离确定位置"作为小学阶段"图形的位置与运动"主题中的核心内容。

1. 感悟确定位置的本质——用数对确定位置

小学阶段中的确定位置包括"用数对确定位置"和"用方向（角）和距离确定位置"，其本质就是用一组有序的数对描述一个点在平面中的位置（方向和距离也可以看作一对数），有序数对是对坐标的渗透。这样一组核心内容有共同的本质特征，即都是在用两个不同维度的数据刻画平面中图形的位置，这样才能保证位置确定的唯一性并体现着确定位置的要素。

"用数对确定位置"的关键是从具体情境中抽象出两个关键要素来确定一个点在平面中的位置，需要把数对和平面中的点建立起对应关系。而且，在对"图形的位置与运动"的持续学习过程中，学生会不断将数对概念迁移解决新的问题，几何直观、推理意识和空间观念不断得到发展。

在"用数对确定位置"单元内容的教学设计时，教师要抓住确定位置的核心要素，让学生在真实情境中经历有序数对产生和对数对意义理解的过程，体会有序数对与平面中点的对应关系，感知数与形的结合，形成几何直观和空间观念，为今后的平面直角坐标系和极坐标系的学习奠定基础。

2. 体会定量刻画物体的相对位置——用方向（角）和距离确定位置

"用方向（角）和距离确定位置"这一内容的本质与"用数对确定位置"一样，都是从两个维度用一组有序数对来刻画平面上点的位置。从数学知识和方法的后续发展来看，这部分内容与"用方位角和距离刻画两个物体的相对位置"及"用极坐标（含距离和极角）刻画平面上点的位置"有着十分密切的联系，通过学习能为理解上述内容提供有力的支持。

在"用方向（角）和距离确定位置"的教学中，教师应该帮助学生从实际情境中再次经历抽象出确定位置的要素的过程，引导学生通过自主探索用方位角和距离确定位置的方法，进一步掌握定量刻画物体的位置及其相互关系的方法，发展几何直观和空间观念。通过对这一核心内容的学习，有助于学生对现实空间中物体间位置关系的相对性有较为深刻的体验，主动发现生活中有关用方向（角）和距离确定物体位置的问题，并运用所学习的确定位置的方法解决一些简单的实际问题，发展应用意识。

（二）基于图形运动的大观念"变换"提炼核心内容

平面图形运动的本质是图形的位置、形状或大小的变换，对于平移、旋转和轴对称，图形的形状和大小不变，只是位置发生变化；对于图形的放大和缩小，图形的大小发生变化。方向和距离是平面内刻画图形运动的要素。由于方格纸上有单位长度，有水平和竖直方向，因此，第三学段安排的平移、旋转和轴对称三种图形的运动主要是借助方格纸这一研究工具，引导学生刻画图形运动的过程，感悟图形运动的特征。作为从整体感知到定量刻画的过渡阶段，第三学段学习的平移、旋转和轴对称可以作为"图形的位置与运动"主题的核心内容。

1. 从运动的视角认识轴对称运动——轴对称的再认识

根据《数学课程标准（2022 年版）》中关于"轴对称"的内容要求，学生对轴对称运动的认识应分为两个阶段。第二学段应主要引导学生初步认识怎样的图形是轴对称图形，会用"对折"的方法判断某个图形是不是轴对称图形；第三学段主要是认识对称轴，学会画出轴对称图形的对称轴，能在方格纸上补全轴对称图形。补全轴对称图形的另一半的过程，是通过轴对称变换得到一个与原图形全等的图形，本质还是定量化地将图形上的所有点进行轴对称运动。因此，对称轴的关键作用和轴对称的运动特性是轴对称教学的关键，教师在教学中应紧扣图形运动的本质，在第三学段实施轴对称的再认识教学，发展学生的空间观念。

2. 体会图形运动的特征——图形的平移

图形运动的本质是点的运动，学生在轴对称运动的学习中已经有了一定的感知，在平移运动中需要进一步理解点的平移可以代替图形的平移，在不断的实践中加深对平移运动本质的理解。因此在第三学段的图形的平移的学习中，要引导学生探索如何将图形的平移转化为关键点的平移，积累图形平移的研究经验，体会图形平移的特点，建立"在变化中寻找不变的元素"的观念，理解运动变化的规律，这有助于他们将学习经验迁移到对旋转运动的学习中。

3. 感悟旋转运动的要素和特征——图形的旋转

"图形的旋转"在义务教育阶段的三个学段中分别有不同的要求，小学阶段数学教材关于图形的旋转的相关内容分为两个学段来呈现。第二学段引导学生初步感知生活中的旋转现象，以发展学生的形象思维为主；第三学段引导学生从具体到抽象进一步认识图形的旋转，掌握在方格纸上画出简单图形旋转90°的方法，并运用它们在方格纸上设计简单的图案，能从旋转的角度欣赏生活中的图案，进一步增强空间观念。两个学段的学习目标，呈螺旋上升的态势。为了让学生更好地感悟旋转运动的要素和特征，在第三学段进行图形的旋转学习时，教师应通过操作、探究、交流等一系列活动，使学生体验到旋转的三要素：中心点、方向、角度，进一步理解旋转的本质和性质，发展空间观念，为今后继续学习图形变换奠定基础。

因此在教学设计和实施中，教师应把握住图形的位置与运动的大观念，从体现大观念的核心内容入手，将图形的位置与运动的内容形成整体化、系统化、逻辑化的知识结构，促进学生理解其学科本质，形成知识与方法的迁移，逐步发展空间观念、几何直观和推理意识。

三、确定素养导向的学习目标

"图形的位置与运动"由"图形的位置"和"图形的运动"两个主题整合而成。"图形的位置"侧重从两个不同维度用数表示图形在空间中的位置，"图形的运动"聚焦从运动的视角体会空间中图形的变与不变。"图形的位置"与"图形的运动"关系密切，相辅相成，"图形的位置与运动"本质都是在用坐标刻画图形、认识空间，承载着培养学生空间观念、几何直观、应用意识和推理意识的重要作用。

（一）单元学习目标的确定

以"方向与位置"单元为例，课标中的内容要求是："能根据参照点的方向和距离确定物体的位置；会在实际情境中，描述简单的路线图"，"能用有序数对（限于自然数）表示点的位置，理解有序数对与方格纸上点的对应关系"。基于确定单元学习目标要考虑的四个因素，确定如下单元目标：

1. 能根据路线图描述从一个地方到另一个地方的具体路线，体会方向与距离对确定路线的重要作用。

2. 经历在方格纸上用数对确定具体情境中位置的抽象过程，知道数对与方格纸上点的对应关系，体会数形结合的数学思想。

3. 在真实情境中经历数对产生和理解数对意义的过程，体会有序数对与平面中点的对应关系，感知数与形的结合，形成几何直观和空间观念，为今后的平面直角坐标系的学习奠定基础。

4. 在描述简单的路线图和用数对确定位置的探索与应用中，体会方向与位置知识的价值，激发学习兴趣。

（二）单元学习目标中核心素养的体现

1. 在定性描述和定量刻画位置和运动的过程中，发展空间观念

小学阶段的"图形的位置与运动"，内容从具体到抽象，方法从定性到定量，学生在确定空间中点的位置和运用点表达图形运动变化的过程中，理解基于两个维度确定位置的必要性，体验图形运动前后的变与不变，逐渐形成和发展空间观念。"方向与位置"单元的核心内容是确定位置，学生在探索用不同方式确定位置的过程中，抽象出用两个要素确定平面中唯一位置的本质，发展空间观念。第一学段，确定一维空间的位置，用方位词描述物体的相对位置或所在方向，初步发展对周围世界的方位感和空间观念；第二学段，确定二维空间的位置，用方向和距离描述路线，在方格纸上用数对表示位置，增强空间观念；第三学段，在二维空间中根据物体相对于参照点的方向和距离确定位置，进一步发展空间观念。

2. 在数形结合、从运动的角度探索图形特征的过程中，发展几何直观

小学阶段"图形的位置"蕴含着由具体位置到抽象位置的基本逻辑，这个逻辑是学生建立"数形结合"思想的重要基础。"图形的运动"侧重于引导学生用"数形结合"的方式来观察图形，认识平移、旋转、轴对称，用数对刻画图形位置的变化，将图形的内部结构关系转化为对应的数量关系，把

数、数量关系、运算与几何图形结合起来进行思考并解决问题，发展几何直观。"方向与位置"这一单元，学生从基于某一视角借助方位词描述现实中物体的方位和相对位置关系，逐渐过渡到借助方格纸在抽象的平面空间中用数对定位平面中点的位置，建立物体间的相对位置坐标。这个由实际物体到具体文字再到数学语言的过程，联结形与数，发展学生的几何直观。

3. 在描述路线、确定位置等解决实际问题的过程中，发展应用意识

"图形的位置"的学习，学生在不同学段经历了对"位置"概念从定性到定量的认识。学生在第一学段认识了相对位置和方向，基于这些经验，在第二学段"方向与位置"单元学生开始探索定量表示位置的方法。比如，在根据路线图描述路线时，学生通过自主探索寻找解释路线图的关键要素：方向和距离，在应用中体会方向与位置知识的价值。在"确定位置"一课，为解决实际情境中的问题，学生尝试从行、列两个方向抽象出确定位置的关键要素，主动思考在方格纸上用数对表示位置的方法，感受用数对确定位置的简洁与清晰，从而乐于用数对表示生活中物体的位置，增强应用意识。

4. 在运用数对概念分析的过程中，发展推理意识

在"方向与位置"这一单元，描述路线和确定位置的探究过程有助于发展学生的推理意识和合情推理能力。在此之前，学生已具备描述物体相对位置和方向的基本经验，而迁移到精确描述路线图的任务上时，仅用方向不足以精确表示位置关系，学生不得不借助推理的思维寻求其他的关键点，从而在反复的猜想与验证中明确方向和距离这两个要素。确定位置的探究过程具有同样的思路，学生要想精确描述物体的位置，需要经历从"用一个方向描述"到"用行、列两个方向描述"的推理过程，以推理意识促进抽象思维的发展，从而抽象出用数对确定位置的方法。这些探究过程都离不开"猜想—实验—说理"的学习方式，学生在用数学语言表达的过程中发展推理意识。

四、设计体现数形结合与大观念进阶的教学活动

（一）用真实情境引发真实问题，明晰确定位置的必要性

学生的空间知识来自丰富的现实原型，与现实生活关系非常紧密，

这是他们理解和发展空间观念的宝贵资源，因此，教师需要充分调动学生的生活经验，让学生在熟悉的情境中学习"位置与方向"的内容。这不仅可以激发学生的学习兴趣，而且有利于学生更好地认识空间、发展空间观念。

以"确定位置"为例，随着科技的发展，越来越多的智能机器人走进了人们的生活当中，它们的出现大大提高了人们的生活质量。学生在餐厅用餐的时候也都见过送餐机器人，大概了解它是如何工作的，于是教师可以抓住这个生活中的现实原型，让学生提出自己好奇的、想研究的问题，然后分解问题，对问题进行排序，最后聚焦"确定位置"，运用真实情境、真实问题驱动学生想办法表达点在平面中的位置。创设设计送餐程序的真实情境，既能够让学生紧密联系生活实际，充分调动学生已有的确定位置的生活经验，聚焦解决餐桌在餐厅中位置的问题，让学生有形成空间想象的机会，又能体现知识的形成过程。

（二）在类比迁移构建行列结构的过程中，理解"用数对确定位置"的本质

在"用数对确定位置"的教学中，教师可给学生提供两个不同的实际情境，让学生想办法表达物体在平面中的位置：一个是桌椅摆放非常规则的餐厅——"员工餐厅"，即行列结构良好的有利于建立用第几行、第几列来表示餐桌在餐厅中位置的餐厅；另一个是桌椅摆放比较分散的餐厅，即行列结构并不明显的"中餐厅"，需要学生主动补上一些餐桌或者自主构建均匀分布的网格图去表达餐桌在餐厅当中的位置。在对比中引导学生迁移在行列结构良好的餐厅中确定位置的方法，学生会在自己构建"网格图（即坐标系）"的过程中，解决散点分布的点在平面中的位置问题，实现从特殊走向一般。

在具体的教学过程中，让学生以程序员的身份，确定两个布局不同的餐厅中餐桌的位置，先讨论"员工餐厅"中餐桌的位置问题。在解决问题的过程中，学生会充分交流，展示用不同方式解决这一问题的方法，然后教师可引导学生思考在这些不同的方法当中有什么相同的地方。学生在交流、讨论中，不断明确确定位置的两个关键要素，即"用横、纵两个方向的数来表达点在空间当中的位置"，为后面学习数对做铺垫，学生就不难体会到简简单

图 3-4-5　将真实餐厅场景抽象为平面图

单的一个数对当中蕴含着横纵两个方向的数字信息，进而理解确定位置的本质（见图 3-4-5）。确定用"第几列、第几行"可以表示餐桌的位置，再把这种解决问题的方式迁移到"中餐厅"中，在与同伴的交流当中，学生体会行列结构不明显的"中餐厅"也可以用这种方式定位餐桌的位置。所以这种方法就是解决点在平面中位置的通法。在教师的介绍中，将餐桌的位置信息转化为计算机编程中的数学语言（即数对），并作为程序指令下达给机器人，不断引导学生理解有序数对与方格图上点的对应关系，理解用数对能够确定位置的本质，增强空间观念和应用意识。

（三）借助几何直观表达确定位置的方法，在对比中感受确定位置的关键要素

图形的位置主要是确定点的位置，包括两种情况：一是指借助方格纸，用有序数对表示点的位置；二是根据与参照点的相对方向（角度）和距离确定物体所处的位置。具体来说，用数对确定位置与用方向和距离确定位置，都是与平面上的点建立起一一对应关系，都是在确立好参照点、方向与单位

长度后用一对数即两个数据表示位置，体现着确定位置的要素，这样才能保证位置确定的唯一性。创设问题情境探索二维平面上用两个数据描述位置，借助几何直观表达确定位置的方法，在对比中感受一对数即两个数据是确定位置的关键要素，借助几何直观对形的空间想象感悟，将数与形联系起来，理解确定位置的本质。

以"一路'象'北"（用方向、角度和距离确定位置）一课为例，课上教师创设象群突然在监测画面中消失的真实情境，提出问题：象群在指挥部的什么位置呢？鼓励学生先独立在地图上标一标、画一画，然后编写一条信息，将象群的位置播报给指挥部，在小组交流后推选出一条精准简洁的播报内容，再分享给全班。学生结合具体情境，借助几何直观，经历用方向（角度）和距离确定位置的方法的探索过程，并呈现出丰富的方法后，教师组织他们对不同方法进行分类，分成以下四类，并请学生依次播报：

生1：报告指挥部，象群在指挥部东北方向，象群整体很健康。

生2：报告！象群在指挥部东偏北60°方向。

生3：报告，象群在指挥部东北方向6000米处。

生4：报告指挥部，象群在指挥部东偏北60°方向，距离6000米。

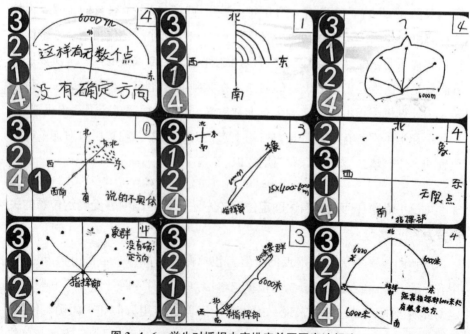

图 3-4-6 学生对播报内容排序并画图表达想法

进而教师对这四类播报内容进行现场编号，组织学生对 4 条播报内容按照满意程度从高到低依次排序，并用画图的方法表达其对播报内容的想法（见图 3-4-6）。借助对"形"的空间想象，学生开展自主表达、相互评价讨论，教师不断启悟，学生经历了用方向（角度）和距离确定位置的方法的探索过程，逐步感悟一个数据即对一个维度的描述无法确定位置，当增加到两个数据，平面上确定的位置开始精确了，而结合方向（角度）和距离两个数据可以确定唯一的点，即两条线的交点。借助几何直观，学生在对比中构建确定位置的要素是方向（角度）和距离，从一维走向二维，由粗略走向精确。其中蕴含的数形结合思想可以迁移到在三维乃至多维向量空间中确定点的位置。

（四）从真实情境中抽象出数学模型，并将其应用到生活中解决确定位置的问题

在真实情境中，有认知冲突，有学习需求，有发现和提出问题的空间，有形成空间想象的机会，因此，学生有机会从真实情境当中抽象出数学模型，应用这种确定位置的模型解决确定位置的问题，体悟知识的形成过程，即从生活走向数学。除此之外，我们还应在教学中放慢速度，让学生再从数学回到生活，将抽象出的数学模型迁移应用到生活中，培养数学的眼光，形成数学的思维，凝练数学的语言，充分感悟数学的本质，感受数学的应用价值，增强应用意识。

以"探秘送餐机器人"（用数对确定位置）为例，在课的结尾，教师通过提问引导学生思考，生活当中还有哪些事情也是用这个有序数对来确定位置的。学生能找到的此类真实情境还有许多，比如，电影院中的座位、教室中的座位、棋盘上一个棋子所在的位置、做操方阵中某个学生的位置、世界各国地理位置的经纬度，这些都可以用数对来表示。教师借助此追问引导学生体会数学抽象的一般性与数学应用的广泛性。

（五）借助想象、操作与验证，研究图形的变化

借助想象、操作与验证，研究图形的变化，可以帮助学生有效积累图形运动的思维经验，发展学生的空间观念。例如：在轴对称再认识的学习中，可以充分利用课堂资源让学生多次进行有目的的想象。在教学时，教师可以

创设根据轴对称小房子的一半画出另外一半的问题情境。在解决问题之前，先让学生根据现在看到的小房子的一半，想象整个房子的样子。这时，学生会先有目的地进行想象：在头脑中将图形进行操作、翻转、分解、组合，图形在头脑中动起来，在动的过程中学生感受轴对称运动的特点；在充分的想象之后再画。想象之后的操作（画）与直接画相比，不仅能强化学生对图形运动过程的了解，帮助学生积累图形运动的思维经验，还能加深他们对轴对称的感知。

第二次想象活动在借助学生作品进行判断的过程中展开。教师提问："同学们刚刚画完了作品，画的对吗？"这时可以让学生自我评价，随后将同伴们刚刚生成的作品呈现在学生面前，并组织学生判断对错。判断时，很多学生会直接说出"画对了"或者"画错了"，这个过程中大多数学生依然会选用想象对折后，是否能够完全重合的方法进行验证。面对完整的图形，学生要先找到对称轴，也就是使图形对折后，两部分完全重合的折痕所在的直线位置，然后在头脑中再现图形折叠的过程，想象折叠后的结果，验证是否完全重合。学生需要不断地将观察想象和动手操作验证相结合，感知这条直线（对称轴）两边图形的形状是否一致、对折后是否完全重合。

当然，也有学生在验证时发现，要想对折之后能够完全重合，对称轴两端对应图形的形状及大小应该是相同的。

学生借助想象，让静止的图形"动"起来，随着图形的"动"，进行想象，进而验证图形是否轴对称，感受轴对称图形的特征：沿对称轴对折，对称轴两边的图形能够完全重合；对称轴两边图形的形状、大小完全相同；对应点到对称轴的距离相等。在操作与验证的过程中帮助学生真正发现轴对称的本质。

（六）借助方格纸画出图形运动的结果，发现图形要素之间的关系

方格纸是小学阶段学习图形位置与运动的重要工具，方格纸上有方向和单位，能够帮助学生确定图形运动的方向，量化表示图形的大小，从而更好地帮助学生关注到图形运动前和运动后，图形要素及其位置的关系。在图形运动的教学过程中，教师可以引导学生充分借助方格纸描述图形运动的方向与距离，画出图形运动后的结果，从而发现图形运动前后，图形要素之间的

关系。所以方格纸为小学阶段研究图形运动提供了重要支持，同时也是初中平面直角坐标系的雏形。

例如，在平移的教学中，教师创设了移动小房子的问题情境：先出示一个小房子图形，要求学生画出小房子向右平移5格后的图形。学生先独立完成，画出图形后，教师追问："你是怎么画的？"学生描述画法时，有的学生会借助图形进行整体移动，然后描画出图形运动后的结果。这时，学生是借助方格纸将实物进行移动，经历了图形运动的过程，积累了图形运动的经验。

也会有更多学生在头脑中将小房子进行平移。学生描述画法时，会找到小房子中的某一个正好在方格纸格线交点上的点，如三角形的顶点A，进行平移。学生借助方格纸，先确定平移的方向——向右，然后确定平移的距离"1格"，很多学生还会用短弧线"⌒"标注出移动的这1格。弄明白"平移1格"的距离后，以此类推，向右平移2格、3格、4格、5格。这个过程中，学生先找1个特殊点进行移动，然后按原图连线恢复图形即可。学生借助方格纸，感受点的移动过程，同时也发现每移动1格，图形上所有点的位置都在发生改变，图形的位置也会随着发生变化。

借助方格纸画出图形平移后的结果，描述图形平移的过程，有利于学生发现平移运动前和运动后，构成图形最基本的要素——点与点之间的关系，从而发现平移运动的本质。

（七）借助图形的运动，从"变与不变"的角度认识图形的特征

图形是由点组成的，图形的运动本质上就是图形上点的位置的变化，确定图形运动前后的位置关系和运动中的变与不变，也就是点的位置的变与不变。研究图形的运动需要将原来图形的位置作为参照，有了位置才会有运动，有了运动就能考虑运动前后的位置关系，进而描述图形运动的基本特征，为后续学习图形的性质奠定基础。

对于图形的研究，可以从图形特征的角度认识图形，关注构成图形的要素和要素之间、图形与图形之间的关系；可以从度量的角度认识图形；也可以从运动的角度认识图形。图形的运动本质是图形上点的位置变化，可以借助点的位置的变或不变，确定图形运动前与运动后的位置关系，了解其中的"变与不变"，认识图形的特征。

　　图形运动前后的变化是学生认识的关键，教师如何让学生体会"变与不变"是教学的核心问题。例如，在旋转的教学中，我们先出示一个三角形风车扇叶，要求学生画出三角形扇叶顺时针旋转 90° 后的图形。学生在画之前，通常会先实物操作，再根据视觉意象进行绘制，充分发展学生的视觉化能力。具体来说，就是将风车扇叶抽象成三角形，借助学具三角形，先在格子纸上动手操作并旋转，观察旋转后三角形的位置；再拿走学具，在大脑中想象操作的过程，将旋转后的图形画在纸上。这样的教学过程能充分调动学生的身体，让他们亲历动手操作的过程，感受旋转过程中图形的位置变化。

　　有了这种直观认识，学生开始在方格纸上画出三角形旋转后的图形，同时教师也将问题聚焦到"你是怎样画的？"。学生在描述画的过程中，除了关注图形旋转时的旋转中心、旋转方向和旋转角度外，也开始关注图形本身的"变与不变"，即三角形的顶点位置的变化、三角形各顶点间的距离不变等等。由此，学生开始意识到图形的运动中变化的是构成图形的要素——点的位置；不变的是图形的大小、形状等特征，而这是由点与点之间的位置关系决定的。

　　在上述过程中，学生不仅关注了运动本身的特征，而且再次走到图形中，认识到图形的特征是由图形要素之间的关系决定的。所以，图形的运动是研究图形性质的一种有效方法，学生可以进一步从图形运动前后"变与不变"的角度认识、刻画图形的特征。

第五节　"数据的收集、整理与表达"
主题的核心内容及其教学设计

　　"数据的收集、整理与表达"是小学阶段"统计与概率"领域的主题之一，也是"统计与概率"领域的核心内容，主要分布在第二、三学段。教师应该深入把握主题的学科本质和内容结构，分析主题的核心内容及其关联，明晰学生的学习基础和挑战，在此基础上分析具体的单元内容，确定单元学习目标，设计指向深度学习的教学活动。

一、对"数据的收集、整理与表达"主题的整体理解

在小学阶段，"统计与概率"领域分为"数据分类""数据的收集、整理与表达"和"随机现象发生的可能性"三个主题，与第四学段相关内容形成一个整体（见图 3-5-1）。《数学课程标准（2022 年版）》的重要理念之一是设计体现结构化特征的课程内容。在这一理念下，对学生学习"数据的收集、整理与表达"主题的具体要求调整为开展数据收集，用统计图表和统计量表达数据并解释数据的意义，最终作出判断和预测，形成初步的数据意识。

（一）以数据为核心，体现统计内容学习的整体性

统计内容学习的整体性表现在两个方面。一方面，"数据分类"是"数据的收集、整理与表达"的基础，二者构成一个整体，将数据作为研究对象，从整体上理解统计离不开数据，解决统计问题需要用恰当的方法处理数据，引导学生逐步形成数据意识。另一方面，统计学习的重点是数据分析，包括数据的收集、整理与表达。第四学段的"抽样与数据分析"和"随机事件的概率"是小学内容的延伸，与之构成一个整体。

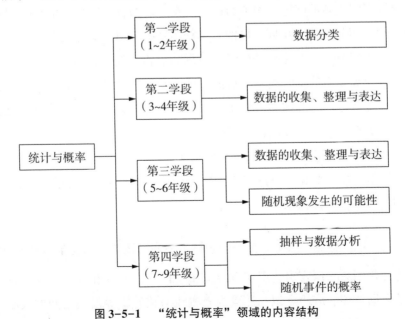

图 3-5-1　"统计与概率"领域的内容结构

（二）以大观念为统领，反映学科本质的一致性

学科本质的一致性以主题的大观念为统领。一个或几个大观念贯穿整个主题，大观念在不同学段表现的水平不同，但本质特征具有一致性，指向的核心素养也具有一致性。基于对"数据的收集、整理与表达"主题本质的理解，确定该主题的大观念。

大观念1 数据分类需要制定标准

数据是统计的核心，统计的过程就是针对特定的目的收集合适的数据，然后对数据进行整理和表达，从而获得所需要的信息。按不同的标准对数据分类，数据会呈现出不同的样态，这些样态影响对数据特征的判断，进而影响分析和决策。数据分类贯穿于数据的收集、整理与表达的全过程。

大观念2 用图表、统计量可以表达数据特征

为了从数据中获取有意义的信息，学生需要通过恰当的方式使数据所蕴含的特征呈现出来。数据的表达方式包括统计量、统计图、统计表等，都是为了使数据特征更清晰地呈现。数据的集中趋势（平均数）和数据的差异（方差）是两个重要的特征，小学虽然不涉及方差，但统计图可以表现出数据之间的差异。通过对数据特征的了解，学生会利用体现数据特征的统计图表、统计量解决新的问题，相关的核心素养"数据意识""应用意识""几何直观"也将得到发展。第四学段的"抽样与数据分析"是第三学段的"数据的收集、整理与表达"主题的延续，数据的分析从侧重数据的收集、整理与表达的过程到侧重数据收集与分析的方法，从描述性统计分析到对数据的推断性统计分析，但主题的学科本质是一致的，几个大观念也贯穿在主题内容之中，学生核心素养的发展也具有一致性。

大观念3 真实的数据一般具有随机性

真实情境中的数据具有随机性。同一样本在不同时间获得的数据，或选取不同的样本获得的数据均不完全相同。

（三）以"数据的收集、整理与表达"主题为载体，凸显学科育人价值

统计是用数学语言表达现实世界的重要内容。教师在教学中要重视培养学生的数据意识、应用意识；注重内容主线与核心素养发展之间的关联，从而促使学生对核心素养的感悟逐步由感性上升为理性，不断实现大观念的学

习进阶；注重挖掘统计教学独有的育人功能，不仅使学生获得统计知识，更重要的是培养学生的统计素养，使学生在收集、整理数据的过程中发现规律并能进行合理的预测和推断，同时也能以随机的观念接受意外，而不是偏执于一端，从而形成尊重事实、善于合作、勇于实践、不断反思等优秀品质。此外，还要注重发挥情境、素材的育人功能，例如，以中国高速铁路运营里程的逐年增长，中国科技、航天事业飞速发展等为背景开展教学，让学生感受祖国的发展和人民生活水平的提高，激发学生的爱国热情。由此鼓励学生收集、整理数据，并根据数据作出决定，在这样的实践活动中培养学生用数学的眼光理性看待生活中的现实问题、用数学的思维去思考解决问题的思路和方法，培养学生有根有据地思考问题的习惯，在实践活动中发展学生的应用意识、数据意识和创新意识。

统计教学中要避免把统计当作一个简单的知识点去处理，要站在育人的高度，帮助学生逐步地形成从统计规律的视角看问题、想问题、做事情的习惯和能力，促进学生核心素养的提升。

二、以数据分类与数据特征为主线提炼核心内容

对统计教学的整体性把握需要教师抓住大观念，并一以贯之地带领学生进行学习深化和进阶。统计学习的全过程围绕着数据分类、数据表达、解决问题三个要点展开（见图 3-5-2）。对数据进行分类包含在数据收集、整理的过程中，有助于培育学生收集和整理数据的自觉性。数据表达即通过分类、排序、图表等对数据进行归纳、整理，接着用文字、统计图表、统计量等进行刻画。解决问题要求根据数据背后隐藏的信息分析问题，作出预测、判断和决策。通过梳理统计学习的全过程，提取数据的收集、整理与表达的大观念。

（一）基于数据表达的一致性，围绕数据分类提炼核心内容

数据的分类和特征作为统计学习的大观念，体现在不同学段的相关内容之中，从收集、整理到分析、表达，既具有贯穿始终的一致性，又具有学段间的阶段性。在教学中，要充分考虑大观念，既体现学习的一致性，为学生的学习铺好"地基"；又体现学习的阶段性，为学生的学习支起"梁柱"。

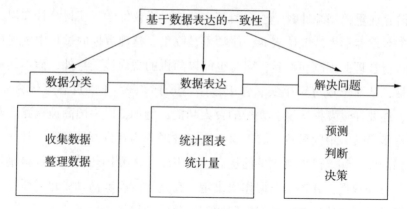

落实核心素养：培育学生的数据意识和应用意识

图 3-5-2　统计学习全过程图

统计的学习中"数据"作为核心概念贯穿始终，是对内容结构整体性的统整，统计教学的一致性就是基于数据的收集、整理、分析、表达的解决问题的过程。这既体现了统计以"数据"为核心表达的一致性；又体现了核心素养培育的一致性，即在统计与概率的教学中落实学生数据意识和应用意识的培育。

数据分类贯穿小学阶段统计学习的全过程，其在小学阶段的学习是从事物分类开始的。数据分类是在事物分类基础上的抽象，看似是第一学段学习统计的内容，实则贯穿整个统计学习过程中，它是数据整理与表达的基础。数据分类是从事物分类开始，依据事物的特征，按照给定标准或自订标准进行分类。将事物分类的结果进行数字化处理，即将事物的不同属性用数据赋值，便实现了由事物分类向数据分类的过渡。学生完成数据分类的前提是，能理解数据所蕴含的信息，这有利于作出预测和决策、解决问题。数据分类作为"统计与概率"学习的重要基础，在小学阶段要求学生掌握数据分类思想及数据分类方法。从事物分类到数据分类恰恰是学生经验的对接，也是学生统计学习的基础，在教学中应当引起教师的重视，为后续的学习奠定基础。

（二）基于数据特征的学习进阶，围绕数据的整理与表达提炼核心内容

在"统计与概率"领域，第二、第三学段的学习主题都是数据的整理与表达，即通过选择统计图和统计量等表达方式，使隐藏的信息直观化、凌乱的数据有序化、分析的过程简洁化。统计图包括象形图、条形统计图、折线统计图、扇形统计图等。学生从认识统计表，到自己创造统计图，到认识规范的统计图，再到用多种形式的统计图表示的学习历程，有助于感受统计图学习的进阶，在循序渐进中感悟数据表达的重要性，发展选择合适表达方法的能力。统计量同样是对数据特征的刻画与表达。"平均数"和"百分数"作为小学阶段要学习的两个重要的统计量，教师要对二者整体把握。在教学中，教师要从多方面让学生感受平均数与百分数的联系，进而培养学生的数据意识和应用意识。

1. 统计图

统计图是描述数据、表达数据的重要手段，教师在统计图教学中要注重引导学生整体感知几种不同统计图的区别与联系。条形统计图是在数据分类、数据的收集与整理、制作统计表等基础上形成的；其直观呈现了不同类数据的数量，反映了数据分布的状态。折线统计图不仅能表示数量的多少，还能清楚地反映数据在不同时段的增减变化；其主要功能是表达数据的变化趋势，为作出简单的判断和预测提供依据。扇形统计图能直观表达部分和整体的关系，教师教学时可以将其与百分数的学习有机结合。在大观念学习进阶的过程中，对条形统计图的学习是学生第一次接触规范的统计图，对折线统计图的学习是学生第一次学习基于数据的变化趋势作出简单预测和判断。基于这两个"第一次"，围绕统计图的学习进阶这一主线，教师需要重点关注条形统计图和折线统计图。

条形统计图能够直观形象地反映数量的多少，有助于将不同类别事物的数量进行比较。在条形统计图的教学中，教师要创设真实的问题情境，引导学生从理解基本概念出发，基于认知基础，尝试从不同维度解读图形信息，并注重感悟条形统计图的统计价值。此外，教师要注重引导学生发现并梳理条形统计图与其他统计图之间的本质联系和多重关系，从而培养学生的数据意识，促进学生学会作出正确的决策和判断。

折线统计图能够直观反映数据的增减变化，有助于人们在连续的变化中发现问题、综合分析、得出结论、作出预测，为决策提供有力支撑。教师对折线统计图的教学也需要基于学习者的认知基础，引导学生在真实的问题情境中，通过与条形统计图的对比，理解折线统计图的价值与意义。在这一过程中，提高学生对折线统计图的认识与理解，综合提升学生的数据分析能力。

2. 统计量

统计量是用来反映某一特定样本或群体某属性变化情况的一种简洁的数量，它具有一定的普适性和代表性，可以提供客观的描述。统计量包括平均数、百分数、最大数、最小数、中位数、众数等。平均数和百分数作为重要的统计量，能够刻画一组数据的特征，能够帮助人们作出判断和决策。平均数可以刻画一组数据的集中趋势，是介于最大数与最小数之间的数，具有代表性；百分数作为统计量学习时，更凸显其统计意义。百分数可以刻画数据的分布状况，也为理解数据的随机性提供了支撑。因此，本章将百分数的学习放在了"数据的收集、整理与表达"主题下进行讨论。

平均数是一组数据的集中趋势的表达，它是反映样本数据平均水平的一个统计量。人们借助平均数可以更好地理解一组数据的特征和趋势，从而作出准确的预测和决策。在平均数的教学中，教师可引导学生从素材选择、数据表达、预测与判断等方面建立平均数与其他统计量之间的联系，使学生整体感受平均数的特点与应用，并在解决问题时能够综合运用平均数进行数据分析和应用，从而提高学生的数据意识和应用意识。

百分数作为重要的统计量，能够刻画一组数据的特征，帮助人们作出判断和决策。在百分数的教学中，教师要引导学生知道百分数是两个数量倍数关系的表达，既可以表达确定数据，也可以表达随机数据。教学中，教师可以利用现实问题中的随机数据引入百分数的学习，帮助学生了解百分数的统计意义，了解利用百分数可以认识现实生活中的随机现象，作出判断、制定标准。

三、确定素养导向的学习目标

与"数据的收集、整理与表达"主题密切相关的核心素养主要包括数据意识、应用意识和几何直观。学生在统计学习过程中，不仅了解了统计与概率的基础知识，感悟了数据分析的过程，形成了数据意识；也在用统计图、统计表表达数据的过程中发展了运用图表描述和分析问题的意识与习惯。学生在利用图表分析实际情境与数学问题、探索问题解决思路的过程中发展几何直观；而利用数据解释或说明问题，观察数据的变化估计总体的变化趋势，根据数据背后隐藏的信息分析问题，作出合理决策的过程，既体现了统计以

"数据"为核心表达的一致性，又体现了核心素养培育的一致性，即在统计与概率的教学中落实培育学生的数据意识和应用意识。

（一）素养导向的学习目标的确定

结合"数据的收集、整理与表达"这一内容所体现的学科本质，参照《数学课程标准（2022 年版）》中的"学段目标""内容要求""学业要求"，以及数据意识、应用意识、几何直观的内涵表述，确定"数据的收集、整理与表达"主题在不同学段的学习目标为：

1. 第二学段（3~4 年级）

（1）经历简单的数据收集和整理、描述和分析的过程，了解简单的收集数据的方法，会呈现数据整理的结果。

（2）通过对数据的简单分析，感受数据蕴含着信息，体会数据在表达与交流中的作用。

（3）认识条形统计图，会用条形统计图合理表示和分析数据。

（4）能读懂报纸、电视、互联网等媒体中的简单统计图表。

（5）探索平均数的意义，能解决有关的简单实际问题。

（6）能在简单的实际情境中，合理应用统计图表和平均数，形成初步的数据意识和应用意识。

2. 第三学段（5~6 年级）

（1）根据实际问题需要，经历数据收集、整理和分析的过程，能合理述说数据分析的结论。

（2）认识折线统计图、扇形统计图，会用条形统计图、折线统计图呈现相关数据，解释所表达的意义。

（3）能从各种媒体中获得所需要的数据，读懂其中的简单统计图表。

（4）结合具体情境，探索百分数的意义，能解决与百分数有关的简单实际问题，感受百分数的统计意义。

（5）在简单的实际情境中，应用统计图表或百分数，形成数据意识和初步的应用意识。

（二）主题学习目标中核心素养的体现

上述学段目标既包括对"四基""四能"的要求，同时也体现数据意识、应用意识、几何直观等核心素养的主要表现。核心素养的发展依托该主题在各个学段的内容学习，体现着整体性与一致性。

1. 经历统计的全过程，了解许多现实问题都应当先进行调查研究、收集数据、通过分析作出判断，体会数据中蕴含着信息，发展数据意识

数据是统计的基本要素，数据收集是统计的基础。小学阶段收集的数据一般以总体数据为主。首先要使学生了解调查、实验、测量、查阅资料等一些简单的数据收集方法，让学生知道要想解决问题，首先得进行调查研究，培育学生收集数据的自觉。其次是表达、分析数据。学生要学习通过分类、排序、图表等整理、描述数据的方法，对数据进行归纳、整理后用文字、统计图表、符号等表示出来。分析数据的方法主要是提取数据信息，包括提取刻画数据集中趋势的平均数、刻画数据分布位置的百分数等。最后是根据数据信息作出预测、判断。可见，以"数据"为核心的表达，就是通过数据分类（收集数据、整理数据）、选择更恰当的方式（统计图表、统计量）表达数据，最终更好地解决问题（预测、判断、决策），在这一过程中培育学生的数据意识。

同时，数据意识还体现在对数据进行合理质疑和反思上。对数据的合理质疑和反思不仅可以培养学生实事求是的态度和精神，也有助于学生针对统计全过程从整体体会"数据蕴含着信息"。

2. 在用统计图、统计表表达数据的过程中，培养运用图表描述和分析问题的意识与习惯，发展几何直观

统计图是描述数据、表达数据的重要手段。在统计图教学中，首先要引导学生从整体感知小学阶段几种不同统计图的区别与联系。统计图都能直观地表达数据，使信息一目了然，有利于人们便捷地提取、分析和利用信息，有利于问题解决。其次，在教学中要注意引导学生进行比较并感受三种统计图各具优势：条形统计图有利于直观形象地了解数量的多少，将不同类别事物的数量进行比较；折线统计图有利于直观了解数据的增减变化，从而在连续的变化中发现问题、综合分析、得出结论、作出预测，为决策提供有力支撑；扇形统计图有利于直观呈现部分和整体的关系，用百分数表示各部分所占的百分比及其差异。对三种统计图的特征、区别的细致分析和了解更有利于学生选择适合的方式进行数据表达。最后，要注意让学生感受到统计图学

习的进阶，从学习统计表，到学生自己创造统计图，到认识规范的统计图，再到用多种形式的统计图表示等，这个过程要给学生自主探索的空间，让学生循序渐进地感悟数据表达的重要性，培育学生选择合适表达方法的能力。利用统计图分析实际情境与数学问题、探索问题解决思路的过程，有助于学生把握问题的本质，明晰思维的路径，发展学生的几何直观。

3. 在解决现实世界问题的过程中，有意识地利用统计的知识和方法解释现实世界中的现象与规律，发展应用意识

统计内容具有独特的教育价值，它告诉人们怎样结合统计数据和发现的规律看问题、想问题、做事情。因此统计教学首先要使学生在真实问题解决中产生收集、整理、表达数据的需求，通过创设真实的情境，让学生经历简单的数据收集和整理过程，了解简单的数据收集方法，学会呈现数据整理的结果，对收集、整理数据的方法形成丰富的体验；其次要让学生知道解决问题首先要调查研究，注重培育学生调查研究的自觉，通过对数据的整理、分析，体会数据中蕴涵着信息，并能从足够多的数据中发现规律，进行合理的判断和预测，培养学生尊重事实、实事求是的科学精神；最后教学中还要鼓励学生在自主探索和合作交流中经历收集数据、整理数据和分析数据的过程，在这样的活动中培养学生有意识地利用数学概念、原理和方法解释现实世界中的现象与规律，解决现实世界中的问题，发展学生的应用意识。

以北师大版小学数学教材四年级下册"数据的表示和分析"单元为例，其单元学习目标为：

（1）探索条形统计图和简单的折线统计图的生成过程，会根据数据画出统计图。

（2）结合具体情境对条形统计图和折线统计图进行简单的分析、判断和预测。

（3）在具体的情境中了解平均数的意义，会求简单数据的平均数（结果为整数）。

（4）能运用条形统计图、折线统计图、平均数的相关知识解决简单的实际问题，培养应用意识。

（5）体会统计在日常生活中的应用，积累统计活动的相关经验，并在此过程中养成严谨求实的科学精神。

四、设计体现数据特征表达进阶的挑战性学习任务

（一）创设真实问题情境，引导学生产生收集、整理、表达数据的需求

统计内容具有明显的现实意义，数据的收集、整理与表达都在实际的问题情境中发生，这一主题的教学活动必须紧密围绕真实的问题情境展开。

1. 创设真实情境，设计挑战性学习任务，引导学生在解决问题中产生收集、整理、表达数据的需求

数据意识的形成并非一蹴而就的，而是一个从个体经验走向数据需求的过程，这个过程能够帮助学生感悟数据的必要性，并初步体会到数据的力量。

在吴正宪老师执教的"平均数"这节课中，吴老师根据免票乘车的情境，设计了挑战性学习任务："某市规定'6 岁以下儿童乘车免票标准 1.1 米'，但根据实际情况需要修改。假如你是该部门领导，你打算怎么做？"有的学生认为可以看年龄，而有的学生感觉 6 岁差不多就长到 1.3 米。在这样凭借个体经验作出判断的基础上，教师通过引导学生产生认知冲突，进一步促使学生认识到需要展开调查、收集数据，并借助数据来说明问题。

在问题解决的过程中形成的认知冲突，不仅会促进学生产生收集数据的需求，还可以激发其数据整理和表达的需求。例如，对于"北京的空气质量到底是改善了，还是没改善"的问题，当收集了大量真实的数据后，教师通过提出如下问题来激发学生对数据整理的需求："这么多的数据，能够直接解答我们的问题吗？我们可以怎么办？"又如，对于"班级蒜苗长到多高了"的问题，当收集了一组数据后，教师可以用"我们该选择哪个数作为这组数据的代表呢？"这一问题来激发学生对数据表达的需求。

2. 彰显真实情境的价值导向，引导学生从个人情境逐渐走向社会情境

统计教学中指向真实情境的问题解决不仅会让学生体会到数据的力量，感悟到问题解决背后的价值观念，这样的价值观念也会不断引领和激发学生的主动探究与学习。以北师大版教材二年级下册"最喜欢的水果"一课为例，教师引导学生思考"如果某班开新年联欢会准备购买水果，你打算向联欢会筹备小组提供什么建议呢？"。学生一开始都会根据自己的喜好来推荐需

要购买的水果，这是因为这个阶段的学生天然地认为"自己喜欢的事物，别人也会喜欢"。然后，通过调查研究，学生开始意识到"有的人跟自己的喜好一样，有的人跟自己的喜好不一样"，进而认识到"自己喜欢的，别人并不一定喜欢"。在这些理解感受的基础上，学生会进一步感悟到"数据的力量"。这个情境本身所蕴含的价值观念引领着学生的学习，最终实现学科育人。

"最喜欢的水果"属于学生熟悉的个人情境，随着年级的升高，为了更好地开阔学生的视野、提升学生的格局，教师所创设的真实情境就需要逐渐过渡到社会情境。社会情境既可以指向社会发展，也可以指向社会关怀。其中，体现社会发展的情境，教师可以选取中国科技与航天事业飞速发展等主题，让学生感受祖国的发展，激发学生的爱国热情；体现社会关怀的情境，教师可以选取社会公益或生态环保等主题，让学生感受到社会对弱势群体的关怀，也可以让学生意识到社会经济发展与生态环境保护之间的矛盾与取舍。

（二）针对挑战性学习任务，组织开放性学习活动，探索解决方案

根据问题的背景，针对挑战性学习任务，运用数据分析的方法，选择合适的统计图或统计量刻画数据，通过数据分析和表达解决问题。

1. 鼓励多样的数据整理、表达方式，提供必要的方法指导和支持

学生在整理、表示数据时并非毫无经验的一张"白纸"，而是基于个体经验已经具备了不同的思维方式。面对同样的一组数据，学生会基于个体经验选择不同的整理、表示方法，如统计表、象形统计图、条形统计图、折线统计图、扇形统计图等。因此，教师的主要作用是为学生提供更大的自主学习的空间和必要的方法指导。例如，可以设计明确的学习任务，让学生自主选择整理、表示数据的方法，使学生体会对于同样的一组数据可以有不同的表示方法。接着教师给学生提供方格纸、空白纸作为学习单，将作为半成品的学习单提供给学生，可以充分展现学生的个体经验，满足不同学生个性化的学习需求。这样既能提高课堂学习效率，又能最大限度地保证学生学习的自主性。

教师在巡视并收集学生作品时，对于比较有代表性的学生作品，可以集

中起来在全班进行展示。教师可以提供尺寸更大的方格纸、空白纸、彩笔等来支持学生更清楚地呈现作品，从而解决用实物投影展示学生作品时，学生难以整体比较不同数据整理和表示方法的问题。

2. 设计有效的问题，激发学生的数学思考

面对同样的一组数据，学生在整理、表示的时候往往会有不同的想法。为了帮助学生更好地体会每种统计图表的特点，在收集学生作品并在全班进行集中展示后，教师先不急于让学生进行交流讨论。相反，教师可以围绕这些不同的学生作品提出一些有效的问题，促进学生对不同方法的整体理解，并激发学生深入思考。例如，教师可以进行如下的追问："从整体上看一看这些不同的整理、表示数据的方法，它们之间有哪些区别和联系？""你更欣赏哪一种？请说一说你的理由。""你认为哪种方法更有利于分析问题、解决问题？按照这样的标准请你给这些方法排一排序吧。"

学生在不断交流的过程中，逐渐地体会到对于同样的一组数据，可以有不同的整理、表示方法，需要根据问题的背景选择合适的方法。

3. 对于同一组数据，可以从不同的角度分析，进而从整体把握

在进行平均数的教学时，教师可以结合情境呈现一组数据，并向学生提出关键问题"选择哪个数作为这组数据的代表"。由于个体经验不同，学生往往会从不同角度分析数据，而选择平均数只是众多分析数据方法中的一种，并非唯一的方法。

在提出"选择哪个数作为这组数据的代表"这一核心问题后，教师先不要急于让学生交流，要给学生一些独立思考的时间和空间，可以提供学习单，让学生把选择的数和选择这个数的理由在学习单上简要地记录一下。

在以往的教学实践中，当让学生选择一个数来代表一组数据时，大致有下面的几种情况：

（1）选择一组数据中最小的那个数；

（2）选择一组数据中最大的那个数；

（3）选择一组数据中出现次数最多的那个数；

（4）选择一组数据中不大不小、相对居中的那个数；

（5）选择一组数据的平均数。

学生在充分地思考和交流的过程中，能够从整体上对一组数据进行全面

的分析和把握，深刻认识到对于同样的一组数据，可以有不同的分析方法，而这些方法都是合理的。选择平均数只是其中的一种分析方法，而平均数往往并没有出现在这一组数据中，那么接下来师生再聚焦到对平均数的研究，从而形成一个"先见森林，后见树木"的学习过程，进一步加深学生对平均数意义的理解。

（三）启发学生对数据进行质疑和反思的意识，培育实事求是的精神

对数据进行合理质疑和反思不仅是培育学生实事求是精神的重要途径，也是针对经历统计全过程再次体会"数据蕴含着信息"的关键方式。这种合理质疑和反思主要针对统计全过程中数据的来源、处理和结论。

在教学过程中，我们可以抓住关键数据引导学生展开交流，通过合理质疑和反思，形成数据应该客观真实、准确可靠的基本价值观。例如，低年级学生在开展数据统计和记录时，特别容易出现数据缺失和错误的现象，这是教师需要予以重点关注的问题。此外，即使没有出现数据的缺失或错误，教师也要引导学生核实数据。

此外，在教学过程中，教师还可以适当引导学生在进行数据收集和处理前进行猜测，当完成数据处理并得到结论时，再引导学生对比之前的猜测与研究结论，从而启发对数据的质疑和反思。在这样的过程中，既可以使学生在收集、整理数据的过程中能发现规律并进行合理的预测和推断，同时也能培养学生心平气和地接受意外的心态，而不是偏执于一端，从而形成尊重事实、实事求是的精神。

（四）探索跨学科主题学习，提高解决实际问题的能力，形成和发展核心素养

聚焦真实情境时，问题解决的过程就很有可能会涉及其他学科的知识、方法或能力，因为真实世界中的问题解决是不分学科的。因此，学生的学习就很有可能因需发生，很自然地从单一学科走向跨学科的综合实践，继而我们的教学就要注重主题式学习方式的探索。

聚焦主题式学习方式的探索，当然是对传统教学的系统性变革。这种系统性变革需要特别关注和设计"一头"和"一尾"。"一头"指的是问题解决方案的制订，这既包含了学生对问题解决的理解，也指引着学生在之

后的学习、实践和反思，是整个主题式学习的"魂"；"一尾"指的是聚焦学习成果的公开展示分享，这一环节既是针对学生能力的表现性评价，也是再次回顾反思的重要学习机会，还是针对真实问题解决过程的再学习的过程。

1. 注重数据收集方案的制订，引导学生自主规划研究路径，获得更大的自主学习空间

当学生在面对一个真实的问题时，由于真实的问题必然具有一定的复杂性，同时学生过往的学习经验和生活经验又是丰富且多样的，因此学生往往会表现出多元、丰富的思考。但在课时教学模式中，由于时间紧张，学生在单次课时无法完成如此丰富多元的任务，因此学生的学习方式是需要变革的，教师需要让学生自主规划研究路径，给学生提供更大的自主学习空间，这样就打破了课时的紧张节奏和学生的丰富思考之间的矛盾，使学生能够持续地对真实的问题开展研究。

例如，面对"北京的夏天是不是越来越热"这个问题，学生制订出了不同的数据收集方案，这些方案对解决问题而言都是非常有价值的，与整个单元教学框架的规划也是相符合的。在高温天数的方案中，学生自然地想到了用条形统计图来表示整理后的数据。在平均温度的方案中，学生产生了学习平均数的需求，学生的学习都是因需而发生的。同时，在收集数据的过程中，学生还需要借助信息科技学科的方法查阅资料、从科学学科的角度对北京的夏天进行界定，这样就很自然地使学生产生了跨学科学习的需求。

2. 聚焦学习成果的公开展示分享的设计，让学习从"隐性"的理解走向"显性"的表达

跨学科主题学习要注重明确主要成果和公开展示分享的设计。明确主要成果是要思考该成果是否提供了或具备足够的信息来证明素养导向的学习目标的达成，这个成果完成本身就凝聚了一定的关键能力。此外，我们还需要关注针对成果的公开展示分享，在这个过程中让学生聚焦完成任务的过程中所遇到的困难，并解释自己及团队的思考和行动，以及围绕问题解决所进行的尝试和调整。之所以聚焦主要成果和公开展示分享的设计，是因为在常态的课堂教学中有很多学习成果都是隐性的，内隐在每一个学

生的头脑里，通过聚焦学习成果的公开展示，可以将内隐的学习成果显性化，使其变得清晰可见。

在"北京的夏天是不是越来越热"的案例中，学生学习的主要成果聚焦在四个方面，包括研究计划的制订、数据整理和表示的方式、数据分析及反思、提出想进一步研究的问题等。在研究成果的公开展示环节，可采用"世界咖啡"和"画廊漫步"等多种形式，让学生能够更加主动地分享他们对数据意义的理解、团队协作的过程以及其他相关收获。因此，公开展示既是互相分享的过程，也是促进彼此学习和反思的机会。

第六节 "综合与实践"领域的核心内容及其教学设计

《数学课程标准（2022 年版）》对"综合与实践"领域做了较大调整，更加突出了该领域为学生提供发现、提出、分析和解决问题的机会的定位，以及知识应用、跨界关联与学科育人的功能。基于此，"综合与实践"领域的教学设计也应有所变化。教师应理解新变化并积极开展实践探索，引领学生在真实情境、现实问题中，通过观察、推理、设计、操作、表达、合作、探究等具身活动，主动参与，统整多学科知识、技能、方法，积累问题解决经验，提高应用意识及创新能力，进而提升数学学科核心素养，以及跨学科的、共通的核心素养。

一、对"综合与实践"领域的整体理解

《数学课程标准（2022 年版）》中"综合与实践"领域的内容，在延续前两版课标"应用数学内知识、理解数学知识间联系"的基本要求上，同时向学科内延伸和向学科外扩展：指向学科内部，将部分数学知识的学习纳入"综合与实践"领域，将四个领域从知识内容、活动方式、培养目标上，建立了紧密的、实质的联系，打破了原小学数学四个内容领域"3+1"的关系，消弭了"综合与实践"与前三个领域的边界；指向学科外部，增加了跨学科主题学习的内容，将数学学科与其他学科、与现实世界建立了联系。

（一）向学科内延伸：将数学知识学习融入此领域

"综合与实践"领域是学生开展数学思考、实践、探究、交流、表达的重要载体，这与其中是否包含数学新知识的学习无关。正如前两版课标中"综合与实践"领域没有包含数学新知识的学习那样，数学新知识不是"综合与实践"领域的标签。

《数学课程标准（2022年版）》共编写了7个指向新知识学习的主题活动，覆盖了三个学段，包括认识时间（2个）、货币、质量单位、认识基本方向（2个）、认识负数。将这些知识编写在"综合与实践"领域，主要是因为只有具备较多生活经验的学生才能更好地学习这些内容，而要想让学生将零散、浅表的生活经验在正式数学学习中进行筛选、梳理，并转化为数学学习经验，需要学生参与情境复现、应用交流类的活动①，因此这些知识的学习都应在"用"的活动及在操作、探究中展开。所以将这些知识调整到"综合与实践"领域，与学生的学习需求更加契合。

另外，这些被写入《数学课程标准（2022年版）》"综合与实践"领域的包含了新知识学习的主题活动，为其他数学知识的教学提供了范例。也就是说，在"综合与实践"领域中的7个包含新知识学习的主题活动，并不是"综合与实践"领域和前三个领域在新知识学习上的"分界线"，那些没有被写入"综合与实践"领域的其他数学知识，如果知识自身特征、学生学习基础、学校教学条件、本地课程资源等条件具备，完全可以按照"综合与实践"领域主题活动的思路进行教学。

（二）向学科外扩展：设计跨学科主题学习

"设立跨学科主题学习"是《义务教育课程方案（2022年版）》中的新要求。2022年发布的各学科课程标准对跨学科主题学习的内容编写采取了不同思路：有的单独设置跨学科主题学习的主题或内容；有的将跨学科主题学习融入该学科已有内容中，不以独立的课程领域或课程内容呈现。《数学课程标准（2022年版）》采取的是融入式的思路，将跨学科主题学习设置在

① 王艳玲. 数学知识学习融入到综合与实践领域解析［J］. 小学数学教育，2022（11）：30-31 +63.

"综合与实践"领域。

　　将跨学科主题学习设置在"综合与实践"领域是由此领域的内涵、定位决定的。从《数学课程标准（实验稿）》设置"综合与实践应用"领域开始，这个领域的定位就是帮助学生综合运用已有知识和经验，解决与生活密切联系的、具有一定挑战性和综合性的问题，发展学生解决问题的能力，加深学生对其他领域内容的理解，体会数学各部分内容之间的联系。[①]《数学课程标准（2011年版）》将领域名称修改为"综合与实践"，说明了这"是一类以问题为载体，以学生自主参与为主的学习活动"。[②]虽然前两版课标没有明确提出"跨学科"，但这个领域的实践对象是"与生活密切联系"的"问题"，本质在于"探究"与"应用"。《数学课程标准（2022年版）》将跨学科主题学习设置在"综合与实践"领域，其实是将该领域内容"关注生活、关注社会"这一原来隐性的、无形的要求显性化和明确化；同时增加了对"多学科知识应用"的要求，在解决问题的过程中，倡导综合运用数学学科知识与其他学科知识，与原来主要关注数学内部知识的综合运用相比有了拓展。

　　"综合与实践"领域的主题活动，大部分都是基于现实背景或是为了解决现实问题，强调与现实世界、与学生生活的密切联系，这是背景、内容上的"跨学科"；而学生在解决这些问题时，调动的不仅是数学的知识、思维、方法，还应根据问题解决的需要，灵活运用多学科的知识、思维和方法，这是学习过程中的"跨学科"。因此将跨学科主题学习的内容设置在"综合与实践"领域，是顺理成章的、也是必要的。

　　但是，《数学课程标准（2022年版）》"综合与实践"领域列出的所有主题活动和项目学习中，并没有哪个被特别标明"跨学科"。这是因为将"跨学科"融入"综合与实践"领域后，所有的活动都可涉及"跨学科"要素，因此所有的活动都可以是"跨学科"的。不仅如此，学生在学习"数与代数""图形与几何""统计与概率"各领域时，都可以在主动探究的活动中学习和应用，因此跨学科主题学习也不是"综合与实践"领域独有的。如本

---

　　① 教育部基础教育司数学课程标准研制组. 全日制义务教育数学课程标准（实验稿）解读[M]. 北京：北京师范大学出版社，2002：266.

　　② 中华人民共和国教育部. 义务教育数学课程标准（2011年版）[M]. 北京：北京师范大学出版社，2012：5.

书"统计与概率"领域的案例"北京的夏天是否越来越热"就是按照综合与实践主题活动的思路来设计实施的，引导学生在用数据说明"北京的夏天是否越来越热"的过程中，完成对统计知识的学习与应用。因此，在学习其他数学知识时，可以参考综合与实践主题活动的设计方式、思路，关注跨学科要素，将跨学科主题学习融入数学各领域课程内容的实施中。

二、根据主题活动中是否包含新知识梳理核心内容

《数学课程标准（2022 年版）》将部分数学新知识的学习纳入"综合与实践"领域，将该领域的功能从在问题情境中应用知识、加深理解，拓展到在问题情境中学习新知识并应用。因此，将综合与实践的主题活动按照是否包含数学新知识的学习进行区分，分别讨论不同情况下主题活动的核心内容。

（一）包含数学新知识学习的核心内容

《数学课程标准（2022 年版）》"综合与实践"领域小学阶段包含数学新知识学习的主题活动覆盖了三个学段，涉及的知识分别是：第一学段，认识钟表以及时间单位时、分、秒，认识上、下、左、右、前、后，认识东、西、南、北四个基本方向，认识人民币；第二学段，认识年、月、日，认识常用的质量单位，认识八方中的另外四个方向和"几点钟方向"；第三学段，负数的认识。这些内容原来是在"数与代数""图形与几何"领域中，此次被安排在"综合与实践"领域。"综合与实践"领域共设计了 7 个主题活动，分别是：第一学段主题活动 2 欢乐购物街，主题活动 3 时间在哪里，主题活动 4 我的教室；第二学段主题活动 1 年、月、日的秘密，主题活动 2 曹冲称象的故事，主题活动 3 寻找"宝藏"；第三学段主题活动 1 如何表达具有相反意义的量。这 7 个主题活动的内容，是教材编写及教学实践的"必选项"，但进行活动设计时，不见得与《数学课程标准（2022 年版）》中的主题名称完全一样，也可以根据学情将其中的一个主题活动内容分解成几个具体的主题活动进行教学实践，也可以在课标主题内容的基础上进行延展，补充新的内容。

这些包含数学新知识学习的主题内容，既然从原来的领域被安排到"综合与实践"领域，就意味着对该内容的要求将与原来有所不同，因此教师在这 7 个主题活动开展指向深度学习的教学设计前，应仔细研读课标。

如《数学课程标准（2022年版）》第一学段主题活动2欢乐购物街，其内容要求为"在实际情境中认识人民币，能进行简单的单位换算，了解货币的意义，具有勤俭节约的意识，形成初步的金融素养"。学业要求为"积极投入模拟购物活动，能清晰表达和交流信息，认识元、角、分，知道元、角、分之间的关系；会在真实或模拟的情境中合理使用人民币；在教师的指导下能够反思并述说购物的过程，积累使用货币的经验；形成对货币多少的量感和初步的金融素养"。这些要求不仅提及了"真实或模拟的情境"，即要在生活购物活动或模拟购物的活动中体验和学习。其中的"了解货币的意义"，即学生要认识货币并知道货币可以用来购买物品，也可以用来定价计价。要知道商品是有价格的，不同的商品价格不同，在我国价格是用人民币单位标记的。人们买东西时，要付钱，给商家人民币，这就是在"交换"——这就是货币的意义。而"合理使用人民币"既指学生要经历询价比较的尝试，感受量入为出，合理消费，也指根据不同的情况对具体付钱的方式进行选择。还有"形成对货币多少的量感"等要求，都需要学生在丰富的买卖活动中，在观察、对比、操作、交流、感悟等具体活动中达成。

再以第二学段主题活动2曹冲称象的故事为例。这个主题活动也是包含数学知识学习的，《数学课程标准（2022年版）》对其的学业要求是"知道'曹冲称象'的故事，形成问题意识。能结合现实素材，感受并认识克、千克、吨，能进行简单的单位换算；理解'曹冲称象'的基本原理是等量的等量相等，能针对具体问题与他人合作制订称重的实践方案，并能在执行方案的过程中不断反思"。从这些要求中可发现，这里不仅有"感受并认识克、千克、吨，能进行简单的单位换算"等指向具体知识及量感等核心素养的具体表现的要求，还包括"等量的等量相等"这一数学基本事实；同时也提出了"形成问题意识""不断反思"等指向共通素养发展的要求；而且"现实素材""制订实践方案""执行方案"等表述则明确了学习活动开展对情境、方式的要求。这些要求都应体现、落实在主题活动的教学实践中。

（二）综合运用数学和其他学科知识方法的核心内容

《数学课程标准（2022年版）》"综合与实践"领域共列举了13个主题活动和2个项目学习。除了7个包含了数学新知识学习的主题活动外，剩余的主题活动和项目学习，都希望学生综合应用数学和其他学科的知识方法来加深理解、解决问题。显然，课标中编写的这一类具体主题活动和项目学习内容，并不能覆盖全国各地所有小学的实施需求，因此《数学课程标准（2022年版）》中多次出现了"设计不同的活动内容""自行设计主题活动的内容"等建议，所以教师可以在理解课标中给出的这些主题内容基础上，创造性地选取适宜本地、本校、本班学生学习的综合与实践主题活动。

虽然《数学课程标准（2022年版）》中列举的综合运用数学和其他学科知识方法的主题活动数量有限，但通过对课标中这些主题活动或项目学习的内容要求、学业要求里指向数学知识学习应用、数学核心素养、问题解决思维方法及共通素养等目标，以及达成这些目标所需的情境、方式要求的剖析，可以帮助教师明确开展这一类主题活动或项目学习的教学设计时的关注要点。

以第三学段的项目学习2水是生命之源为例，其学业要求是"能合作设计生活中用水情况的调查方案，并展开调查，在调查中进一步优化方案；会查找与淡水资源相关的资料，从资料和实地走访中筛选需要的信息，提出问题，确定解决问题的思路，提高应用意识；根据问题解决中的发现和收获，制订节水方案，尝试设计节水工具或方法，培养创新意识；在问题解决中加深对水资源保护等社会问题的关注与理解"。从其中可以提取出设计优化方案、调查筛选信息、确定解决问题思路、制订节水方案或工具、增强社会问题理解等主要要求。这些要求既有指向多学科知识应用的，也有指向生活与社会问题解决方法、策略实践的，更有指向问题解决一般思路建构的。

对应主题活动、项目学习的内容，《数学课程标准（2022年版）》还在附录中放置了一些实例，作为教师理解主题和设计活动的参考。《数学课程标准（2022年版）》附录一例63水是生命之源实例中设计了"了解淡水资源分布、储备情况→整理信息、提出问题→调查研究、解决问题→节水行动、总结交流"四个基本任务。分析四个学习任务的逻辑关系，可发现这是"基于对现实信息的梳理，提出、分析、解决问题，将问题解决策略应用于生活"的设计路径。这个路径可以用以完成"水是生命之源"项目学习，也可以作为学习任务规划设计的一般路径迁移到其他主题活动中。

受篇幅限制，课标中"综合与实践"领域对应的实例只简略提供了主题学习的主要任务环节。可以思考，例63中哪个学习任务可以被继续分解或细化？还可以思考，结合本地、本校的资源条件，可以调整或补充哪些学习任务？如有的教师加强了对淡水资源统计数据的调研，进一步借助统计图表、统计量知识的应用，帮助学生了解我国淡水资源的分布情况，以及水资源总量和人均水资源量这些有联系的数据提供的不同信息；有的学校强调了"调查学校内浪费水现象"的学习任务，将其细化为"调查学校用水设备分布及不同点位用水量，观察与调查同学们浪费水的行为"等子任务，分组做具体规划，获取数据，为后面本校节水措施的制订提供有针对性的证据支撑；有的教师将浪费水量及节水措施的调查对象聚焦在学生家庭，设计了"滴水对比小实验""我家节水小妙招"等具体任务；还有的学校地处黄河、长江流域，紧密结合黄河、长江水体保护工程，组织学生进行了实地参观、数据调查等，在现实场域中展开学习，让学生更深地体会问题从现实中来；还有的学校将此项目学习作为学校环保系列活动，强化了对节水倡议的宣传及节水行动的追踪；等等。由此可见，同样是聚焦"水是生命之源"，不同学校可以依托不同资源、学生经验设计不同的任务序列；但这样一个具有现实性、开放性、综合性、探究性的主题内容，无论怎样展开具体的子任务，其中必然包含"调查信息、提出问题、制订方案、获取数据、解决问题、反思交流"等基本任务。这些基本任务是课标中实例的提示，是教师创造性设计与实施综合与实践活动的基本参照。

　　另外，《数学课程标准（2022 年版）》中也多次提示，学校和教师可以从多方面寻找挖掘主题内容的素材。这些由教师创生的主题活动或项目学习，可以是包含数学新知识学习的，也可以是综合应用数学及其他学科知识方法的。素材可从多方面选取。首先可以从数学知识中寻找。各领域数学知识的学习都可以用综合与实践主题活动的方式进行活动设计，可以针对数学的核心概念、关键问题，通过整合、联结、统整、建构的方式，寻找与之相关的其他学科知识内容或社会生活背景，凸显使用数学学科解决其他问题的必要性，形成对主题的整体规划设计。如有的教师依托"三角形的性质"数学知识的学习，确定了"操场移动塔台模型的设计与搭建"的主题，在设计方案、搭建高塔、测试高塔稳定性的活动中，加深学生对数学知识"三角形的稳定性"及科学课程内容"力与结构"的理解。其次，还可以从生活、社会中挖掘。学生的校园生活、家庭生活中蕴藏着丰富的学习素材与资源，如"学校中的数学"，可以引导学生从自己学校的历史发展、面积环境、师生人数等信息中提出数学问题并解决。再如保护环境、节约资源等社会问题，载人航天工程、本地区建设成就等热点话题，与数学相关的中华优秀传统文化等，都可以成为综合与实践主题活动的素材来源。如某学校项目学习"毕业礼物——为母校'hua'像"，是由数学教材中"绘制校园平面图"内容引发的，对学校校园这一对象进行研究时涉及数学、美术等学科，由此，教师设计了有助于学科间融合的活动——绘制学校平面图、制作学校模型、结合学校建筑的历史介绍学校等系列活动，而这些活动的成果既可以作为毕业展览的内容，也可以作为毕业生送给母校的礼物。

三、确定兼顾数学核心素养和共通素养的活动目标

综合与实践主题活动的目标、任务、评价的设计不是线性关系，三者密切关联，教师应在设计实施中往复推敲，以求达成目标、任务、评价的一致。其中目标是具体学习任务规划及评价设计的靶向。主题活动的目标应以素养培养为导向，精准表达。

（一）在活动中发展核心素养和共通素养

综合与实践主题活动的目标设计，应以数学课程要培养的核心素养为导向，在应用知识解决问题的过程中，加深学生对数学知识本质、价值的理解，促进数学思维能力的提升、对数学思想的感悟、数学核心素养的发展等。同时也应注重主题素材所涉及的其他学科的核心素养，以及问题解决、合作交流、质疑探究等共通素养在活动目标中的体现。

下面是本书中案例"我的操场我设计"主题活动的学习目标：

1. 针对所选主题，经历问题的发现、提出、分析、解决的全过程；能回顾并反思收集数据、整理资料、设计分析、修改完善、形成作品等问题解决各阶段的具体活动，发现不足，积累确定问题解决思路、分析问题解决条件、实施问题解决过程的经验。

2. 综合运用数据收集、图形测量、图形与位置、比和比例、计算等数学知识解决实际问题，体会数学知识在日常生活中的应用，发展量感、运算能力、几何直观、空间观念、数据意识、推理意识、模型意识、应用意识、创新意识等数学核心素养。

3. 关联并运用科学、美术、体育、信息科技等多学科知识、技能与方

法，解决具体活动中的设计规划、调查测算、模型制作、学习成果呈现等环节出现的问题，发展科学思维、态度责任、创意实践、数字化学习与创新等多学科核心素养。

4. 在团队协作中感悟合理分工、高效合作的重要性，能积极沟通，在交流、分享中及时发现不足，勇于克服困难，提升合作、交流及规划、反思能力。

在这个主题活动中，学生要完成学校操场修缮工程中的具体改造项目，以其中的"看台改造"为例，学生需要明确看台改造中的问题、解决问题需要的条件，然后设计改造方案，并通过数据测算说明方案是否可行等。上述学习目标，包括了数学核心素养的具体表现，如量感、运算能力、空间观念、数据意识、推理意识等，也包括了科学思维、态度责任、创意实践、数字化学习与创新等科学、信息科技等学科的核心素养，还包括了合作、交流、规划、反思能力等一般素养及问题解决的一般思路等。

关注主题活动目标的数学核心素养及多学科共通素养，并不意味着一个主题活动的目标要面面俱到，教师应结合主题活动的具体内容、学生的认知水平和需求，以及本校资源、条件等因素，对活动目标进行整体把握后，进行合理选择并确定。教师可以依据《数学课程标准（2022 年版）》中的内容要求、学业要求、教学提示、学业质量，结合本校、本班学情确定主题活动中的素养维度及具体表现。

（二）活动目标的规划设计要有层次性

目标的层次性有两层含义。

一层含义是对综合与实践主题活动而言，应对学习目标涉及的基本内容进行整体规划，确保各维度目标在学段、年级上的有序进阶。比如，同样是问题解决能力，第一学段的学习目标可定位在"获得初步的活动经验，尝试提出一些解决问题的办法，尝试与他人合作解决问题，在教师的帮助、指导下，尝试克服困难，感受参与数学活动的快乐"等；第二学段可在此基础上增加"能积累活动经验和解决问题的方法，并提取经验、方法用以解决新的问题；能与他人合作制订简单的问题解决方案，主动寻求支持和帮助；能与他人交流解决问题的过程和结果；能提出一些简单的问题或猜想"等目标；第三学段则应考虑将"经历自主选题、自主设计、自主解决问题的过程，能自主寻找解决问题的方法和策略，具备较强的自主研究意识和团队协作意识……”等作为目标。

另一层含义是指具体主题活动的目标设计也应考虑层次性，在目标制定时，针对达成目标的途径、参与活动的体验、活动产出的成果等方面应尽可能关照到学生不同的学习基础、能力水平。

四、设计突出过程与实践的学习活动

“综合与实践”领域的主题活动和项目学习，重在真实情境下的问题解决，因此教学设计的焦点是学习活动的设计。要通过合理的学习任务规划引导学生改变学习的方式，在做中学、用中学、创中学，在各种具身活动中经历数学知识的发生、发展和应用的全过程，学以启思，学以致用。

（一）突出序列性和实践性的活动过程

每一个综合与实践主题活动，都由若干个指向目标的学习任务构成。规划学习任务时虽应预留生成的空间，但也应体现出任务的序列性，而且任务应有助于学生实践多样的学习方式。

1. 明确学习任务之间的逻辑关系

综合与实践主题活动或项目学习，其本质是解决问题的活动，面对复杂程度不同的问题，学生需要完成的具体任务将有所不同。主题活动和项目学习并无本质的区别，只有层级的区分。相比之下，项目学习更强调真实、复杂的问题解决，更强调由核心任务或者驱动性问题来引领学习任务的展开。即使在第一、第二学段的核心任务没有那么突出的主题活动中，当学生要在一个长周期中，解决涉及数学多领域和多学科知识的、涉及复杂现实背景的问题时，教师也需要将主要任务或主要问题进行分解、细化、延展，构建出有逻辑的任务序列或任务链条。

任务序列中的具体学习任务是对核心任务维度的分解或解决路径的呈现，具体学习任务之间则构成了或承接、或递进、或并列、或关联的关系。任务序列也是学生开展活动的结构性支架，有助于学生梳理解决复杂问题的思路，开展深入探究。同时，学习任务应难度适宜，是多数学生经过努力可以完成的，避免核心任务过大导致子任务数量过多，或核心任务过小导致子问题分解过细，挑战性较小。设计学习任务时还应注意与学生的已有生活经验或学习经验的联系，便于学生的素养发展拾级而上；应注意有一定的开放性，有拓展问题、提出新问题的空间，有助于学生运用多种策略方法开展探究；应注意任务形式尽量多样，有利于激发学生兴趣，促进学生积极参与到活动中来。

　　本书中的案例"我的操场我设计"主题活动下，师生通过实地观察提出了"看台改造"等五个子主题，即核心任务。"看台改造"这个任务围绕改造方案的"设计→修订→确定"这几个主要学习任务展开，其中方案设计是重点。在这个任务中，学生要完成明确问题、确定思路、测量数据、分析数据等具体活动，进而有了方案设计的初稿。"看台改造"各具体学习任务之间的关系不是活动完成后倒推的，而是在学习任务设计时先明确的。教师只有把握住任务之间的关系，才能适时适当地引导学生的学习活动走向（见图3-6-1）。

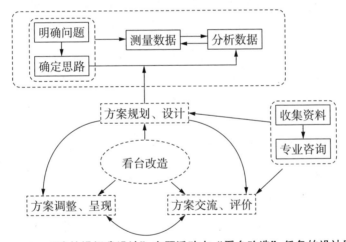

图 3-6-1　"我的操场我设计"主题活动中"看台改造"任务的设计思路

2. 突出学习任务的实践性

　　深度学习的发生需要以学生的具体活动为前提。学生作为学习的主体，应真正参与到活动中。而学生所面临的学习任务，应有助于其通过思路建构、猜测验证、调查访问、操作体验、探究分析、实验论证、反思评价等，在个人思考、合作交流、分享互动中展开学习，在积累活动经验、提升素养的同时，学习如何学习、如何反思。因此，活动任务的规划设计要与上述多种学习方式的运用"挂上钩"，要预设具体学习任务中学生个人或小组可能运用什么样的思路、方法、步骤开展学习，为学生实践多种学习方式预留足够的施展空间。

实际开展学习任务时可有意识地增加学生的选择性，如可与学生共同商定主题活动的具体内容难度、范围和活动方式。尤其是针对高年级学生，可以将对主题内容的问题化过程设计成具体环节之一，师生共同商议决定要解决的具体问题，例如，是开展集体活动、小组活动还是个体活动，是开展班级内活动、校内活动还是校外活动，是开展短周期活动还是长周期活动。同时鼓励学生在学习过程中进行决策，在选择具体研究问题、组建研究小组、明确人员分工等事项中，教师可以不做过多干预，协助学生在"试误"中学习如何发现、提出、分析问题，如何与人交流合作。鼓励并尊重活动过程中学生不同的思考方法及问题处理策略，如：解决问题可以使用实地调查、查阅资料等方法，也可以使用其他策略与方法。且具体学习任务没有限定的形式，可以打破班级、年级界限来设计活动，可以综合考虑学生的年龄特征及内容特征，采用灵活多样的形式，如游戏、对抗赛、模拟体验、角色扮演、成果发布、"产品"推介、长作业等，激发学生的兴趣，让学生积极参与到活动中来，引导学生积累活动经验、展现思考过程、交流收获体会，激发创造潜能。

（二）注重过程性和参与性的活动评价

评价是主题活动设计与实施的有机组成部分。主题活动的评价要基于学习目标确定评价的主体、时机、内容、方法及量规，以及学习成果的类型、呈现载体等，让评价成为记录、复盘学习过程的重要依据。而且，评价的目的不仅在于检查学习活动的成效，更在于发挥评价的引导、激励、发展的作用，通过评价推动、校正学生的学习进程，激励学生主动学习探究。

主题活动的目标就是评价设计应锚定的靶心。主题活动学习目标的多维也决定了评价内容的多样，如指向数学知识理解，多学科技能、方法运用，学习策略与方法，学习态度与情感，合作交往能力、信息处理能力、问题解决能力等，可结合主题学习目标的具体设定进行设计。在一个主题学习中，评价设计不用求"全"，可结合学科课程的年段目标，综合与实践主题活动的纵向目标，及该主题的具体内容，合理确定评价的重点。整体规划"评什么、谁来评、何处评、怎么评"，即确定学习过程中的评价内容、主体、时机、方法。

对于评价内容，目标中的知识、素养以及过程方法、情感态度等，都可以成为评价内容。如本书中案例"我的操场我设计"中，应用数学与多学科知识设计看台改造方案的过程，涉及多个数学核心素养和多学科素养，如量感、计算能力，数字化学习与创新、创意实践等。还有发展方案规划设计能力、积累问题解决经验等都可以成为教师在学习活动中通过捕捉学生表现进行评价的维度。在围绕主题活动目标确定了评价内容后，评价主体、时机、方法就有了设计的依据。

对于评价主体，主题活动中教师承担着观察者、指导者的角色，因此可以作为评价主体对学生参与活动的表现进行评价，学生也可以针对自己参与活动的感受进行自评，而后将两个主体的评价结合起来。参与主题活动的其他学科教师、家长，以及与活动主题相关的单位、从业人员、志愿者等，都可以作为评价主体共同参与主题活动的评价。

对于评价时机，既然要将评价贯穿主题活动的全程，那么评价就不应仅是主题活动结束时的"一次性"设计。教师可以在某个具体任务后进行评价，也可以伴随着任务解决过程指引学生同步填写"评价单"，还可以在主题活动结束前组织专门的交流评价反思环节。这些都应在主题活动设计时就细致规划，不能在主题活动实施后临时安排。

对于评价方法，应提前规划学习成果的类别，如表现性成果、解释类成果，和成果呈现的具体载体，如报告、方案、设计、倡议等，并结合成果形式确定观察、访谈、行为描述、成长记录、作品分析、数学日记、成果展览、信息发布等具体的评价方法以及评价工具。无论采用何种评价方法，都应以激励、肯定为主，不以甄别、比较为目的，应帮助学生总结、发现活动中的收获与进步，激励学生未来更积极地投入数学学习中。

跨学科主题学习的评价，应由多主体参与。教师不仅要判断学生的学习结果，更要刻画学生的学习过程，包括知识技能的运用、态度情感的变化、能力素养的发展等。这些主要以学生学习过程中外显的行为和内在的感受为评价依据，因此旨在判断行为、感受的标准即量规就显得格外重要。评价量规以评价目标为统领，将评价的内容、方法、标准统一起来，一般按照层级、水平对该评价内容下的学生学习行为表现进行表述。为使评价量规具有精准性和适切性，可在主题活动中对量规进行检验和修正。评价量规与评价操作要求整合后，便形成了评价工具。要针对不同的评价主体合理设计评价工具，做到评价内容清晰、操作规则易懂，便于评价主体能够迅捷、准确地运用工具开展评价。

如本书中的案例"我的操场我设计"主题活动，在主题活动规划表中列出了每个课时或阶段的评价内容要点，并结合评价要点，设计了几个评价工具。主题活动结束前提供的用于学生自评、互评的"综合评价表"，有助于学生回顾本人参与主题活动中知识应用、能力发展、合作反思等方面的表现。该案例还设计了指向主题活动的产品——方案设计的两个评价工具：一个是"方案交流评价卡"，用在本班"看台改造方案"小组汇报中，对本组外的其他组方案设计进行评价，并吸收借鉴、改造完善本组设计；另一个是"展览评价卡"，用在年级主题活动展览中发表对设计方案的感受或建议。这些评价工具中，"综合评价表"设计了具体的评价指标并适度留白，用星级表示等级结果，便于以学生为主体的评价操作；"方案交流评价卡"提供了基本评价维度，但也具有一定的开放性；"展览评价卡"使用时因为评价作品不确定，因此是完全开放的设计。另外，此案例中，教师评价并未设计具体的量规和工具，因此，教师在主题活动实施中，在跟踪、指导学生的具体活动时，应随时观察、记录，及时反馈、提醒，用评价、干预帮助学生推进学习进程。

第四章

小学数学深度学习的
单元教学案例

案 例 一

剩之愈小　割之弥细

——"小数除法"单元教学设计

> 实施年级：五年级
>
> 对应课标："数与代数"领域，主题：数与运算
>
> 所用教材：北师大版（第4版）五年级上册第一单元"小数除法"
>
> 单元课时：7课时+练习课
>
> 设计、实施者：石秀荣、侯乐霞、刘大鹏、徐博、孙刃、于鸿、黄蕾、
> 李英惠①

依据指向深度学习的教学实践模型和"数与运算"主题深度学习实施策略，选择"小数除法"作为"数与运算"主题的核心内容，旨在通过对小数除法单元的整体理解和教学设计，从"数与运算"主题的学科本质的理解出发，调研学生对该内容的基础和学习挑战，进而明确单元学习目标，设计和实施有助于理解算理、掌握算法的教学活动，逐步形成以核心素养培养为目标的教学设计。

一、单元整体分析

本单元内容选自北师大版小学数学五年级上册教材。依据《数学课程标准（2022年版）》的相关要求，根据指向深度学习的教学实践模型，首先对单元内容进行整体分析，包括对课程标准的理解、对教材的分析、单元引领性关键内容的提炼和学生情况分析等。

（一）理解课标

课程标准是设计和组织教学的基本依据，首先要准确理解课程标准的理念、目标，以及与本单元内容相关的要求。

---

① 石秀荣、侯乐霞、刘大鹏、徐博、孙刃、于鸿、黄蕾、李英惠均来自中国人民大学附属小学。

1. "小数除法"是"数与运算"主题的核心内容

《数学课程标准（2022 年版）》指出，"数与运算"主题是小学阶段"数与代数"领域的重要学习内容之一，包括整数、小数和分数的认识及其四则运算。"小数除法"单元是"数与运算"主题的核心内容，是学生学习小数四则运算的最后阶段，也是对小数意义的运用和再认识。小数除法是培养学生数感、推理意识和运算能力的重要载体。

我们从运算对象、运算意义、算理与算法、实际应用四个维度，对小学阶段"数与运算"进行了梳理（见表 4-1-1）。其中"运算对象"按自然数、小数、分数的顺序排列，小数是特殊的分数，小数的表达是十进制计数法的延伸。

表 4-1-1　"数与运算"主要内容梳理

运算能力							
运算对象			运算意义		算理与算法		实际应用
自然数	小数	分数	运算	意义	直观模型	计数单位	问题解决能力
产生 人们对周围事物数量多少和位置顺序的刻画，其本质是一一对应	小数是特殊的分数，小数的表达是十进制计数法的延伸	分物，度量，计算的封闭性	加	合并、移入、增加	实物模型数线模型面积模型……	计数单位的累加、减少与细分	（1）初步学会从数学的角度发现和提出问题，综合运用数学知识解决简单的实际问题，增强应用意识，提高实践能力； （2）获得分析问题和解决问题的一些基本方法，体验解决问题的方法的多样性，发展创新意识； （3）学会与他人合作交流； （4）初步形成评价与反思的意识
			减	剩余、比较、减少			
计数单位 1	0.1，0.01，……	$\frac{1}{2}$，$\frac{1}{3}$，……	乘	相等的数的和、倍数（几分之几）、组合等			
度量 对生活中离散量的度量	对生活中连续量的度量	对生活中连续量的度量	除	平均分配、比率			

在内容梳理的基础上，将"数与运算"主题的主要内容进行如下规划（见图 4-1-1）：

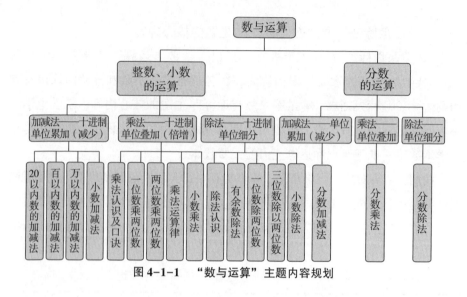

图 4-1-1 "数与运算"主题内容规划

依据计数单位是否为十进制，将"数与运算"主题划分为"整数、小数的运算"和"分数的运算"，旨在引导学生系统地感受计数单位在运算中的作用。"小数除法"作为"数与运算"的核心内容，其本质是计数单位的细分，体现了数与运算的一致性。

2. "小数除法"体现的核心素养

"小数除法"是数学学科中"数与运算"主题的核心内容之一，数的运算体现的核心素养主要是运算能力和推理意识，特别是演绎推理能力及数感。教学中的重点是发展学生对算理的理解。运算教学也有助于培养学生的逻辑推理能力。

运算能力主要是指根据法则和运算律进行正确运算的能力。具备运算能力的学生能够明晰运算的对象和意义，理解算法与算理之间的关系；能够理解运算的问题，选择合理简洁的运算策略解决问题；能够通过运算促进数学推理能力的发展。运算能力有助于学生形成规范化思考问题的品质，养成一丝不苟、严谨求实的科学态度。

（二）教材分析

首先，纵向梳理教材，把握来龙去脉。"小数除法"单元离不开小数的概念和除法的概念。从小数的角度看，本单元的源头是小数的初步认识，进而到小数的意义，再到大小比较，最后进入运算阶段；换言之，小数加减法、小数乘法都是学习小数除法的重要基础，小学除法的学习不断丰富着学生对小数概念的认识，小数除法是对小数意义的再理解。从除法的角度看，本单元立足于三大基石：除法意义——对运算意义的再认识；除法性质——对运算性质的再感悟；计数单位细分——小数除法是在整数除法的基础上，将余数继续分下去的计算，也就是计数单位的不断细分。

　　其次，横向梳理教材，凸显核心本质。对比北师大版、人教版、苏教版等版本的教材，"小数除法"单元都包括小数除以整数、整数除以整数、小数除以小数、整数除以小数的内容（见图4-1-2）。教材编写大致都遵循以下四个环节：真实问题引入——借助实际量进行单位换算——抽象竖式算法——提炼算法。

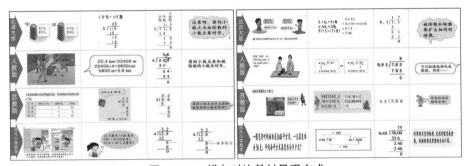

图4-1-2　横向对比教材呈现方式

　　从表现形式上看，各版本的教材在前面的小数教学中均伴有单位正方形、数线等直观模型。北师大版教材则使用的是单位正方形这样的面积模型。

（三）单元引领性关键内容提炼

　　小数除法单元包括小数除以整数、整数除以整数商是小数、小数除以小数、整数除以小数的内容。其中整数除以整数商是小数的小数除法（如97÷4）是单元的关键内容。为什么将整数除以整数商是小数的小数除法作为单元的关键内容呢？

　　首先，小数除法是整数除法的自然延续。有余数除法（97÷4＝24……1）作为学生学习小数除法的"前概念"，"余下的1能不能分？该怎么分？"能引起学生探索小数除法新问题的认知冲突，能激发每一名学生思维的深入，进而让他们产生继续分的需求，这是对计数单位不断细分的承接，体现了数的意义、数的运算的一致性。

其次，整数除以整数商是小数的小数除法作为单元关键内容，建立了计数单位不断细分的承重墙，打通了整数除法与小数除法的联系，打通了小数意义与小数除法的联系。进而在本单元后续学习时，可以依据运算律将除数是小数的除法同步转化为除数是整数的小数除法，通过将单位不断细分实现学生从对算理的理解到对算法的提炼，因此用整数除以整数商是小数的小数除法推开小数除法的大门，承载着奠基与打通的意义与价值。

（四）学生情况分析

1. 主题一：除数是整数的小数除法

学生基本情况：五年级的两个班，由同一名教师执教，学生学习水平相当。

调研方法：问卷法、观察法、访谈法。

为了更好地发现学生的思维"结点"，对比直观模型的价值和有效性，我们设计了两道题目（见表4-1-2）对两个平行班分别进行前测调研。

表4-1-2　学生调研设计

	调研题目	调研意图
无直观模型 无现实背景	A班：11.5÷5等于多少？请想办法解决，尽可能详细地记录下你的思考过程（注：不提供模型学具）	①学生的思维"搁浅"在哪里？ ②学生是否有主动寻求模型帮助的意识？他们会想到哪些模型？
有直观模型 有现实背景	B班：买5袋奶一共花11.5元，每袋奶多少元？请利用学具研究，并尽可能详细地记录下你的思考过程（注：提供模型学具）	①学生思维又会"搁浅"在哪里？ ②直观模型的价值和有效性是什么？

问卷完成后，根据学生作答时的表现对学生进行追访。

（1）学生的思维"搁浅"在哪里？

学生在从整数除法向小数除法迈进的过程中，思维往往会在"可否继续分"和"小数点怎么办"这两个问题上"搁浅"。这说明学生的思维"搁浅"在了对小数概念和除法意义的深入理解上，教师在教学设计时要给予学生深度思考的机会。

（2）"会做"就一定"能懂"吗？

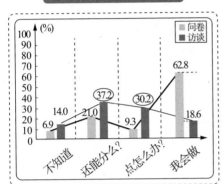
A班问卷与访谈数据对比

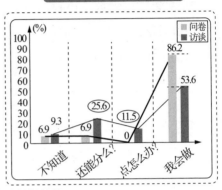
B班问卷与访谈数据对比

图4-1-3　访谈数据统计

结合图4-1-3，与问卷调研相比，访谈中A班"我会做"的学生比例大幅下降，说明"会做"不代表"能懂"，学生的"会做"，尤其是竖式写法往往出于对整数除法的迁移模仿。

再看B班，与问卷调研相比，访谈中"我会做"的学生比例也有所下降，但没有A班那么大的落差，说明学具的提供对于学生理解和解释算理是很有帮助的。

综上可知，不少学生滞留在"除法意义扩充"和"小数位值转换"这两座孤岛上。因此，学生要实现从"会做"到"能懂"，少不了直观模型的支撑，少不了与教师和伙伴深度的碰撞与交流。

（3）学生真的思考过"还能分吗"？

我们继续深挖"还能分吗"这个问题。同样是平均分成5份，将被除数11.5换作12之后我们得到了指向性不同的答案。对于11.5除以5，把10平均分成5份之后，学生思考的是怎么把剩下1.5平均分。多数学生认同能够继续分下去，计算失败的原因是没有找到正确的数学表达。只有12.5%的学生认为不能继续分。而12除以5带给学生思维上的挑战远远大于之前，认为剩下的2不能再分的学生占比达到32.5%，几乎是之前的3倍。可见，脱离了11.5的顺势思维，对两个整数相除学生并没有产生继续分的需求。因此，教学中要将小数除以整数这节起始课调整为整数除以整数商是小数的除法。在真实的情境中，让学生想办法，从无意识的顺应到有意识的创造，激发学生对单位细分的需求，进而打通有余数的整数除法与小数除法之间的隔断墙，体现整数除法与小数除法运算的一致性，凸显单位无限细分的本质。

2. 主题二：除数是小数的小数除法

调研对象：三年级某班学生 35 人和四年级某班学生 33 人。

问卷设计见表 4-1-3：

表 4-1-3　问卷设计

调研题目	调研意图
题目1：文具店里的铅笔每支 0.8 元，笑笑有 9.6 元，最多可以买几支?	考察学生有哪些算法，具有怎样的思维路径

数据分析见表 4-1-4：

表 4-1-4　学生调研数据分析

三、四年级学生可能的思维路径对比				
对错	正确率			错误率
三年级	88%			12%
四年级	67%			33%
思维路径	元化成角	连加、连减	数字拆分	欠完美竖式	不会或不对
三年级	71%	9%	6%	2%	12%
思维路径	画图	商不变性质	数字拆分	无过程体现	商的 "." 不对
四年级	9%	30%	6%	22%	33%
四年级作品举例					

三年级学生解决此问题的正确率居然达到 88%，比四年级学生还高出 21

个百分点。我们看到80%的孩子正是借助除法意义和元角的单位转换解决问题的。而到了四年级，学生从依赖"运算意义"解决问题发展到依赖"运算性质"解决问题。在借助模型方面，同样从具体可操作的"元角分"发展到直观的"画图"。从形象思维逐步走向抽象思维，这说明学生的思维水平在提高，但降低的21个百分点则表明：在学生思维发展过程中，仅依附于抽象的商不变规律是不可以的，他们依然需要具体直观的模型学具帮助理解算理、形成算法。

从四年级的数据来看，63%的学生用的是商不变的性质解决问题，其中30%的学生得到正确结果，33%的学生在商的"."位置上出错。由此可见，在学生思维发展过程中，仅仅依附于抽象的商不变性质是不可以的，他们依然需要具体直观的模型学具帮助理解算理、形成算法，并且要回到计数单位上来解释和理解算理。

（五）我们的思考

通过以上对学习内容与对学习者的分析，我们对小数除法的核心本质有了如下思考：

从运算对象——小数意义的角度看：小数既是特殊的十进分数，同时在数的表示上又与自然数相同。

从运算意义——除法意义的角度看：小数除法同整数除法的运算意义相同。

从算理与法则——运算律的角度看：商不变的规律作为转化的保障，将除数是小数的除法转化为除数是整数的小数除法，其本质都是计数单位的同步转换。

因此，可以从整数除以整数商是小数的除法入手，在探索发现中理解小数除法的意义，体会计数单位的不断细分，进而发展运算能力。

二、素养导向的学习目标

在上述内容分析和学生分析的基础上，明确本单元内容的重点是理解算理、掌握算法。将小数除法与整数除法建立联系，有助于学生感悟小数除法的数学本质，即计数单位的细分，进一步体会运算的一致性，在理解算理的过程中，发展学生的运算能力、推理意识。由此形成单元学习目标。

1. 体会小数除法的意义，激发运算需求，沟通实物原型、直观模型与竖式之间的联系，探寻小数除法的通法，会计算小数除法。

2. 探索小数除法算理，体会计数单位细分在运算中的作用，理解循环小数的意义。

3. 增强交流、合作、质疑等能力，激发自主研究问题的热情。

教学重点：沟通具体情境、直观模型与竖式之间的联系，探寻小数除法的算理，掌握算法。

教学难点：感受计数单位细分的必要性和方法，理解小数除法的算理。

三、单元教学设计思路

"小数除法"单元设计思路见表 4-1-5。

表 4-1-5　"小数除法"单元的设计思路

核心问题	教学内容	核心环节	设计意图	课时安排
计数单位细分	整数除以整数	4 人聚餐，AA 制付费，李刚先垫付 100 元，服务员找回 3 元，每人应给李刚转账多少元？	唤醒整数有余数的除法的前概念，借助人民币的实物原型，产生"单位细分"的需求，进一步体会除的结果用小数表示，再认识小数的意义；探索竖式算法，理解除法运算的方法是相通的	2 课时
同步转化后的单位细分	小数除以小数	淘气通话费 4.2 元，每分钟 0.3 元，他打了多少分钟？	持续探索小数除法的算理，借助人民币和直观模型，通过转化从"计量单位"推广到"计数单位"，根据商不变的规律进行转化，感受运算律的价值	2 课时

续表

核心问题	教学内容	核心环节	设计意图	课时安排
根据需求进行单位细分	人民币兑换	妈妈用 6000 元人民币可以兑换多少美元？（假设 1 美元兑换人民币 6.31 元）	在解决兑换问题时，感受近似值在生活中的真实需要，根据需求保留商（小数）的近似值	2 课时
	循环小数	蜘蛛 3 分钟爬行 73 米，平均每分钟爬多少米？	通过竖式计算蜘蛛的爬行速度，在除不尽的情况下初步认识循环小数，体会数与运算的联系	1 课时

"小数除法"单元的整体框架图如图 4-1-4 所示。

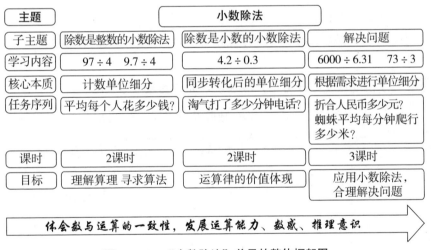

图 4-1-4 "小数除法"单元的整体框架图

四、"整数除以整数商是小数"的小数除法教学设计

"整数除以整数商是小数"的小数除法体现了小数除法是整数除法的自然延续，是对余数能否细分、如何细分的再讨论，体现出小数作为运算的结果是在运算中自然产生的，丰富了小数的现实背景。因此，"整数除以整数商是小数"的小数除法是"小数除法"主题的关键内容，用"整数除以整数

商是小数"推开"小数除法"的大门，有助于学生体会计数单位的不断细分，探寻小数除法的通法，凸显数与运算的联系。

（一）素养导向的学习目标

"整数除以整数商是小数"的小数除法的课时学习目标如下：

1. 体会小数除法的意义，探寻整数除以整数商是小数的小数除法算理，体会计数单位的细分，感悟计数单位的作用，发展运算能力及数感。

2. 掌握除数是整数的小数除法的竖式算法，能解决一些简单的实际问题，形成推理意识。

3. 体会小数除法在日常生活中的应用，感受数学与生活的联系，学会合作交流、大胆表达，形成问题意识。

教学重点：沟通实物原型、直观模型与竖式之间的联系，探寻小数除法的通法，掌握标准算法。

教学难点：感受计数单位的不断细分，理解小数除法的算理。

（二）挑战性学习任务与开放性学习活动的设计与实施

"整数除以整数商是小数"的小数除法的教学流程图①如图 4-1-5 所示：

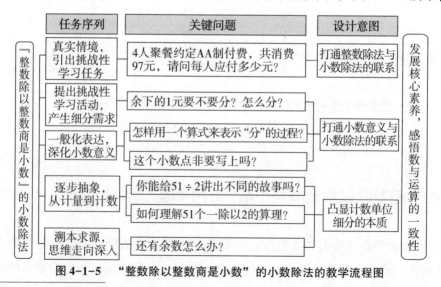

图 4-1-5 "整数除以整数商是小数"的小数除法的教学流程图

---

① 吴正宪，陈春芳，金千千．从课堂里生长出来的"问题链"：小数除法教学实录与赏析［J］．小学教学（数学版），2016（Z1）：54-58．

环节一：真实情境，引出挑战性学习任务

教师给同学们讲了"四位大学生要毕业了，四个人一起聚会吃饭"的故事。教师边讲边让学生把认为重要的内容记录下来。

师：李刚同学说他先付，于是给了服务员 100 元，服务员找回了 3 元。他们四个人打算 AA 制付费。你能提个问题吗？

生：每个人应该给李刚多少钱？

【设计意图】AA 制是生活中常见的真实情境，因此，当教师呈现了信息后，学生也就顺理成章地产生问题了。学生在真实情境与真实问题中理解了除法的意义即平均分，并产生了"分"的需求。

环节二：提出挑战性学习任务，产生细分需求

学生提出问题后，吴老师开始让学生自主尝试解决。大部分学生都写出了这样的算式：97÷4＝24（元）……1（元）。

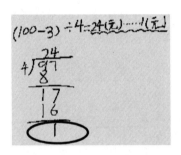

当教师问"你应该给李刚多少钱？"时，有的同学说 24 元；有的说是 25 元；还有的说比 24 元多一些，在 24 元到 25 元之间。吴老师顺势而导："我们学习的有余数除法到这儿就结束了，今天我们遇到了新问题。问题是什么呢？"学生纷纷回应："每个人应付多少钱？"师生重新聚焦这节课要研究的新问题。

（学生独立思考，呈现出不同的解决方法。）

第一位学生用算式表达：1 元＝100 分，100÷4＝25（分），结果是 2 角5 分。

生：你应该先把 1 元转变成 10 角，再转变成分。

师：他解决问题了吗？解决了，100 分分给 4 个人，每个人 25 分。

师：你是怎么想到的？你为什么要把 1 元变成 100 分？

生：变成 100 分就可以整除了，之后再换成零点几元。

第二位学生用算式表达：1 元＝10 角，10÷4＝2（角）……2（角）。

师：她又遇到麻烦了，余了 2 角走不通了，怎么办？

生：2 角＝20 分，20÷4＝5（分），结果是 2 角 5 分。

第三位学生用语言记录：把 1 元分成 10 角再继续分，每人 2 角，还剩 2 角；把这 2 角分成 20 分再继续分，每人 5 分，每人总共是 24 元＋2 角＋5 分＝24.25 元。

【设计意图】 在用不同形式表示结果的过程中，学生产生了进一步"分"的需求，感悟"分"的过程，理解"分"的道理，在不断深入探究的过程中，拉长理解过程，引发思维逐步深入，感悟除法就是不断"平均分"。

环节三：一般化表达，深化小数意义

得出"每人付 24 元 2 角 5 分"的结论后，学生们并没有就此而止，继续提出了新问题："这样换来换去太麻烦了，有没有更简单的办法呢？"

师：（给予极大的肯定，并和学生一起完成竖式）能不能把这个过程写在一个算式里呢？于是，有了这样的记录：

在对竖式进行解读的过程中，有的学生认为计算结果是 2425 元，看不出是 24 元 2 角 5 分。面对学生的真实困惑，吴老师顺水推舟："数学是大家共同交流的语言，怎么让大家一目了然呢？你们有什么办法吗？"

生：（突然从位子上走到黑板前）在"2425"中间点上一个圆圆的"小数点"。

接下来，学生提出竖式还可以继续简化："除法竖式里的单位能不能去掉？"并勇敢尝试，写出了这样的竖式：

师：这样写合理吗？不着急，现在 1 就是 1，10 就是 10，把 1 变成 10，有误差啊！

生：因为余的 1 要换成 10 个 0.1。

师：谁在起作用？

生：（齐声说）小数点！

师：你们想对小数点说点什么吗？

生：小数点真神奇啊，就像定海神针！

【设计意图】学生从寻求运算的结果到表达运算的过程，体会小数点在这里无可替代的价值，深刻地理解了小数除法的算理，运算能力也就在一个个对问题的追问中得到了提升。

环节四：逐步抽象，从计量到计数

吴老师在黑板上写了两个算式：

（1）51÷2＝？（2）9.7÷4＝？

让同学们计算并讲故事。

学生提出了"用 51 元买 2 本同样的书，每本多少钱？""51 个苹果平均分给两个班，每个班多少个？""把 51 米的绳子分成 2 段，每段多少米？"等不同的数学问题。

师：（将黑板上的书、苹果、元角分、绳子擦掉）书、苹果、元角分、绳子都走了，51 能分吗？51 是什么？

生：（齐声说）51 个 1。

师：谁读懂了这个竖式，解释一下？

$$
\begin{array}{r}
25.5 \\
2\overline{\smash{\big)}\,51} \\
4 \\
\hline
11 \\
10 \\
\hline
1.0 \\
1.0 \\
\hline
0
\end{array}
$$

生：把 51 平均分成两份，每份 25 个 1，还剩 1 个"1"，1 个 1 平均分成 2 份，不够分，把 1 个 1 变成 10 个"0.1"，每份分 5 个 0.1。

师：（追问）"1"是什么？

生：计数单位。

接着，教师引导学生再去解读 9.7÷4 的除法竖式，引导学生在"还有余数怎么办？"这一真实困惑的激发下，产生"一直分，一直分，就好了……"的数学理解。

$$
\begin{array}{r}
2.425 \\
4\overline{\smash{\big)}\,9.7} \\
8 \\
\hline
17 \\
16 \\
\hline
10 \\
8 \\
\hline
20 \\
20 \\
\hline
0
\end{array}
$$

【设计意图】从给算式讲故事，到讲竖式的每一步的意思，引导学生不断深化理解除法的本质——计数单位的细分。从感性具体到感性一般，再从理性具体上升到理性一般，以计量单位的转化支撑计数单位的细分，逐步走向小数除法的深处，将整数除法的经验迁移过来，实现小数除法对整数除法的继承与发展。

（三）持续性学习评价

以"除数是整数的小数除法"为例的持续性学习评价设计如表 4-1-6 所示。

表 4-1-6　"除数是整数的小数除法"的持续性学习评价设计

评价目标	评价方案（活动或题目）	评价指标
诊断学生课中对除数是整数的小数除法算理的理解水平	4 人聚餐，AA 制付费，李刚先垫付 100 元，服务员找回 3 元，每人应给李刚转账多少元？ 97÷4 = ？	水平 0：没有单位细分的意识，不能结合熟悉的情境，把余下的 1 元继续分下去； 水平 1：有分的需求，可以借助直观的实物原型——人民币继续分下去，能理解"分"的道理，但还不能以计量单位的转换支撑计数单位的转换； 水平 2：可以结合熟悉的情境，以计量单位的转换支撑计数单位的转换，理解竖式中每一步的意思，体会计数单位的细分，理解除数是整数的小数除法算理
诊断学生课后对除数是整数的小数除法算理的理解水平	平均每个茶杯多少元？ 共33.6元。 （竖式） 8.4 → 4个（　） 4/33.6 32 16 → 16个（　） 16 0	水平 0：没有单位细分的意识，不能结合熟悉的情境，借助元、角、分理解计数单位的转化； 水平 1：可以结合熟悉的情境，产生"单位细分"的需求，借助直观的实物原型——人民币继续分下去，但还不能以计量单位的转换支撑计数单位的转换； 水平 2：可以结合熟悉的情境，以计量单位的转换支撑计数单位的转换，理解竖式中每一步的意思，体会计数单位的细分，理解除数是整数的小数除法算理
诊断学生对除数是整数的小数除法的算理理解，探究寻求小数除法算法的水平	除法竖式中的"40"表示（　）。 （竖式） 1 5 5/79 5 2 9 2 5 4 0←表示多少？ A. 40 个 1 B. 40 个 0.1 C. 40 个 0.01 D. 40 个 0.001	水平 0：脱离实际背景和直观模型的支撑，不能理解竖式中每一次分的意义； 水平 1：可以主动将元、角、分与计数单位建立联系，理解计数单位变小，计数单位个数变多的过程； 水平 2：从生活原型人民币到高度抽象的竖式表达，理解每一次分的意义，理解小数的意义，进而理解除数是整数的小数除法的算理

续表

评价目标	评价方案（活动或题目）	评价指标
诊断学生对小数除法算理的理解、算法的掌握水平，以及解决有关实际问题的能力水平	21元/包　73.2元/包 （1）各种包装的练习本每本分别多少元？用竖式算一算，并结合情境说一说竖式中每一步的意思； （2）说一说，哪种包装的练习本单价便宜？便宜多少元？	水平0：不理解题目的意思，无法解决或能列出竖式，但不会计算； 水平1：能结合具体的情境，正确、合理地进行竖式计算，解决有关实际问题，但不理解竖式中每一步的道理； 水平2：能结合具体的情境，正确、合理地进行竖式计算，理解竖式中每一步的道理，并能用语言将自己的思考清晰地表达出来，解决有关实际问题

以上持续性学习评价借鉴 SOLO 分类评价理论，将每项评价活动设计出评价指标，划分出学生的不同思维层级，教师可通过持续性学习评价来了解学习目标的达成。

（四）反思性教学改进

1. 把握本质，以核心概念确定引领性关键内容

小数除法是整数除法的自然延续，小数点是基于等式性质的特殊标记，是运算的结果。小数除法并不是指被除数或者除数有着"小数点外衣"的除法。小数除法归根结底指的是在分的过程中，余数不够分了，将整数计数单位细分产生小数单位再继续分的过程，这个过程才是小数除法的数学本质。因此，将"小数的意义与运算"核心概念中的"有余数除法"作为引领性关键内容，当计算到剩余 1 元钱如何处理时，引发了学生的认知冲突，而换钱的目的是把单位变小，单位的数量变多后就可以继续除了。

小数除法最本质的内容是把明明没有单位的数硬要按有单位的数那样去除，进而"创造"新的单位；明明 1 除不了 2，为了"必须继续分"就要把"1"当成"10"，以保持运算的可持续性。所以，小数除法的本质就是去记录把余数 1 放大 10 倍后再除产生的商，而这个记录方法就是用小数点把整数部分和小数部分隔开。小数点是每当遇到除不尽却必须除下去时的"定海神

针"，不仅引领了本单元的学习内容，也为今后的运算奠定了基础。

2. 结构思考，锚定体现运算一致性的素养目标

《数学课程标准（2022年版）》将"数的认识""数的运算"整合为一个主题，体现了整体性和一致性。数的一致性指的是数都是基于计数单位及其个数的表达，运算的一致性指的是运算都能统一到基于计数单位和计数单位个数的运算，都可以理解为计数单位的累加。"整数除以整数商是小数"的小数除法这节课从现实中的问题（AA制）分析到数学中的问题（97÷4），从有余数的除法探讨到小数除法（余数必须继续分），这个从头到尾引导学生寻找问题答案的完整过程，始终聚焦于引导学生对余数一分再分，在探索、发现的过程中呈现出课标所期待的运算能力的内涵。学生在体会单位不断细分的过程中，深化了对算理本质的理解，了解了小数产生的背景，感悟了运算的一致性，发展了运算能力。

3. 对接经验，设计有运算需求的挑战性学习任务

作为整数计数单位参与运算的第一次尝试和探索，教师在教学中应将学生带入有运算需求的真情境中。"AA制"这一学生所熟悉的情境、所熟知的付费方式，激发了学生细分的需求。"AA制"付费这件平平常常的事，却被已知的97÷4所余下的1元钱卡住了，如今老经验遇到了新问题，原本可以"有剩余"的除法，在这里已经行不通，如果不把这个余数平均分了，就解决不了问题。于是，伴随着"还能不能继续分""究竟该怎样分"这一关键问题的产生，学生原有的生活经验和已有的除法知识，顺理成章地成为寻找新算法的生长点，并逐步融入"必须继续分"的需求当中。

"AA制"的挑战性学习任务给学生创设了探索和操作的空间，让每名学生都能积极主动地参与发现和解决问题的过程，促进新问题与前概念的"对话"。"如何最大限度地让每个同学都有对话表达的机会？"这是我们一直关注和思考的问题，所以在学生独立探究的基础上，还可以通过小组内、小组间交流的方式给学生提供更多表达、分享的机会。

数与运算的联系体现在数意义是数运算的基础，数运算是数意义的再解读。本单元充分体现了"数运算是数意义的再解读"，但在小数意义的学习中如何为小数运算提供基础，我们将进一步研究。

案例二

理解数量关系　发展模型意识
——"乘法模型"单元教学设计

> 实施年级：四年级
>
> 对应课标："数与代数"领域，主题：数量关系
>
> 所用教材：人教版四年级上册第4单元例4、例5
>
> 单元课时：4课时+练习课
>
> 设计者：吴正宪、张秋爽、张艳、金千千、季楠、冯佳圆①
>
> 实施者：金千千、季楠、冯佳圆

依据指向深度学习的教学实践模型和"数量关系"主题的深度学习实施策略，我们选择了"乘法模型"单元作为核心内容，并对本单元内容如何开展深度学习做了具体的分析。

一、单元整体分析

本单元内容选自人教版小学数学四年级上册教材。依据《数学课程标准（2022年版）》的相关要求，根据指向深度学习的教学实践模型，首先对单元内容进行整体分析，包括对标准的理解、教材分析、对关键内容的提炼和学生情况分析等。

1. 理解课标

课程标准是设计和组织教学的基本依据，教师首先要准确理解标准的理念、目标以及与本单元内容相关的要求。

数量关系主要是用"符号（包括数）或含有符号的式子表达数量之间的

---

① 吴正宪来自北京教育科学研究院，张秋爽来自北京市顺义区教育研究和教师研修中心，张艳来自北京市房山区教师进修学校，金千千、季楠均来自北京市顺义区教育研究和教师研修中心附属实验小学，冯佳圆来自北京市房山区琉璃河中心校。

关系或规律"①。"数量关系"主题包含用四则运算的意义解决实际问题，理解常见的数量关系（加法模型和乘法模型）并用以解决问题，从数量关系的角度理解字母表示关系和规律、比和比例等内容。其中四则运算的意义是分析数量关系的基础，加法模型和乘法模型是解决问题常用的数量关系。建立加法模型和乘法模型，并将其与四则运算的意义联系起来，可以解决大部分实际问题。

乘法模型在现实生活中运用广泛，如行程问题、总价问题、工程问题。这些问题的基本数量关系是乘法，在实际情境中也常将乘法模型与加法模型组合。如小红和小芳两人分别从家同时出发，相向而行，小红每分钟走 60 米，小芳每分钟走 50 米，两人 4 分钟相遇。他们两家之间的路程是多少米？其中 4 分钟走的路程是运用乘法模型进行运算获得的，小红走的路程与小芳走的路程的总和是运用加法模型运算获得的。

因此，"乘法模型"单元是"数量关系"主题的核心内容之一，是培养学生推理意识、模型意识、符号意识和应用意识的重要载体。

2. 教材分析

纵向梳理教材，"单价、数量、总价""速度、时间、路程"这两组基本数量关系，一般在小学四年级学习。第一学段虽然没有正式引入数量关系，但学生借助生活经验和对运算意义的理解，能够解决类似的问题。这为学习路程、时间和速度的关系奠定了基础。学生在四年级正式学习这两组数量关系，到了高年级则是进一步应用乘法模型解决问题。

横向梳理教材，通过对不同版本的教材进行比较，我们有了如下思考：

人教版和北京版都是从一组不同的情境入手，学生发现解决问题的共同点，抽象出速度、时间和路程的概念及其关系，从而建立模型；北师大版是从认识速度入手，学生明晰速度的概念后，再建立这三个量之间的关系。北京版和人教版突出了抽象模型的过程，而北师大版突出了对速度概念的理解。再来看对概念的呈现，北京版和人教版直接给出了速度、单价概念的定义；北师大版则提供给学生一个经历的过程，引导学生在问题解决中理解概念。通过对比教材和了解学生已有的认知基础，我们发现速度的概念

---

① 中华人民共和国教育部. 义务教育数学课程标准（2022 年版）［M］. 北京：北京师范大学出版社，2022：18.

至关重要，因为对概念的理解直接影响对三量关系的建立。

基于上述分析，教师在进行"速度"概念的教学时，应选择真实的问题情境，如三名学生走路上学"比快慢"，引导学生用更为具体的方式描述概念。学生通过对"速度"概念的深度理解，促进三量关系的建立，让学生经历完整的建模过程，形成模型意识。

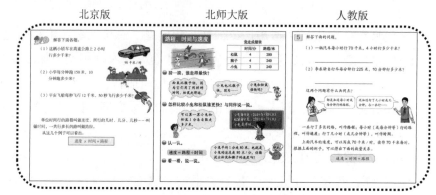

图 4-2-1　不同版本教材中的练习分析

通过梳理各个版本教材中的练习发现，学生学习三量关系后的练习和学习之前的练习区别不大（见图 4-2-1）。所以，为了引导学生更好地感受模型的价值，我们将四年级下册的相遇问题纳入本单元学习，引导学生运用模型解决稍复杂的实际问题，发展模型意识。

3. 单元引领性关键内容提炼

乘法模型包括"总价 = 单价 × 数量""路程 = 速度 × 时间"。在教学中，引导学生理解这两组数量关系时都需要放慢抽象、建立模型的过程，发展学生的模型意识。

（1）"速度"概念是理解"速度、时间、路程"模型的关键

"速度、时间、路程"模型中，"速度"是关键概念，教师要引导学生在理解速度概念的基础上，感悟速度与路程、时间的关系，从而建立模型。速度是物理量，它以复合单位的形式出现，教师也要引导学生关注模型中量纲的意义。速度是为了比较快慢而人为创造的，是因需而生的，且速度是一个抽象的概念，小学生理解起来存在一定的难度，因此教师要适当放慢教学节奏、拉长概念建立的过程，让学生充分感知和理解。

"路程 = 速度 × 时间"模型的建立要让学生经历从定性感知到定量描述的

过程。当路程一定时，比时间就能知道谁快谁慢；当时间一定时，比路程也可以解决快慢的问题；而当路程和时间都不相同时，比的是单位时间内所走的路程，即速度。因此要切实立足"速度"这一关键概念，理解其丰富内涵，适当放慢抽象、建立模型的过程，发展学生的模型意识。

（2）依托"多情境""多故事"建立乘法模型

在解决问题的过程中，带领学生逐步抽象出数量关系的模型（见图 4-2-2）。那么在不同情境中的不同故事，都可以用乘法模型来概括，它们之间的关系就有了一般性。

乘法意义：求几个相同加数和的简便运算（几个几）

乘法模型

速度	时间	路程
单价	数量	总价
工作效率	工作时间	工作总量

图 4-2-2　乘法模型

数量关系主题内容强调过程性学习，教师要鼓励学生经历发现、提出、分析、解决问题的过程，积累解决问题的经验，掌握方法，提高解决问题的能力，为后续模型的拓展应用奠定基础。

4. 学生情况分析

为了解学生的已有经验，在春季学期对三年级一个班 41 名学生进行了问卷调研。问题 1、问题 2 主要考查学生对单价、速度概念的理解。调研结果见表 4-2-1。

表 4-2-1　问题 1、问题 2 的调研结果

（1）你听说过"单价"吗？能用自己的话说说生活中的"单价"吗？	（2）你听说过"速度"吗？能用自己的话说说生活中的"速度"吗？
答：单价是一个东西的价钱，比如一个面包5元，那个5元就是单价。	答：速度就是一个人走的路程。

续表

(1) 你听说过"单价"吗？能用自己的话说说生活中的"单价"吗？	(2) 你听说过"速度"吗？能用自己的话说说生活中的"速度"吗？
答：物认推着 若格的单价是一个物品的价格。	答：速度就是比如跑步的快与慢。
答：单价就是每个物品的价格，比如：1元/个、3元/瓶。	答：听说过，速度就是比如：爸爸妈妈开车的时候她爸开车的速度是多，如一条高速上，限速多，这就是速度

通过调研发现，学生对于单价概念的理解较好。学生对"速度"这个词虽然也不陌生，但更多的孩子说速度的时候关注的是路程，而忽略了对于时间的考虑。

问题 3 主要考查当路程、时间都不一样时，学生能否比较出快慢，调研结果见表 4-2-2。

表 4-2-2　问题 3 的调研结果

(3) 小刚跑 50 米用 10 秒，小明跑 100 米用 18 秒。（　　）跑得最快？　　A. 小刚　　B. 小明　　C. 同样快	
40%	单凭时间就做出了判断
30%	能在路程、时间不同的情况下将路程变相同后通过比较时间做出正确判断
30%	不知如何进行比较

通过调研发现，虽然学生对跑步比赛有丰富的体验，但是大多数学生对于速度的感知是模糊不清的。

问题 4 中的 2 组题目主要考查学生在解决问题时能否关注到它们是同一类问题，调研结果见表 4-2-3。

表 4-2-3　问题 4 的调研结果

第一组：	第二组：
①一辆小汽车每小时行 80 千米，2 小时行了多少千米？	①一套《格林童话》28 元，买 3 套一共花多少元？
②一列高铁快车每小时行 300 千米，4 小时行多少千米？	②买 3 套《格林童话》共花 84 元，一套多少元？
③一架飞机平均每小时飞行 800 千米，3 小时行驶多少千米？	③每套《格林童话》28 元，共花 84 元，买了几套？
以上 3 个小问题，有联系吗？	以上 3 个小问题，有联系吗？
以上 3 个小问题，有联系吗？ 答：它们都是知道 以时求多个小时的问题。	以上 3 个小问题，有联系吗？ 有关系 它们都有总数、每份数和份数。

　　此题所有学生都能正确解答。但是在寻找这三个问题的相同之处时，有 56.52% 的学生能从乘法运算的角度去解释，有 8.7% 的学生从份总的关系来说明，还有 34.78% 的学生没有想法。由此可以看出，学生能够借助乘法的运算意义解决问题，但无法从数量关系的角度去建立联系。

5. 我们的思考

　　基于对课标、教材和学生的分析，我们基于以下两个问题产生了如下思考：

　　（1）如何从"比快慢"模糊的生活经验过渡到对"速度"概念的清晰理解？

　　《数学课程标准（2022 年版）》指出，在实际教学中要选择有针对性的问题情境，设计引发学生思考、促进理解和运用数量关系的教学活动。设计的"真实、有针对性"的问题情境可以指向教学核心——"速度"概念的建立，而这也正是学生认知的薄弱点，所以本单元的教学选择了"比较三名同学走路上学的快慢"的问题情境，对接了学生的经验以及建立速度概念的需求，同时不同方法的比较放慢了学生理解速度概念的过程。

　　（2）如何从关注运算意义过渡到关注数量关系从而建立模型？

　　从学情分析中可以看出，学生在解决一系列乘法模型的实际问题时，多从运算意义的角度去思考，一个题一个题地散点解决，题与题之间是独立存在的。在教学时，教师应通过解决生活中的具体问题，引导学生感悟"速度、时间和路程"之间的数量关系，经历将生活中的具体问题抽象成数学模型，并将其用于解决具体问题的过程，从而引导学生在"解决具体问题—抽象出数学模型—解释并说明模型—用模型解决问题"这样一系列的数学活动中，发展模型意识。

二、素养导向的学习目标

在分析单元内容、学业要求和学情分析的基础上，我们明确了本单元的学习重点是建立数量关系模型并应用其解决问题。教师应引导学生在真实情境中的比快慢的问题中，理解"速度"概念；借助几何直观，把握"速度、时间、路程"三者之间的关系；通过现实的情境理解和迁移"单价、数量、总价"之间的关系，寻找两组关系的共性本质，建立乘法模型；应用数量关系模型解决问题，形成初步的模型和应用意识。

本单元的学习目标：

1. 在具体情境中理解速度、单价的概念，理解"单价、数量、总价""速度、时间、路程"这两组数量关系模型。

2. 在真实问题解决中，经历建立数量关系模型的过程，能应用这两组数量关系模型解决问题，发展模型意识与推理意识。

3. 体会数学与生活之间的紧密联系，感悟数学的价值，发展应用意识。

三、单元教学设计思路

1. "乘法模型"单元的设计思路

一是学习顺序的调整，将学习重、难点前置，突破学习重、难点。也就是先学习速度、时间、路程，引导学生理解速度、时间和路程的含义，学会用复合单位表示速度，探索速度、时间和路程之间的关系。接着带领学生经历"解决具体问题—抽象出数学模型—解释并说明模型—用模型解决问题"的过程，建立"速度×时间=路程"模型，能运用数量关系模型解决简单的实际问题。

二是在教学"速度、时间、路程"时增加1课时练习课，给建立"速度"概念留出时间和空间。将模型应用调整为练习课内容，引导学生在解决现实问题时，进一步体会模型的价值，形成模型意识和应用意识。

三是在理解"速度×时间＝路程"模型的基础上，引发学生自主学习"单价、数量、总价"。学生借助上节课的经验自主构建"单价×数量＝总价"的基本数量关系，发展自主迁移能力。

四是将四年级下册的相遇问题与本单元进行整合。借助"速度、时间、路程"三量关系模型拓展应用解决相遇问题，突出模型的价值。在此基础上拓展学习更复杂的数量关系，并用之解决实际问题。

核心课为"速度、时间、路程"建模课和应用课以及相遇问题模型应用课，至此完成本单元的建构。

2. "乘法模型"单元的整体框架图

本单元通过4个学习任务和12个具体活动（见图4-2-3），达成本单元的学习目标。

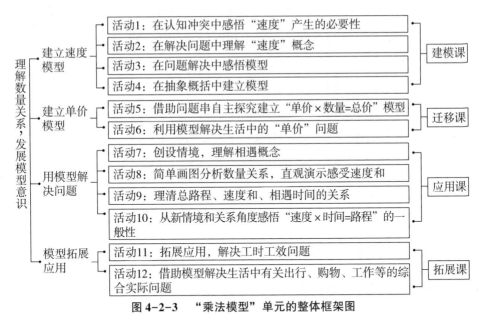

图4-2-3 "乘法模型"单元的整体框架图

第1个学习任务是建立速度模型，指向"速度、时间、路程"的学习，包括4个活动，共1课时。其中活动1和活动2引导学生直观、深度理解速度概念，活动3和活动4引导学生感悟"速度、时间和路程"之间的关系，从而建立"速度×时间＝路程"的乘法模型。

第2个学习任务是建立单价模型，指向"单价、数量、总价"的学习，包括 2 个活动。这是 1 课时的迁移课，目的是引导学生借助前一节课的学习经验自主构建"单价×数量＝总价"模型，并能够借助模型解决简单实际问题。

第 3 个学习任务是用模型解决问题，指向"相遇问题"的学习，包括 4 个活动。这是 1 课时的应用课，目的是引导学生在同一情境下条件的改变时以及情境变化时，发现"速度×时间＝路程"的关系不变，体现模型价值。

第 4 个学习任务是模型拓展应用，指向稍复杂的实际问题的学习，包括 2 个具体活动。这是 1 课时的拓展课，目的是通过稍复杂的练习，让学生充分利用模型解决问题，使已经建构的数学模型不断得到丰富，促使学生深入体会模型价值。

四、"建立速度模型"教学设计①

加法模型和乘法模型是《数学课程标准（2022 年版）》数量关系学习主题所涉及的两类常见的数量关系。其中乘法模型包括"总价＝单价×数量""路程＝速度×时间"。这两组数量关系略有不同的是，单价是客观存在的事实，"单价、数量和总价"这组概念，学生已经在生活中积累了大量的经验；而速度是为了比较快慢而人为创造产生的，是因需而生的，且"速度"是一个高度抽象的概念，学生理解时有一定的困难。因此对比两组数量关系，"速度、时间和路程"这组数量关系对于学生而言更难理解，而"速度"概念，对于学生建立"路程＝速度×时间"这一乘法模型起着"承重墙"的作用，因此教师在设计教学时要切实立足"速度"这一关键概念，理解其丰富内涵，放慢抽象、建立模型的过程，发展学生的模型意识。

（一）素养导向的学习目标

"建立速度模型"的课时学习目标如下：

1. 理解"速度"概念的内涵，建立"路程＝速度×时间"的乘法模型。

2. 感悟乘法模型"路程＝速度×时间"可以解决生活中的一类问题，发展模型意识。

3. 能够有理有据地表达自己的想法，提高学习数学的兴趣。

---

① 吴正宪. 在关键概念的理解与运用中发展模型意识："速度、时间、路程"课堂教学实录 [J]. 小学教学（数学版），2023（Z1）：90-95.

学习重点：理解"速度"的内涵，建立乘法模型"路程=速度×时间"。

学习难点：理解"速度"的内涵，感悟"路程=速度×时间"可以解决一类问题，发展模型意识。

（二）挑战性学习任务与开放性学习活动的设计与实施

"建立速度模型"课时中的挑战性学习活动的设计如图4-2-4所示。

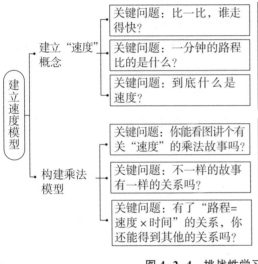

图4-2-4　挑战性学习活动的设计

环节一：聚焦关键概念，理解"速度"

1. 提出挑战性学习任务，引发认知冲突

师：同学们，今天我们研究有关数量关系的问题，那么就从解决生活中的问题开始。明明、小光、亮亮都从家走到学校。小光用了6分钟，明明和亮亮用了8分钟，谁走得快？

面对这一问题，最初几乎全体学生齐声答道：小光。和前测一样，学生仅仅根据时间长短就进行了判断。教师追问："有不同的声音吗？"个别学生提道："这三位同学的家离学校的距离不一定相同。"教师及时给予鼓励："我很欣赏你说的'不一定'，这个'不一定'是什么意思？"

（老师并没有急着让这个说"不一定"的同学发言，而是给全班同学留下更多思考的时间。）

生1：我觉得他说得有道理，可能三位同学走的距离不一样。

生 2：我同意他的说法。比如小光家与学校的距离可能是 500 米，明明家与学校的距离可能是 600 米。

师：刚才同学们提到了距离，大家能给它起个名字吗？

生 1：我知道，这段距离叫作路程。

生 2：路程就是说这段路有多远或者多长。

师：你们的感觉真对，说得也很清楚，直观描述这段路多远、多长的就是路程。听了大家的想法，我们思考现在能不能下结论谁走得更快？

生：不能。我们只知道时间不知道路程，不能判断谁走得快。

师：这就是一个数学人的思考。大家知道只有时间不能比较快慢，路程也很重要。现在要想比谁走得快，大家最想获得的信息是什么？

生：我最想知道三位同学行走的路程分别是多少。

师：这位同学说出大家的心声了吗？现在路程来了，有了路程和时间，如何解决问题呢？

【设计意图】速度是受时间和路程两个要素制约的具有相对性的概念，对于小学生是一个难点。教学中用一个看似简单的"谁走得快"的问题情境，从一个看起来正确的答案——"谁用的时间少谁就快"，通过质疑和讨论，在对具体问题的感受中进入对"速度"内涵的理解，感受速度是受时间和距离两个因素影响的。

2. 在开放性学习活动中理解"速度"概念

教师呈现如下信息，并组织学生独立解决"谁走得快"的问题。

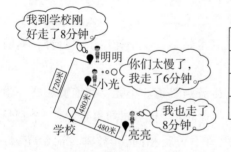

	时间	路程
明明	8分钟	720米
亮亮	8分钟	480米
小光	6分钟	480米

（老师邀请一名学生在黑板上写下自己的思考。同学们解决完问题后，老师组织学生小组讨论，分别说说自己是怎么想的。）

$$明① \quad 720 \div 8 = 90 (米)$$
$$光② \quad 480 \div 6 = 80 (米)$$
$$亮③ \quad 480 \div 8 = 60 (米)$$
$$90 > 80 > 60$$

师：老师相信此时你们的思维都打开了，我们来看黑板上这位同学的想法。他认为明明是第一名，小光是第二名，亮亮是第三名，大家同意吗？

生：同意。

师：刚才你们认为小光最快，现在小光变成第二名了，问题来了，你们现在比的是什么？不急，好好想一想如何把这件事说清楚。

生1：我们现在比的是每个人一分钟走的路程。小光用的时间最短，可是他走的路程也短。

生2：都比较1分钟走的路程比较公平。

师：说得真好。你虽然走得很慢很慢，但走了三分钟；我走得快，可是我就走了一分钟，用我一分钟的路程跟你三分钟的路程比较，公平吗？

生：不公平，应该都用一分钟走的路程去比。

师：怎么求一分钟走多少呢？

生：用路程除以时间。

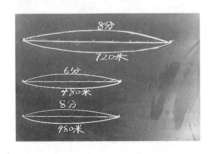

师：（为了让学生理解得更直观深入，老师边说边画图。）8分钟走了720米，也就是把720米平均分成了8份，求一份是多少；6分钟走了480米，也就是把480米平均分成了6份，求一份是多少；8分钟走了480米，也就是把480米平均分成了8份，求一份是多少。你也是一分钟走的路程，我也是一分钟走的路程，这样比较才公平。不管你走的路程有多长，你用的时

间有多久，我们要比较谁走得快，怎么比？

生1：我们就比较一分钟走的路程。

生2：也就是比速度。

师：这位同学说比速度，能用自己的方式说说什么叫速度吗？

生3：速度就是1分钟走的路程。

生4：用路程除以对应的分钟数就能求出每人每分钟走的米数，这就是速度。

生5：刚才我们想比谁走得快，有了时间和路程我们就好解决了。这两个量是对应的，我们得到的每分钟走90米、每分钟走80米、每分钟走60米，都是他们一分钟走的路程。（板书补充单位）

师：说得很清楚，这里的速度指的是平均速度，也就是在这段时间平均每分钟走的路程。注上斜杠就表明是1分钟走的路程。谁还想再给大家讲讲你心中的速度？

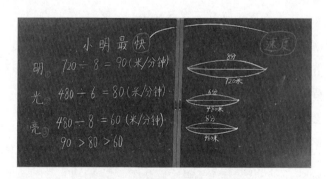

生：大家配着图看，你也8分钟，我也8分钟，但是我走了720米，你才走了480米，显然你的速度比我慢。快和慢说的是速度的事儿。你走得慢说明你的速度比较慢。

师：你的感觉真好，这样我们就找到了一把公平的标尺，这把标尺就是每个人1分钟、1小时走的路程，这样比才有比较的价值。每分钟走多少就是比较快慢最公平的尺子，当然这把尺子有名字，它叫什么名字？它重要吗？

生1：速度。

生2：我认为"速度"很重要。比快慢，比的就是速度。

生3：比快慢不能只看时间，不能只看路程，而是要用路程除以时间得到速度。

【设计意图】 在利用路程和时间比较快慢的过程中，学生逐渐明晰可以把 1 分钟走多远看作一把衡量快慢的尺子，再将这把尺子命名为"速度"。这就是速度概念形成的过程。关键的概念不应直接告诉学生，而应引导学生在具体的问题情境中探索形成。速度这个概念正是认识乘法模型"路程=速度×时间"的关键。

3. 在真实生活中体会速度应用的广泛性

在学生初步了解了"速度"概念的基础上，教师呈现如下信息：

神九飞船在太空 5 秒约飞行了 40 千米，张华骑自行车 2 小时行了 16 千米，求出都是 8 千米，这样表示可以吗？

神九飞船：40÷5 = 8（千米）

张华：16÷2 = 8（千米）

引导学生思考：将神九飞船在太空的飞行速度和张华骑自行车的速度都表示为 8 千米，可以吗？

学生经过辨析，再次感悟到只看 8 千米，不能看出快慢，得把时间也加上才行。得到神九飞船的速度为 8 千米/秒，张华骑自行车的速度为 8 千米/时，神九飞船的速度更快。

在此基础上，教师接着呈现了一组生活中的速度，包括如下信息：

什么是速度？

人步行的速度大约为4千米/时。

66千米/时

飞机飞行的速度大约为12千米/分。

声音传播的速度大约为340米/秒。

师：同学们，如果我们不写"秒""分"和"时"这样的时间单位行不行？

生1：不行，如果你是 1 小时行的路程，我是 1 分钟行的路程，比较起来就不公平。得加上斜杠和时间单位。

师：你们不仅关注了行驶的路程，还关注到了时间的单位，真好。现在你们对"速度"又有新的想法了吗？到底什么是速度？

生2：还可以是每秒、每分、每小时、每天、每周、每年走的路程，只要是一个时间单位内走的路程就是速度。

师：什么叫一个时间单位内走的路程？

生3：可以是1年、1天，也可以是1小时、1分、1秒，这些都是时间单位，只要是一个时间单位内所行驶的路程就可以叫作速度。

师：你们都在说走路的事儿，我一分钟写了250个字，是速度吗？

通过学生交流，大家达成了共识：速度就是在规定的时间单位，如1秒、1分、1时、1日、1年之内，行走的路程或者完成的事情。只有利用速度比较快慢才公平，因为都是在时间单位内完成的。速度就是一把标尺，一个标准。

【设计意图】速度的单位是由长度（路程）和时间单位复合而成的，要想让学生对其有深入理解，首先需要学生对速度的概念有一个完整的理解。为此，教师选择了使用不同单位的速度，如步行速度、飞机速度、声速、光速等，使学生在不同的单位表达中感受速度。这个过程体现了速度概念是一个涉及两个要素的复合量，具体采用何种表达与情境中的量纲有关。

环节二：聚焦问题解决，构建乘法模型

1. 在问题解决中感悟模型

在此环节，教师首先呈现了前两个问题，所有学生都能够成功解决。此时教师再呈现第三个问题，引导学生根据图讲故事。

（1）李叔叔早晨锻炼每小时走4千米，3小时共走多少千米？

（2）爸爸开车去密云，如果按照80千米/小时的速度行驶，早上8点出发，11点到达，求全路程是多少？（图略）

（3）看下图说数学故事。

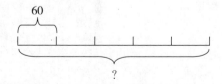

根据上图，学生能够讲出"爸爸去上班，每小时行60千米，5小时行了

多少千米？""我每分钟写 60 个字，5 分钟写了多少个字？"等多个故事。通过创设这组生活中的问题，使学生感悟利用"速度、时间和路程"这组数量关系可以解决一类问题，感受到三量关系在生活中应用的广泛性，为抽象"速度×时间＝路程"模型做好铺垫。

2. 在抽象概括中构建模型

师：让我们回顾生活中的这些故事，李叔叔锻炼身体的故事、爸爸去密云的故事、上班的故事、你写字的故事，不一样的故事中有没有一样的关系？

生 1：我们讲的都是"速度×时间＝路程"的故事。

师：你真会思考。快把你的发现写在黑板上。这就是我们今天在认识速度的基础上，研究的"速度、时间和路程"三量之间的关系。通过"速度×时间＝路程"这个基本关系，怎么得到时间？怎么得到速度？

生 2：我认为路程÷时间＝速度，路程÷速度＝时间。

师：这三个关系式的地位相同吗？

生 3：我认为不同，"速度×时间＝路程"是最重要的，有了这个关系式就能够得到另外两个关系式。

生 4：知道了"速度×时间＝路程"，在解决问题的时候根据不同的问题选用不同的方法，所有的方法都可以从这个乘法关系中推出来。

师：同学们的思考很深刻，原来这三个量之间不仅有联系，还有着这么重要的联系，其根本就是"速度×时间＝路程"。我们要把生活里的事儿弄清楚，既要能从生活故事中看到关系，又要能透过关系想到生活中的故事，其中的一座桥梁就是"速度×时间＝路程"。在大家今后的学习中，可能会发现更多这样的"桥梁"，这就需要你们用数学的眼光去观察生活。

【设计意图】引导学生在理解"速度"概念的基础上，通过两个实例体验速度、路程和时间的关系，进而建立乘法模型"路程＝速度×时间"及其变式"时间＝路程÷速度"和"速度＝路程÷时间"。在此基础上，引导学生运用这一模型解决更多的问题。

（三）持续性学习评价

针对"数量关系"主题设计的持续性学习评价如表4-2-4所示。

表4-2-4　"数量关系"主题的持续性学习评价设计

评价目标	评价题目	评价指标
诊断学生在真实情境中对速度概念的理解水平	怎样比较谁跑得快？用你喜欢的方式表示出你的思考过程，可以写一写、画一画。说说为什么能这么比。 我3小时能跑240千米。　我2小时能跑110千米。	水平1：对速度的概念不理解，不能将比快慢与比速度建立起联系，无法正确解答； 水平2：能将比快慢与比速度建立起联系，通过求速度正确比较出两种动物运动的快慢，但无法给出合理解释； 水平3：理解速度的内涵，能够正确将两种动物的速度进行比较，并能给出合理解释
诊断学生在真实的情境中发现数量关系，运用"路程＝速度×时间"这一乘法模型解决问题的能力水平	小明从家到学校，步行的速度是每分钟62米，走了15分钟到学校。 （1）小明家离学校有多少米？ （2）如果小明回家每分钟大约走93米，他回家用多长时间？	水平1：结合情境能够发现速度、时间这两个量，但是不能借助"路程＝速度×时间"这一乘法模型正确解决路程问题； 水平2：能在真实的情境中发现速度、时间、路程三个量之间的关系，并能借助"路程＝速度×时间"这一乘法模型正确解决路程问题，但是不能够根据变式正确得到时间； 水平3：能在真实的情境中发现速度、时间、路程三个量之间的关系，能够借助"路程＝速度×时间"这一乘法模型正确解决问题，能够根据变式"时间＝路程÷速度"正确得到时间

续表

评价目标	评价题目	评价指标
诊断学生在真实问题情境中综合运用所学的知识、方法解决问题的水平	四驱车是很多同学都喜欢的玩具，不同型号的四驱车运动快慢不同。在四驱车比赛中，多辆四驱车在几条一样长的轨道上同时出发，根据它们到达终点的先后比较出它们运动的快慢。那你知道在同一条轨道上，怎样比较它们运动的快慢吗？ （如果有困难可以参照下图操作） 	水平1：小组能够合理分工，没有正确测量出有关路程、时间的数据，无法正确解决问题； 水平2：小组能够合理分工，能正确测量出车行驶的路程与时间，但是不能应用"路程＝速度×时间"这一乘法模型解决问题； 水平3：小组能够合理分工，正确测量出车行驶的路程与时间，能应用"路程＝速度×时间"这一乘法模型解决问题并给出合理解释

（四）反思性教学改进

1. 对接经验，基于真实情境，设计了适切的引领性和开放性问题

"速度"概念的内涵是丰富的，同时也是学生难以理解的，在乘法模型建立的过程中起着"承重墙"的作用中。"三位同学中，谁走得快？"，本课从这一学生熟悉的情境切入，直观形象地引出问题，学生在真实的问题情境中展开了对路程、时间、速度直观关系的探究。这样的设计既对接了学生经验，又体现了深度学习环境的设计——有挑战性的学习任务、适切的引领性问题，学生多角度"比快慢"，在互动、质疑、修正的过程中逐步感知"速度"概念。

为了进一步理解"速度"概念，老师放慢、拉长了学生对速度的认识过程，从直观感知到丰富、完整的认知。课中教师还呈现了大量的情境，如飞机的速度、汽车的速度、声音的传播速度等，引导学生在由浅入深的比较中，逐步明晰可以把1秒、1分钟、1小时、1天等时间内行走的路程看作一把标尺，这把标尺可以衡量快慢，它的名字叫"速度"。学生在逐步寻找共性中拓展对"速度"内涵的理解，一步步被启发进行深度思考。"速度"这一核心概念的意义不是教师告诉学生的，而是学生在具体情境问题的探索过程中自行感悟并形成的。基于对"速度"的深入理解，学生顺利地在问题解决过程中建构起"速

度、时间、路程"之间的关系，为理解并感悟乘法模型打好基础。

2. 在模型建构过程中达成素养导向的学习目标

指向核心素养的教学活动体现在每一个教学环节之中。从速度的感知、速度的理解，到模型的建构，学生逐渐从生活经验的呼应，到物理量的描述，再到三量关系模型的建构，经历了一个体验、感知、拓展、理解和概括的过程。模型不是一步到位的，不是简单告知形成的，而是需要学生从现实情境出发，到用自己的语言表述，再到拓展应用，最后逐步建立起"路程、速度、时间"的关系，建立乘法模型。学生在学习过程中逐步形成模型意识、应用意识等核心素养。教师在教学中的一大半时间用于引导学生感知与理解速度，这正是模型建构的过程，也是学生逐步形成模型意识这一核心素养的过程。

3. 单元内调整学习顺序，跨册联结应用

通过调整学习的顺序（即先学习速度、时间、路程，再学习单价、数量、总价），学生从学习速度、时间、路程的例题中积累了解决问题的经验。通过解决"哪种钢笔最便宜"这一问题，学生经历了观察比较的过程，自主构建了"单价×数量＝总价"的基本数量关系，并在学习过程中有效发展了自主迁移能力。

跨册联结"相遇问题"，有助于学生进一步在真实情境中运用"速度、时间、路程"这一数量关系，并在"图式直观"的支撑下，帮助学生形成思维框架，对接这一类问题的结构特征，在变式中促进学生结构化思维的形成。

数量关系模型的教学包括模型的建构和模型的应用，建构模型是从具体到抽象，应用模型是将模型及其变式用于解决具体问题。扎实地建构"路程、速度、时间"这一乘法模型，为后续教学中进一步运用模型解决问题打下坚实的基础。

4. 设计了体现"速度"模型的持续性评价任务

设计本课的评价任务时，可以基于对"速度"的理解设计评价任务、基于对乘法模型的运用设计评价任务、基于真实情境设计实践型评价任务，还可以补充基于应用概念进行解释说明的评价任务。

【评价目标】在问题解决中应用概念、感悟模型。

【评价题目】

随着我国科技的发展，火车提速了。请你阅读下面的资料，并根据列车

时刻表回答什么叫"提速"了，提了多少。

车次	始发站：北京南	终点站：上海虹桥
D709	19：46	7：44（上海站）
G121	10：28	16：28
G17	15：00	19：56

【评价标准】

评价等级	水平1	水平2	水平3
学生表现	不仅能感知路程，还能从用的时间短的角度说明提速了	能利用表中信息，根据"路程÷时间=速度"，在比较中解释提速了	不仅能感知路程，还能从所用时间是原来的一半，说明速度就是原来的2倍，所以提速了

　　本单元实施后，我们在不断追问：先学习"速度"模型，真的像我们期待的那样能促进学生迁移"单价、数量、总价"之间的关系吗？如果不调整教学顺序，学生又会有怎样的收获与学习感受呢？除了用"比快慢"对接学生的经验，感知"速度"是一把尺子外，还有其他什么情境可以利用吗？这需要我们持续思考和不断探索。

案 例 三

基于度量一致性的图形测量
——"多边形的面积"单元教学设计

> 实施年级：五年级
>
> 对应课标："图形与几何"领域，主题：图形的认识与测量
>
> 所用教材：北师大版（第4版）五年级上册第四单元"多边形的面积"
>
> 单元课时：5课时+练习课
>
> 设计、实施者：边靖、朱华、陈丹萍、赵玮、祖菲阳[①]

依据指向深度学习的教学实践模型和"图形的认识与测量"主题深度学习的教学设计要点，我们选择"多边形的面积"单元作为核心内容，对本单元内容如何开展深度学习做具体的分析。

一、单元整体分析

本单元内容选自北师大版小学数学五年级上册教材。依据《数学课程标准（2022年版）》的相关要求，根据指向深度学习的教学实践模型，首先对单元内容进行整体分析，包括对课程标准的理解、教材分析、引领性关键内容的提炼和学生情况分析等。

1. 理解课标

课程标准是设计和组织教学的基本依据，我们首先要准确理解标准的理念、目标，以及与本单元内容相关的要求。

"多边形的面积"属于"图形的认识与测量"主题，是该领域的核心内容之一。《数学课程标准（2022年版）》将原来"图形与几何"领域的四部分内容合并成了两个主题，即"图形的认识与测量"和"图形的位置与运动"。之所以将图形的认识与测量合并在一起，是因为两者都是在认识图形：图形的认

---

① 边靖、朱华、陈丹萍、赵玮、祖菲阳均来自北京市海淀区实验小学。

识是描述要素及要素之间的关系，从图形特征的维度认识图形；而测量是确定图形大小，从度量的维度认识图形。图形的度量需要有图形特征的支撑，度量的过程是从组成要素的视角再认识图形特征，是学生从直观感知走向度量认知的关键一步。两个维度相伴相生，促进学生的量感和空间观念的形成。

聚焦几何度量的学习历程，长度、面积和体积的度量的本质都是确定图形的大小，区别在于图形的维度不同，而对每一个度量对象的学习和研究都经历了类似的过程：确定度量对象—选择度量单位—找到度量工具—获得度量结果。

无论是长度、面积还是体积，它们都拥有共同的本质特征：以"度量单位"为核心，探索图形大小的测量，培养度量意识。由此可见，在认识面积时，对"面积单位"的理解与运用至关重要，是面积内容的核心。在整个过程中，贯穿始终的"承重墙"就是度量，即用面积单位测量图形的面积，借助线段的长度计算面积单位的个数，使度量的结构一致。

综上，关于度量，我们从度量对象（平面图形）、度量方法（度量单位的个数的累加）、度量一致性和应用这四个维度进行了梳理（表4-3-1）。

表4-3-1　小学阶段度量梳理

度量								
度量对象 （平面图形）				度量方法 （度量单位的 个数的累加）		度量 一致性		应用
长、 正方形	平行 四边形	三角形	梯形	方式	思想 方法	量	本质	问题解决能力
图形特点	矩形	非矩形			直接度量	借助方格纸数出面积单位的个数	长度	长度单位的个数	（1）能从度量一致性的角度对图形的面积进行度量； （2）能迁移探究图形面积公式的方法，推导图形面积的计算公式； （3）能迁移长度、面积的度量知识到体积度量的学习中，推导出体积的计算公式
价值	体会面积的大小就是面积单位累加的结果	体会"高"的价值	关注图形的转化	发展推理意识	间接度量	借助公式计算出图形的面积	面积	面积单位的个数	
							体积	体积单位的个数	

在对本单元进行教学设计时，教师可尝试从度量的一致性出发，凸显面积的数学本质，强化对面积本质的理解，突出测量的核心要素——单位，从而让学生得以将本单元的内容和长度的度量建立联系，避免简单记忆公式，并为后续体积度量的学习迁移做好准备。

2. 教材分析

（1）纵向梳理"多边形的面积"单元，把握知识脉络

关于面积的度量，北师大版和人教版的教材编写逻辑一致（见图4-3-1），都遵循着"长方形—平行四边形—三角形—梯形—组合图形—圆"的学习序列，这样的内容序列使学生更容易接受，具有很好的普适性。

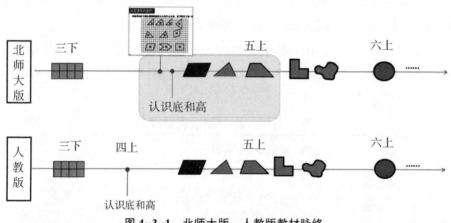

图 4-3-1　北师大版、人教版教材脉络

而本单元"多边形的面积"的学习与之前"长、正方形面积"的学习的不同之处在于：一是图形的"规整"程度不同。原来长、正方形的面积可以用面积单位直接度量，而本单元学习的图形需要转化形状后再进行度量。二是要素的外显程度不同。长方形的"宽"是显性的，而平行四边形的"高"是隐蔽的，但是它们的价值一样，都表示面积单位的层数。这也正是平行四边形面积的学习与长、正方形面积的学习需要打通的"隔断墙"，只有从以上两方面打通"隔断墙"才能让学生体会到度量的过程还是计算面积单位的个数，从而进一步突出度量一致性这一"承重墙"。

（2）横向梳理"多边形的面积"单元，把握知识关联

两版教材在进行多边形面积的学习前都安排了"认识底和高"的学习内容，北师大版教材还安排了"比较图形的面积"这一课时，让学生初步体验方格及割补法在图形面积探究中的应用，知道比较图形面积大小方法的多样性。这两部分内容是"多边形的面积"整个单元的知识铺垫，学生在这个过程中积累了操作方法和活动经验。这样的学习轨迹为后续学习分散了难点，进行了知识的铺垫，但是这样的教材安排是基于教学的逻辑，而不是基于学生学习中的需求。

深度学习是基于数学学科核心内容，组织学生在深度探究中发展的有意义的学习过程；是一种基于理解的学习；是学生以高阶思维的发展和实际问题的解决为目标，以整合的知识为内容，积极主动地、批判性地学习新知识和思想，且能将已有知识迁移到新的情境中的一种学习。

基于以上分析，我们尝试在进行单元架构时将"比较图形面积""认识底和高"的教学内容与单元内容进行整合，将转化思想和对"高"的需求融入学生对平行四边形的面积的探索中。这一课的经验为后续的学习提供了新的视角，也让转化策略由感性逐步开始走向了理性。接下来再探索三角形面积时，学生认识到可以借助多种要素及关系（垂直、平行、中点）把三角形转化成以前学过的图形。再到梯形时，学生就可以自主应用这些要素，获得更丰富的转化策略，为公式推导提供新思路。

依据图形特征，学生可以由多种方式进行转化，而这些方法背后的支撑，就是对面积本质的理解，及对度量本质的认识。

（3）"多边形的面积"单元课时分配

本单元的课时分配见表 4-3-2。

表 4-3-2 "多边形的面积"单元的课时分配

内容	课时数
平行四边形的面积 1（度量一致性，体会"高"的价值）	1
平行四边形的面积 2（转化，公式推导）	1
三角形的面积	1

续表

内容	课时数
梯形的面积	1
寻找相同点、建立联系	1

3. 单元引领性关键内容提炼

本单元的学习是要基于对面积单位的理解确定面积的大小，在推导面积计算方法的过程中，感悟度量的核心是面积单位的累加。平行四边形面积在本单元中具有引领性，是单元的关键内容。对平行四边形的图形特征的学习，既能够让学生迁移测量的已有经验进行直接度量，也能够激发学生通过图形转化，推导面积公式进行间接度量。具体来看：

学生对于面积这部分内容的度量经验来自对长度的度量，长度是一段一段地量，面积是一片一片地量。但二者本质上的操作是相同的，只是单位不同，长方形和正方形的面积度量是数出标准的面积单位的个数，在学习平行四边形面积时，学生需要迁移这一度量经验。

基于平行四边形的图形特征，学生能够尝试通过割补等方法将平行四边形转化为长方形，通过建立图形面积之间、各要素之间的关系，将未知转化为已知，进而得到平行四边形的面积公式。在这一过程中，学生深入感悟转化思想，也是对度量意识的再唤醒，有助于发展学生的量感和推理意识。这是学生初次接触通过图形转化推导多边形的面积公式，是后续探究三角形、梯形面积公式的基础。

4. 学生情况分析

（1）学习经验分析

"平行四边形的面积"这一内容安排在五年级上学期，学生在这个阶段已经积累了一定的探索图形面积的经验及方法，初步认识了长方形、正方形、三角形、平行四边形和梯形的基本特征，面积与面积单位，长方形面积等有关知识，初步感受到解决图形面积问题的思维方式，即可以用面积单位度量一个图形的面积。而本单元学生面临的挑战是第一次接触"不规整"的图形的面积度量。如何把平行四边形的面积与之前学过的长方形的面积建立联系，获得图形面积的一般计算方法至关重要。

（2）学习困难分析

调研题目：你能想办法得到这个平行四边形的面积吗？

调研结果见表4-3-3。

表4-3-3　学生作答结果分析

学生主要情况	转化长方形后求面积	画小方格	直接用公式	没有办法
所占百分比	35.96%	13.48%	5.62%	44.94%

通过分析学生的作答结果可以发现，55.06%的学生能够得到平行四边形的面积，学生得到平行四边形的面积的方法有画小方格、直接用公式、转化为长方形后求面积这三种情况，其中转化思路占比最多，达到35.96%，画小方格其次，占13.48%。由此可以看出，部分学生能够借助转化的思想或迁移应用面积单位解决问题。

为深入了解学生解决问题的思路，我们对学生的一些典型思考进行了访谈，有以下发现：

①学生虽然能够借助转化得到平行四边形的面积，但只是发现了它们之间面积相等的关系，对转化前后两个图形各要素之间的关系并没有进行深入的思考和理解。

②很多学生认为"拎着两个角一提就是一个长方形"，通过这样的方式得到的长方形与原平行四边形的面积相等。推拉转化成长方形是学生的典型误区。

③长方形的面积公式是长×宽，学生就把这种方法直接迁移到求平行四边形的面积上，误认为应该是两条邻边相乘得到面积。

5. 我们的思考

教学中应关注"高"在计算平行四边形所包含面积单位个数中的价

值。凸显平行四边形的高的存在，将高和面积单位的个数建立起联系，引导学生在面积单位的支撑下再次认识高的意义，从直观感知走向度量认知。

在访谈过程中我们发现，邻边相乘是学生的常见误区。学生在进行割补转化时虽然能够得到高，但并没有感受到高的价值。因此教学中需要暴露学生的认知误区，引导学生对比割补转化和推拉转化这两种方法，在辨析中深度思考，感受高的价值。

二、素养导向的学习目标

基于上述单元内容分析和学生情况分析，依据深度学习的教学理念，确定本单元的学习目标：

1. 会计算平行四边形、三角形、梯形的面积，会估计不规则图形的面积。

2. 运用面积单位或转化的方法探索平行四边形、三角形、梯形面积的计算方法，初步形成空间观念、几何直观和推理意识。

3. 体会求不同平面图形面积的方法的共性与差异。

4. 能运用平面图形的面积公式解决问题。

5. 养成严谨求实的学习态度。

目标中包含了核心知识与方法的掌握"会计算图形的面积""探索图形面积的计算方法"；重要的思想方法和能力"转化的方法""求不同图形面积的共性与差异"；核心素养则表现为在探索的过程中形成空间观念、几何直观和推理意识；以及养成严谨求实的学习态度。

教学重点：探索多边形的面积，尝试公式推导。

教学难点：感受度量一致性。

三、单元教学设计思路

1. "多边形的面积"的单元设计思路

本单元的教学设计思路如表 4-3-4 所示。

表 4-3-4　"多边形的面积"的单元设计思路

核心问题	教学内容	核心环节	设计意图	课时安排
度量一致性如何体现？	平行四边形的面积 1	基于形的转化引发冲突，凸显"高"的价值，体会度量一致性	关注对隐藏的"高"的价值，体会度量一致性	1 课时
（1）可以借助哪些要素进行图形转化？（2）转化前后图形间有着怎样的联系？（3）根据转化前后图形间的关系，你能推出面积公式吗？	平行四边形的面积 2	找到转化前后图形间的联系，推导平行四边形的面积公式	初步体会"转化→找关系→推公式"	1 课时
	三角形的面积	关注图形特征，构建多种要素将三角形转化为平行四边形或长方形	把握图形转化的特征要素，发展几何直观和空间观念，积累图形转化的经验	1 课时
	梯形的面积	应用已有的度量、转化经验自主研究，关注"找关系→推公式"，关注转化前后图形的面积关系以及各要素的对应关系，建立转化前后图形间的联系，推出图形的面积公式	注重"找关系"，引导学生学会寻找转化前后图形间的关系，推出梯形的面积公式，发展空间观念和推理意识	1 课时
在探究图形面积公式的过程中，你有哪些发现和收获？	寻找相同点、建立联系	沟通本单元图形面积公式之间的联系，体会度量的本质，交流学习方法、经验	联系反思，认识度量本质，培养学生会想事、会做事的能力	1 课时

2. "多边形的面积" 单元的整体设计

本单元教学设计的整体框架图如图 4-3-2 所示。

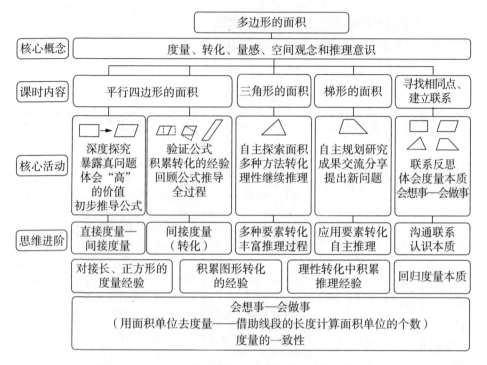

图 4-3-2 "多边形的面积" 单元教学设计的整体框架图

四、"平行四边形的面积" 教学设计

本节课以平行四边形的面积探索为重点，以体会"高"的价值为突破口，在打通"隔断墙"的过程中引导学生感悟度量本质。

（一）素养导向的学习目标

1. 利用方格纸直接度量以及转化思想，探索平行四边形面积的计算方法，感受度量一致性。

2. 体会测量平行四边形面积的基本方法是面积单位的累加；能基于图形特征将平行四边形转化为长方形，分析转化前后两个图形之间的联系，进行公式推理。

3. 在探索平行四边形面积计算方法的过程中，理解和掌握平行四边形面积的计算方法，感悟"由未知到已知"的转化思想，发展量感、空间观念和推理意识。

4. 在小组讨论、分享交流中体悟理性思维和科学精神，增强学习的积极情感。

教学重点：探索平行四边形面积的度量，运用直接度量与间接度量的方法解决问题。

教学难点：辨析割补与推拉的转化方法，理解"邻边相乘"所存在的问题（即转化需要建立在面积不变的前提下），体会"高"的价值，沟通度量长方形与平行四边形之间的联系。

（二）挑战性学习任务和开放性学习活动的设计与实施

本课的教学流程图如图 4-3-3 所示。

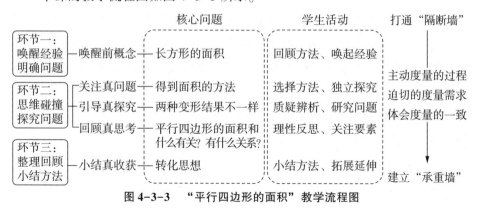

图 4-3-3 "平行四边形的面积"教学流程图

环节一：唤醒经验，明确问题

师：我们之前学习了长方形的面积，可是生活中的物体不仅有长方形，还有其他图形。

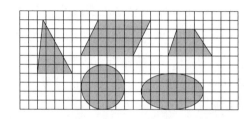

师：想一想，如果我们从这些图形中选取一个最像长方形的当代表进行研究，你选谁呢？

生：（异口同声）平行四边形！

师：我们就先来研究平行四边形的面积。

【设计意图】这一环节中多个图形的呈现让学生感受到生活中的图形是多种多样的，对研究其他图形的面积产生好奇。借助已有利用小格子进行面积度量的经验，通过交流明确研究目标，聚焦平行四边形的面积。

环节二：思维碰撞，探究问题

（1）提出挑战性学习任务

师：要想得到这个平行四边形的面积，你想怎么研究？

生1：我觉得可以将它转化成长方形。

师：你怎么想到要把它转化成长方形呢？

生1：因为平行四边形歪歪的，这边多出来了一块，不好量，我就想着把它变成长方形，这样四个边就都是直角，就好量了。

生2：我也觉得可以把它变成长方形，可是不用那么麻烦。我们不是学过平行四边形的不稳定性嘛，将平行四边形一推就可以得到一个长方形。

生3：我觉得之前学习的数格子的方法也可以，可以用研究面积时的小格子量一量。

师：你们的这些方法都是很好的研究方案，但是它们行不行，还需要我们进一步验证。

活动要求：

①独立探究，用你选中的方法研究平行四边形的面积。

②组内交流，把你们的方法记录下来。

（学生自主选择方法研究，再和选择相同方法的学生结成小组进行交流。学具筐中有可切割的平行四边形纸板、可推拉的平行四边形框架、透明方格纸等学具。）

【设计意图】教师在这个环节创设了开放型学习环境，为学生探究提供了充足的学具。在组织活动时，教师让每个学生以研究员的身份对感兴趣的方法进行验证，对同一方法感兴趣的同学可以聚在一起交流、研讨。这样的设计让学生在研究过程中不是站在对立面去争论对错，而是让所有人站在研究的角度共同去思考问题。

在学生独立探索之后，教师选择了几种有代表性的思考：利用推拉法得到30平方厘米；利用数格子和割补法得到24平方厘米。面对不同的结果，教师先引导学生分享 30 和 24 分别是如何得到的。

生 1：我们将平行四边形一拉，就成了一个长方形，长方形的长没有变还是 6 厘米，这条线就是长方形的宽，经测量长方形的宽是 5 厘米，所以可以得到是 5×6＝30（平方厘米）。

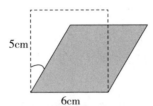

平行四边形的面积是：$5 \times 6 = 30$（cm²）

师：听起来很有道理，不着急，我们再来看看 24 是怎么得到的。

生 2：我们是数格子得到的 24。大家来看，我们把平行四边形放在这样的格子图里面，中间完整的格子有 18 个，边上不完整的格子我们是这样拼着数的，一共有 24 个格子，所以平行四边形的面积是 24 平方厘米。

师：这是数格子的方法，你说得很清楚，割补组，你们的 24 又是怎么得到的呢？

生 3：我们是将平行四边形沿着这条线切下来，拼过去，得到的长方形宽是 4 厘米，长还是 6 厘米没有变，所以是 4×6＝24（平方厘米）。其实我们这种方法也可以看作数格子，只不过我们没有一个一个地拼着数，而是把整个这边一起挪过来，凑成了一个长方形。

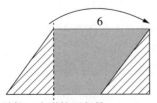

平行四边形的面积是：$4 \times 6 = 24$

师：数格子的同学，你们怎么看。

生：我们同意他的想法，这样子数起来就更方便了。

师：为什么同样的平行四边形经过我们仔细的测量、认真的研究却得到了两个不同的结果呢？

【设计意图】开放的学习环境的创设，让每个学生都能按照自己的想法进行真探究，在探究的过程中问题也就随之产生了，同样的平行四边形却得到了两个不同的结果，真问题的产生自然引起了学生的思考。

（2）组织开放性学习活动

师：到底是30还是24？你们都进行研究了，每个人都可以说说自己的看法，说明的过程要注意讲道理、拿证据。

生1：我们认为30是正确的。刚才大家看到了，平行四边形拉动后就形成了一个长方形，底是长方形的长，这条边就是长方形的宽，这个过程中长和宽都没有发生变化，那么它的面积就应该是30平方厘米。

生2：我们认为24是正确的，因为把这边的三角形移过去的过程中，面积没有发生变化，所以这个长方形的面积和平行四边形是相等的，这个长方形的面积是24平方厘米。

生3：我们认为30的不行。我们把推拉得到的长方形和割补得到的长方形放在一起来看，可以看到推拉得到的长方形要比原来多出一块来。

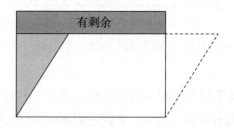

生4：我也认为30的结果是有问题的。大家看，平行四边形可以推拉成长方形。但是刚刚的平行四边形，如果我们接着再往里推拉，它的面积就会逐渐变小，再变小，最后里面没有了。那反过来想，再把平行四边形往外推拉变成长方形时面积应该会逐渐变大。所以我认为推拉得到的30是不对的。

师：大家手里都有小框架，按照他所说的都推推，看看是不是和他说的一样。

师：看了他们的演示，刚才支持30的人还有没有想要说的？

生：我其实还是不太明白，在推拉的过程中两个边长都没有发生变化，它的面积是怎么变的？

师：他说在整个过程中平行四边形的两条边的长度都没有发生变化，为什么它的面积会不一样呢？

生：我觉得是因为它的高度变了。就像我现在这样歪着站，我的高度是一米四，但是如果我站直了就不止一米四了，高度就变高了！

师：他说的歪着站、站直了，你们明白什么意思吗？

生：明白！我们可以把平行四边形想象成一座大楼，高就是从楼顶到地面，但是楼现在歪了的话它就站不下五层了，只有四层。

师：刚才得30的同学，你们现在又有了什么新想法？

生：我们现在也认为30这个答案不对了。虽然在推拉的过程中它的底没有发生变化，但是高度发生了变化，所以面积就不一样了。

师：看来我们现在都认可30有问题了。你们都想到了要将平行四边形转化成规整的长方形，这样它的面积就好算了，这个方法特别好！但是在转化的时候要注意面积不能变。

（3）引导深度思考

师：刚才在讨论的过程中，你们发现平行四边形的面积和什么有关？

生：高。

师：你们说的高是哪儿啊？

生：（指）高是这个。

师：这条边（上底）与这条边（下底）中间的这条线段。

师：平行四边形的面积，怎么就和这条线段的长度有关系呢？为什么它一变，面积就多了呢？你们要是能把这个问题想明白，今天的研究就又往前迈了特别重大的一步。请同学们以小组为单位进行研究。

小组学习单

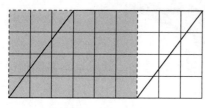 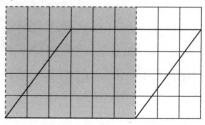

师：有点儿想法了，这条线段和面积有什么关系？你们有什么发现？

生1：我们可以把平行四边形的高画出来，可以看到一开始平行四边形的高应该是4个格。但是它变成长方形以后，它的高就变高了，变成了5个格。

生2：其实就是平行四边形这个宽（邻边）立起来了，它代表的方块数就变多了。在将平行四边形拉成长方形的过程中，平行四边形的底没有变，但是它的高逐渐变高了，越来越接近这条边，最后就和长方形的宽重叠了。我们在学习长方形时知道长方形的宽就是一共能摆下多少层小格子，所以我们认为如果高变长了，能摆下的小方块的层数就变多了。

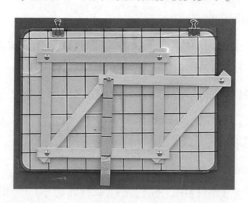

师：我们来看这个大图，能不能对着这个大学具，再想一想。

生：平行四边形的高相当于长方形的宽，它和长方形是一样的。如果长方形的宽变化了，那长方形的格子数量就会变多。所以，高从原来的4个格变成了5个格，格子数量也会多这样的一层。

师：不是高增加了1个格吗？怎么就多出这一层了？

生：平行四边形的高相当于长方形的宽，代表能摆下多少层小格子，平行四边形的底是 6 个格，所以它的高增加 1 个格，对应的面积就会多这样的一层。

师：所以从 4 个格变成 5 个格，就多了这一层小格子。

教师利用图片中的教具动态推拉平行四边形框架，并引导学生逐步观察高的变化，以及因此产生的面积变化。

师：那为什么平行四边形这条在外面的线段不看，咱们得看它里头的这条线段呀？

生：可以这样理解，比如说有一个高楼本来它也有那么多层但是它塌了，它在倒的情况下就没有那么多层的空间了。

生：我觉得因为高就相当于长方形的宽，都表示一共有几层小格子，底相当于长方形的长，代表一层有多少个小格子。在拉动的过程中，高从原来的 4 个格增长到了 5 个格，所以结果多出了这一层小格子。

师：看来之所以推拉的方法得到的面积不同，是因为这个过程中高发生了变化。割补的方法中高有没有变呢？

生：没有。（对着学具演示）我们是将这边的三角形平移到了这边，平行四边形的高就成了这个新长方形的宽，平行四边形的底就是这个新长方形的长。所以平行四边形的面积就等于这个长方形的面积。

【设计意图】面对学生在探究过程中产生的新问题，教师设计了一个挑战性学习任务"探究平行四边形的面积和什么有关，有什么关系"。在完成这一挑战性学习任务时，学生经历了三个层次的探究：层次 1 是从形的直观上感知到经过推拉面积变大了；层次 2 是在动态变化中聚焦高这一要素；层次 3 是在深入研究中感悟到高决定层数。最终实现无论是长方形还是平行四边形，计算它们的面积都是在计算面积单位的个数，从而在打通"隔断墙"的过程中，建立度量这一"承重墙"。

环节三：整理回顾，小结方法

师：研究到这，我们有结论了吗？平行四边形的面积跟什么有关？

生：跟底和高有关。

师：平行四边形的高和长方形的宽一样，表示一共有多少层，平行四边形的底相当于长方形的长，表示一层有多少个小格子。我们用长乘宽和用底乘高都是在算图形中有多少个小格子，也就是有多少个面积单位。

【设计意图】本课中，对高的认识是在研究的过程中逐步进行的。学生在研究的过程中逐渐发现隐藏的高；在对度量面积的方法进行反思时，发现平行四边形的底决定一层面积单位的个数，而高决定层数，推拉的过程中改变了高，也就是改变了层数，从而体会高的价值。

师：相信通过今天的研究，你们又增长了很多智慧，也有了一些收获。回顾我们今天的研究，你有没有特别想感谢的工具？

生1：我想感谢长方形，是长方形帮助我们研究了平行四边形。

生2：我想感谢小格子，因为小格子让我们看到了面积，对面积的意义有了更清楚的认识。

师：在课堂的开始，我们找到了许多生活中的图形，虽然没来得及一一研究，但是平行四边形面积的学习给我们提供了一条宝贵的经验：我们可以把新的图形转化为我们学过的图形进行研究！带着这样的思考，在研究其他图形的过程中相信你们还会有新的收获。

【设计意图】在整理回顾的过程中可以看到学生对平行四边形与长方形之间的联系、对度量本质的理解都有着深刻的印象。在学习的最后，教师再一次出示生活中的平面图形，引导学生将本课经验继续迁移到新的学习中去，体现了大单元设计下的整体思维。

（三）持续性学习评价

持续性学习评价不仅要关注学生对本单元数学知识与技能的掌握，更要关注学生核心素养的培养。持续性学习评价的形式是多样的，可以是课堂上观察学生，布置相关的基础性作业，也可以是借助单元长作业，开展持续进阶的评价。

1. 基础性作业

"平行四边形的面积"一课基础性作业的设计和评价指标如表4-3-5所示：

表 4-3-5　"平行四边形的面积"基础性作业及其评价指标

评价目标	评价方案 （活动或题目）	评价指标
诊断学生对平行四边形的面积公式的理解水平	画一画，写一写，说明平行四边形的面积公式是怎么得到的	水平 1：不能借助图形转化对平行四边形的面积公式进行探究； 水平 2：能够运用图形转化，对平行四边形的面积公式进行推导，但过程中出现错误； 水平 3：能够运用图形转化，推导出平行四边形的面积公式
诊断学生对平行四边形的面积公式的应用水平	下面这个平行四边形的面积是多少？请测量得到你需要的数据，并进行计算 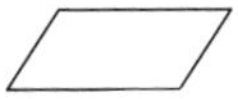	水平 1：测量底和邻边，计算平行四边形的面积； 水平 2：测量底和非底边对应高，计算平行四边形的面积； 水平 3：测量出一组对应的底和高，计算平行四边形的面积

2. 单元长作业

本单元的单元长作业如图 4-3-4 所示，学生可以在模板的提示下梳理本单元的学习内容。其中，单元主题自定，具体内容可以围绕研究图形面积的方法等方面展开。

单元主题：

①怎样研究图形面积？ ②研究图形面积的方法
③我还能研究哪些图形 ④如果你还有其他想法，
的面积？ 可以写出来

在研究过程中你又充实了自己的数学工具箱！

在整个单元学完后，你有什么收获，或者想感谢"谁"？

评价标准	★	★★	★★★
能研究面积图形种类			
研究图形面积的方法多样性			
收获思想、方法、知识			
书写清晰、简洁、美观			

班级：　　　姓名：　　　　　学号：

图 4-3-4　"平行四边形的面积"单元长作业

　　除了知识梳理，单元长作业更注重学生在思想和方法上的积累，为后续学习积累经验。因此，我们设计了这样一个板块：充实自己的数学工具箱。在"数学工具箱"中，学生既可以呈现剪刀、图形模型等操作上必不可少的实物工具，也可以呈现学生在数学思想方法上的积累，如面积单位的累加、转化思想、等积变形等，这为学生的后续学习积累了经验和方法。伴随着"数学工具箱"的逐步完善，学生对本单元的学习贯穿始终，同时完善了思考，加深了对知识的理解。

　　单元长作业的评价指标设计如表4-3-6所示：

表4-3-6　单元长作业评价指标

评价目标	内容	评价指标
考察学生研究图形面积方法的积累、掌握情况	怎样研究图形面积，研究图形面积的方法	水平1：不能借助图形、文字，能从数方格、转化推理等角度研究图形面积的方法； 水平2：能够借助图形、文字，能从数方格、转化推理等角度研究图形面积的方法，但过程中存在错误； 水平3：能够借助图形、文字，能从数方格、转化推理等角度研究图形面积的方法
考察学生研究图形面积方法的运用情况和迁移能力	我还能研究哪些图形的面积	水平1：没有用迁移转化推理、数方格等研究图形面积的方法研究新图形面积的意识； 水平2：能有意识用迁移转化推理、数方格等研究图形面积的方法研究新图形的面积，但没有结合例子表示； 水平3：能够迁移转化推理、数方格等研究图形面积的方法研究新图形的面积，并举例说明
培养学生转化思想、方法、学习经验的积累意识	数学工具箱	水平1：没有对"工具"的积累意识； 水平2：仅从剪刀、图形等实物工具的角度进行积累； 水平3：能有意识地积累转化思想、等积变形、数方格等经验和方法
培养学生回顾、总结、反思学习过程的意识	收获	水平1：没有回顾、总结、反思意识； 水平2：能从"多边形的面积"单元的知识层面进行反思总结； 水平3：能有意识从学习思想、方法、经验上进行反思总结

（四）反思性教学改进

1. 设计多维度的开放性学习环境，实现思维外显

对于学生来说，高阶思维的迸发需要充足的探索空间，教师应尽可能地增加任务的开放性，使不同水平的学生都能匹配到适合自己的学习任务，从而激发学生积极主动地解决问题、完成任务。

在本课的实施中，教师为学生创造的开放性学习环境包括：

（1）研究素材的自主选择：学生基于对长、正方形的认识和度量，从多种平面图形中自主选择最像长方形的先进行探究。这个过程从学生的整体感知出发，引导学生基于图形的整体特征，建立图形与图形之间的关系，为后续的探究奠定了直观的经验基础。

（2）研究工具的自由选择：面对平行四边形的面积探究，教师为每个学生提供了多种研究工具，为每种研究方法的验证提供了充足保证。研究方法和研究工具的自由选择，能够促使学生积极地"卷入"到学习当中来。

（3）学习过程中的自由结组：本案例的学习任务很有挑战性，教师先组织学生交流方法，让不同能力水平的学生都有方法可循；再通过自由结组，以小组为单位开展思维参与的深度探究。研究过程基于真问题、开展真探究，学生的思维在相互交流与启发中实现从直观感知到度量认知的进阶。

2. 创设挑战性学习任务和开放性学习活动，助力思维进阶

建立起探索平行四边形的面积与面积度量之间的关系是本课的核心，也是多边形面积的学习过程中需要建立的重要"承重墙"。认为平行四边形的面积可以由邻边相乘得到是学生普遍存在的误区。在进行这部分内容的教学时，教师设计了挑战性学习任务：探究平行四边形的面积和什么有关。教师引导学生自主探究，并以学生为中心优化教学流程。

该学习任务，一是指向了度量的本质，二是指向了学生的真正困难，并且对于学生来说有挑战性且难度适中。针对挑战性学习任务，教师创设开放性学习活动，引导学生交流"可以怎样得到平行四边形的面积"，引发学生用不同的方法解决问题，并进行交流。在交流的过程中，教师聚焦影响平行四边形面积的要素。辨析"平行四边形的面积为什么不可以由邻边相乘得到"这一问题需要学生的批判性思维，发展批判性思维的核心活动是推理，教师让学生围绕结果应该是 24 还是 30 进行辩论，学生在辨析的过程中发现高、认识高并体会高的价值。在认知冲突中，学生的思维逐步走向深入，空间观念和推理意识获得了发展。

3. 通过多样化的持续性学习评价促进思维提升

本案例通过基础性作业和单元长作业，加强对学生学习过程的持续性评价。单元长作业中不仅有对研究图形面积的方法的梳理，还有对怎样研究图形面积的基本问题的关注，特别地，还增加了对"我还能研究哪些图形的面积"的思考。单元长作业指向学生的学习过程，强化"作为学习的评估"的理念，学生通过完成单元长作业，进行了一次对学习过程的自我反思，逐渐成为学习的主人。

但在实践过程中，持续性学习评价还应关注对不同的认知层次和学习水平的学生的评价，增加评价的层次性；同时关注评价主体的多样性，适当增加生生互评。让评价更好地服务于学生的自我认同和自我监控，促进深度学习的真实发生。

案例四

探秘送餐机器人
——"方向与位置"单元主题学习

> 实施年级：四年级
> 对应课标："图形与几何"领域，主题：图形的位置与运动
> 所用教材：北师大版（第4版）四年级上册第五单元"方向与位置"
> 单元课时：4课时+课外活动
> 设计、实施者：井兰娟、赵静①

一、主题整体分析

本单元内容选自北师大版小学数学四年级上册教材。依据《数学课程标准（2022年版）》的相关要求，根据指向深度学习的教学实践模型，首先对单元内容进行整体分析，包括课标分析、主题活动关键内容提炼和学生情况分析。

1. 课标分析

"方向与位置"这部分内容属于"图形的位置与运动"主题，且与学生的生活息息相关，贯穿整个小学阶段，具体分4次呈现，其承载的数学核心素养发展功能是发展学生的空间观念，形成几何直观。北师大版教材编排的学生学习路径如图4-4-1所示：

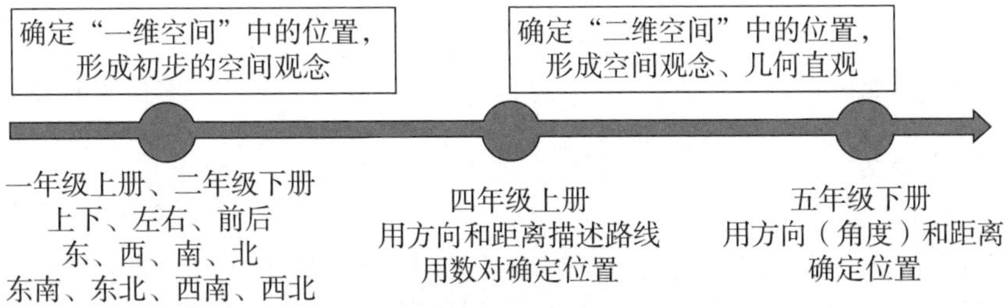

图4-4-1 北师大版教材"方向与位置"的编排路径

---

① 井兰娟、赵静均来自北京市海淀区中关村第一小学。

"方向与位置"单元内容包括用方向和距离描述路线、用数对表示点的位置。《数学课程标准（2022年版）》在学业要求中提出"能在熟悉的情境中，描述简单的路线图，形成几何直观""能在方格纸上用有序数对（限于自然数）确定点的位置，理解有序数对与对应点的关系，形成空间观念"①，可见这部分内容的学习有助于学生形成几何直观和空间观念。

从数学学科本质来分析，"用方向和距离描述简单路线"是"用方向角和距离确定位置"的基础，"用方向角和距离确定位置"和"用数对确定位置"，两者的本质都是用一组有序的数对描述一个点在平面中的位置（距离和方向也可看作一对数）。而有序数对是对坐标的渗透，坐标作为数与形的桥梁，不仅能够描述点的位置和实际生活中物体的位置，也是表达图形运动过程的工具。坐标的概念会贯穿在小学和第四学段"图形的位置与运动"主题内容之中，学生需要通过表述图形位置来感悟坐标的意义；通过对图形运动的观察和表达引导学生体会用坐标表达的必要性，也为未来学习奠定基础。

可见，通过本单元的教学引导学生感受确定位置的"本质"尤为重要，有助于学生进一步形成空间观念、几何直观和推理意识。

2. 主题活动关键内容提炼

（1）找到数学与信息科技学科的联结点——坐标

如上所述，"用方位角和距离确定位置"和"用数对确定位置"都是用一组有序数对描述一个点在平面中的位置。有序数对是对坐标的渗透。坐标作为数与形的桥梁，不仅能够描述点在平面中的位置，也能在图形化编程中使用。学生在利用图形化编程去完成一些作品时，经常会用到运动模块中的坐标程序指令设计角色的位置和运动（如图4-4-2所示）。因此，坐标可以成为数学与信息科技学科的联结点。

（2）真实问题情境实现跨学科融合——编程设计机器人送餐程序

找到跨学科学习的联结点还不够，还需要进一步思考：用什么样的主题情境能让数学和信息科技中的编程实现关联融合？

"送餐机器人"是实现数学和信息科技学科融合的一个很好的情境载体。因为送餐机器人的设计主要与机器人的硬件和软件制作有关，其中软件制作

---

① 中华人民共和国教育部. 义务教育数学课程标准（2022年版）[M]. 北京：北京师范大学出版社，2022：34.

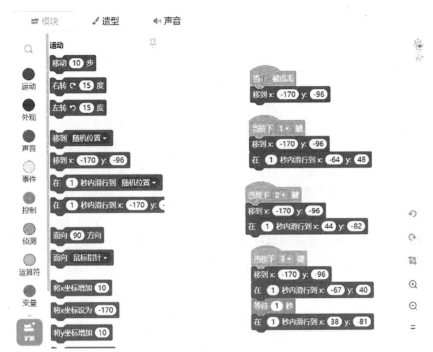

图 4-4-2　图形编程中的运动命令

就要进行编程设计机器人送餐，编程设计主要有四个步骤：采集餐桌位置信息、设计机器人送餐路线、编写机器人送餐程序、调试改进程序设计。其中前两个步骤"采集餐桌位置信息"和"设计机器人送餐路线"恰好与数学中"方向与位置"的学习内容密切相关。因此用机器人送餐作为真实的问题情境不仅能够将四年级中的"方向与位置"内容有机整合在一个问题解决中，把编程设计机器人送餐程序作为驱动性任务还能够实现数学与编程的美妙相遇。

　　由此我们确定了融入"方向与位置"内容的跨学科主题学习——探秘送餐机器人。

　3. 学生情况分析

　　为了了解学生在二维空间中确定位置的经验和困难，我们进行了以下学生调研。

　　前测题目1：A桌在葵葵餐厅（行列结构良好）平面图中的什么位置？（如图4-4-3所示）请你写一写，说一说。（调研目的：了解学生对物体在二维平面中呈行列分布时确定位置的经验。）

葵葵餐厅

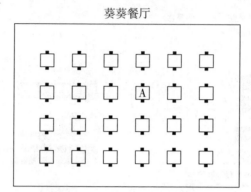

图4-4-3　前测题目1示意图

前测题目2：B桌在园园餐厅（散点结构）平面图中的什么位置？（如图4-4-4所示）请你写一写，说一说。（调研目的：了解学生对物体在二维空间中呈散点分布时确定位置的困难。）

园园餐厅

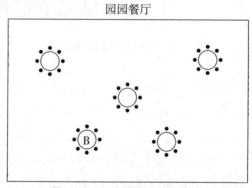

图4-4-4　前测题目2示意图

前测题目3：你有用图形编程软件设计程序的经验吗？你能利用图形编程软件设计一款"机器人找朋友"的动画作品吗？软件中的运动积木块表示什么意思？你知道为什么要用这样的编程语言来表示机器人所处的不同位置吗？（调研目的：考查学生图形编程的基础。）

调研结论：

（1）面对行列结构明显的餐厅，学生确定位置的困难不大，只是缺乏从横纵两个维度去思考确定位置要素的意识，起点和方向不明确。

（2）面对行列结构不明显的餐厅，学生确定餐桌位置的困难较大；约80%的学生只能从一个维度来描述大致位置，较难想到从横纵两个维度来确定餐桌的位置。

（3）近一半的学生没有使用过图形编程软件；会使用图形编程软件的学生能用坐标指令设计程序，但对于坐标定位的数学原理并不清楚。

二、素养导向的学习目标

本案例聚焦"方向与位置"的学习主题，基于"探秘送餐机器人"这一现实情境来解决现实问题，在问题解决的过程中，学生产生跨学科学习的需要，主动寻求不同学科专业知识的帮助，经历完整的问题解决过程。为了有效地促进学生创新思维能力的发展，借鉴"大观念项目"的研究成果，从TUKE角度（即迁移、理解、知识技能、情感四个维度）确立了本单元的学习目标。

T（迁移）目标：将在二维空间中确定位置的方法和数对联系起来，感悟两者的一致性，形成几何直观，发展应用意识；能将二维空间中确定位置的要素和维度迁移到在三维空间中确定位置的问题中，发展空间观念；能将方格图作为研究图形位置的工具并运用到图形运动的学习中，感悟图形的位置与运动的本质是点的坐标表达。

U（理解）目标：解决不同布局下餐桌的位置问题，感悟确定位置的本质；将用数对确定位置与计算机编程中的坐标建立联系，能从数对的角度发现机器人平移前后的位置关系；能应用图形编程软件及数学中方向和位置的知识设计机器人送餐程序，体会位置与运动的联系，发展应用意识和信息科技素养。

K（知识技能）目标：知道方格图上点与有序数对的对应关系，能在方格图中用有序数对表示点的位置；能用方向和距离描述机器人行走的路线。

E（情感）目标：体会数学在计算机程序设计中的应用，增强数学学习兴趣，体验编程的乐趣，感受科学技术和人工智能的魅力。

三、主题活动设计思路

"探秘送餐机器人"是一个综合的、跨学科的真实问题。在问题解决的过程中，学生能够逐步明确可以用一组有序的数对描述一个点在平面中的位置（距离和方向也可以看作一对数），而有序数对就是对坐标的渗透，坐标不仅是数学"图形的位置与运动"主题中一个非常重要的知识，也是计算机编程中经常用到的工具。因此，学生在送餐程序的设计中，主动跨学科学习的需要被顺理成章地激发了。

在解决问题的过程中，学生需要借助信息技术等手段查阅相关的资料和数据，了解科学常识，感受人类活动与环境之间的相互关系，同时又需要以"数据"为中心进行数据的收集、整理与表达，所以很自然地产生了跨学科学习的需求与实践。

基于上述思考，确定了"探秘送餐机器人"的主题活动教学设计框架及课时安排，详见图 4-4-5。

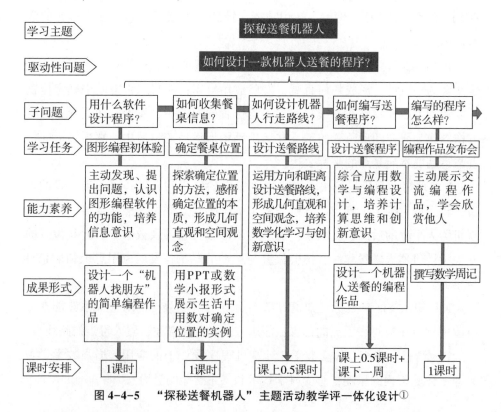

图 4-4-5　"探秘送餐机器人"主题活动教学评一体化设计①

任务 1：图形编程初体验。这一学习任务在学校的人工智能实验室中进

---

① 井兰娟，张学慧，赵静. 关联数学与编程　创新学习新"坐标"："创客送餐机器人"跨学科主题学习教学研究［J］. 小学数学教师，2023（11）：63-68.

行，是在对学生提出的关于送餐机器人的众多问题进行分类整理后，聚焦第一个核心问题"用什么软件可以设计机器人送餐程序？"而设计的学习任务。所以在第1课时中，为了解决这个问题，教师首先组织学生梳理出了解决问题的整体思路，然后和信息科技老师合作，由信息科技老师带领学生一起认识了 mind+图形编程软件，最后学生尝试体验设计了一个简单的编程作品。

任务2：确定餐桌位置。基于真实情境的问题解决，为学生提供了行列结构明显和不明显的两家餐厅作为情境素材，也为从行列结构到散点分布的迁移提供了条件。受到员工餐厅中整整齐齐排列的餐桌的启发，学生能够迁移员工餐厅的行列结构，构建出中餐厅的行列之网，解决了散点分布的餐桌位置问题，实现了从特殊情况下的确定位置走向一般情况下的确定位置。最后借助机器人情境帮助学生完成从餐厅平面图到方格图的抽象，理解了用数对表达位置。由此学生在数学中理解了编程中的坐标定位的原理，发展了几何直观和空间观念。

任务3：设计送餐路线。教师首先介绍了送餐路线的运动指令的使用方法，再让学生运用方向和距离设计出机器人的送餐路线，体会方向和距离确定位置的作用，同时为后面能够顺利设计出机器人送餐编程作品奠定了基础。

任务4：设计送餐程序。学生综合应用数学与编程设计，设计、改进了机器人送餐程序，完成了一个编程作品。经过近一周的时间，我们看到学生设计出了形式多样、程度不同的编程作品，有的创意新颖、生动有趣，也有的作品并不精美，甚至比较简单，但是我们都能从活动感言中看到学生的真实成长。学生在数学中理解编程的本质，在编程中看见了数学的力量。

任务5：编程作品发布会。在编程作品发布会上，学生展示交流各自的编程作品，结合"编程作品评价表"，带着欣赏的眼光评价其他同学的编程作品，并反思总结自己在活动中的收获和问题。

综上所述，通过这五个核心任务，学生能够在机器人送餐的真实情境中综合运用数学和信息科技解决机器人送餐程序的设计问题。学生在使用图形编程软件设计机器人送餐程序的任务中，经历了用数对确定位置的抽象过程，理解了编程设计中坐标定位的原理，体会了方向和距离对设计机器人送餐路线的重要作用，发展了几何直观、空间观念和应用意识，提高了信息化素养。

四、主题活动课时内容的教学设计与实施

　　将"确定餐桌位置"作为本主题活动的关键内容，能够很好地实现跨学科主题学习，凸显利用有序数对确定位置的数学意义和生活价值。在"确定餐桌位置"内容的教学设计中，教师要抓住确定位置的核心要素，让学生在真实情境中经历有序数对产生的过程，理解数对的意义，体会有序数对与平面中点的对应关系，感知数与形的结合，形成几何直观和空间观念，为今后的平面直角坐标系和极坐标系的学习奠定基础。另外，在图形化编程中，"坐标"也是刻画图形的位置和运动的重要程序指令。因此，在"确定餐桌位置"的学习中，学生探索解决不同结构布局的餐桌的位置问题，有助于感悟确定位置的本质，发展几何直观和空间观念。

（一）挑战性学习任务

　　在"确定餐桌位置"这一关键内容的设计中，教师可基于真实生活，根据调研情况，为学生提供了行列结构明显和不明显的两家餐厅作为情境素材。（如图 4-4-6 所示）

图 4-4-6　生活中不同分布的餐厅

　　提出挑战性学习任务：作为程序员，你将如何收集餐厅中餐桌的位置信息？为了帮助学生开展探究活动，我们还将两家餐厅的平面图纸同时呈现在学习单上（如图 4-4-7 所示），由学生自由选择其中一家餐厅确定 A 桌或 B 桌在餐厅中的位置。

学习单

活动要求：

1.（任选一个或两个）写一写，画一画，想办法确定A桌或B桌分别在餐厅中的位置。

2.在横线上表示出A桌或B桌的位置信息。

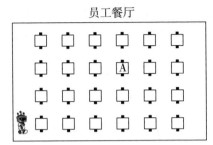

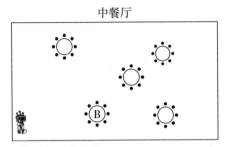

A桌在餐厅中的位置：　　　　　　　　　B桌在餐厅中的位置：

图4-4-7　　"确定餐桌位置"的学习单

围绕"如何收集餐厅中餐桌的位置信息"这一挑战性学习任务，学生经历了独立思考后，小组内交流分享：如何确定两张餐桌在餐厅中的位置？确定位置后有什么发现？有什么问题？在此基础上，进行全班交流。

首先从行列结构的员工餐厅开始，学生呈现了表示 A 桌位置的不同形式。

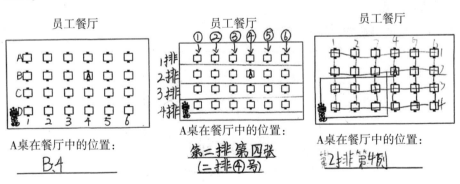

师：同学们都能够想办法确定 A 桌在员工餐厅的位置，但是表示位置的方式不完全相同。其中有什么共同的特点吗？你还有什么问题吗？

生 1：都是用横纵两个方向的数来确定餐桌位置的。

生 2：每个人确定位置时起点不完全相同，数的方向也不相同，机器人不知道听谁的指令了，怎么办呢？

生 3：应该统一起点和方向。

师：一般规定从左下方机器人出发的位置作为起点，从左往右数是第几列，从下往上数是第几行。

师：大家在确定员工餐厅中的餐桌位置时还是比较顺利的，对于中餐厅遇到的最大问题是餐桌少，排列得也不整齐，确定位置时有些困难，但是有的小组同学也尝试着想办法解决了这个问题。比如这是一个小组想到的方法。能看懂吗？你有什么想法？

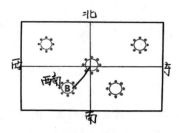

B桌在餐厅中的位置：

中间桌子的西南方向

生：按照这样的方法，中间桌子的西南方向有很多地方，机器人不一定能到达 B 桌位置。

师：你们能就 B 桌的位置问题想想办法，看看有什么启发和突破？想一想，再做一做。

（学生改进确定 B 桌位置的方法。）

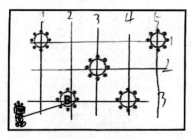

B桌在餐厅中的位置：

第三排第二列

全班展示交流。

师：你们怎么想到用这种方法来确定位置的？

生：我们想的是把员工餐厅中的方法用在中餐厅上，画出中餐厅的行和列，就能确定 B 桌位置了。

经历了以上的开放性学习活动，学生在真实的餐厅机器人确定餐桌位置的情境中逐渐建构起确定位置的关键要素，感悟到确定位置的本质。员工餐厅中整齐排列的行列结构为学生后续自主迁移到中餐厅餐桌位置的确定提供了支持，使得确定位置的情境和方法从特殊走向了一般。

（二）持续性学习评价

本主题的学习评价主要从以下两个方面展开：一是依据单元主题学习过程中的学习单等过程性资料形成对学生学习效果的过程性评价；二是利用表现性任务实现对学生综合应用数学与编程设计机器人送餐程序的表现性评价。

表 4-4-1　"探秘送餐机器人"主题活动的持续性学习评价设计

评价目标	评价内容	评价指标
诊断学生对于 mind+图形编程软件的认识和使用水平	运用 mind+图形编程软件设计出一个"机器人找朋友"的简单的编程作品	水平 1：知道 mind+图形编程软件中的窗口界面和各部分功能，但是不能应用编程软件设计机器人运动的简单作品； 水平 2：知道 mind+图形编程软件中的窗口界面和各部分功能，能应用编程软件设计机器人运动的简单作品； 水平 3：知道 mind+图形编程软件中的窗口界面和各部分功能，能应用编程软件设计"机器人找朋友"这类有故事情节的编程作品
诊断学生解决不同结构布局的餐桌位置问题的水平	表示出 A 桌、B 桌在餐厅中的位置 	水平 1：能用第几行和第几列两个方向的数据表示出 A 桌在餐厅中位置，但是不能表示出 B 桌在餐厅中位置； 水平 2：能用第几行和第几列两个方向的数据表示出 A 桌在餐厅中位置，但是仅能用一个方向粗略表示出 B 桌在餐厅中位置； 水平 3：能迁移行列分布的 A 桌位置的确定方法，用两个维度的数据确定散点分布的 B 桌的位置

续表

评价目标	评价内容	评价指标
诊断学生设计送餐路线，并用方向和距离描述路线的表现性水平	设计机器人送餐路线	水平 1：能设计出机器人送餐路线，但是不能用方向和距离描述机器人具体的送餐路线； 水平 2：能设计出机器人送餐路线，并能用方向和距离描述机器人具体的送餐路线； 水平 3：能设计出机器人送餐路线，并能用方向和距离运动指令或坐标位置变化的指令设计出机器人行走的送餐路线
诊断学生综合应用 mind + 图形编程软件和数学中的方向和位置设计机器人送餐的编程作品的表现性水平	请你应用 mind+图形编程软件自主设计机器人送餐程序	水平 1：没有实现让机器人在餐厅中移动到指定桌子的效果； 水平 2：运行比较流畅，布局比较合理，能够让机器人移动到指定餐桌的位置； 水平 3：人机交互，运行流畅，布局合理，生动有趣，操作简洁； 水平 4：人机交互，运行流畅，界面美观，布局合理，生动有趣，创意程序

（三）反思性教学改进

"探秘送餐机器人"主题活动是根据《数学课程标准（2022 年版）》在综合与实践领域中提出的要求，并结合现行北师大版教材四年级上册"方向与位置"单元中的学习内容设计的跨学科主题活动。这一主题活动紧密联系了科技与社会生活，融合了数学与信息科技中的图形编程设计，让学生在编程中应用数学，在数学中理解编程，建立起数学语言与编程语言的联系，激发学生对数学和编程的兴趣，发展几何直观、空间观念和应用意识，增强编程技能和创新意识。

1. 从核心概念和真实情境出发设计适切的跨学科学习主题

在设计"探秘送餐机器人"主题活动时，一方面是抓住数学中的"方向与位置"学习内容和信息科技学科中的 mind+编程语言的共有概念——坐标（确定位置），从而找到了跨学科的联结点和出发点；另一方面是结合送餐机器人的科技情境，实现了数学与信息科技学科之间的关联融合。这是因为送餐机器人的主要工作就是准确定位餐桌位置和规划设计路线，而这两件重要的事情恰好与"方向与位置"中的学习内容密切相关。因此用机器人送餐作为真实的问题情境能够将四年级"方向与位置"中的内容有机地整合在一起，并且将设计机器人送餐程序作为核心任务也实现了数学与编程的美妙相遇。

当然，从"坐标"这一核心概念出发，我们还可以思考是否存在其他真实情境可以进一步整合"图形的位置与运动"主题中的其他内容或者其他学科，让跨学科主题学习更加有广度、有深度，为学生创造更加开阔的学习空间。

2. 依据真实学情设计适切的挑战性学习任务

本主题开展之前的学生调研结果显示，学生直接对二维空间中呈现散点分布的餐桌进行位置确定是非常困难的；但是借助行列结构的平面图，部分学生是能将其迁移到散点分布的平面图中来确定位置的。因此在主题活动的核心课"确定餐桌位置"的教学设计和实施中，为学生同时提供行列结构和散点分布的两个餐厅的平面图，引导学生先解决行列结构的员工餐厅中餐桌的位置，有助于学生通过观察、分析，发现确定位置的本质是用两个方向的数来确定餐桌的位置。这为自主迁移确定中餐厅餐桌的位置提供了条件，从而使得确定位置从特殊走向了一般。从学习过程中学生的表现可以看出，将两张不同餐桌分布的餐厅平面图同时呈现在学习单中，学生在自主迁移解决散点结构的餐厅平面图中餐桌位置的正确率明显得到提升。

因此在设计和实施挑战性学习任务时，由于学生具有的知识背景、能力水平差异可能较大，教师需要了解学生的认知起点和综合问题解决能力，通过鼓励学生自主选择研究素材、教师提供个性化指导等措施，帮助学生更好地完成挑战性学习任务。

3. 基于跨学科主题学习提供开放的学习空间和时间

在"探秘送餐机器人"跨学科主题学习中，学生在机器人送餐的真实情境中，综合运用数学和信息科技知识，解决机器人送餐程序的设计中的一系列问题。这样的跨学科主题学习就需要教师为学生提供有信息技术设备支持的专业教室和专业人员的指导，以更好地实现主题学习的目标。比如主题学习中的"图形编程初体验""设计送餐路线""设计送餐程序""编程作品发布会"这几个学习任务都需要安排在学校的人工智能实验室中进行，并和信息科技教师合作带领学生完成。另外，由于采用了跨学科的学习方式对"方向和位置"单元内容进行了重构，学习时间相对增加，学生需要在一周的时间中，利用课上课下、校内校外时间充分经历学习编程、收集餐桌位置信息、设计送餐程序的问题解决过程。因此，跨学科主题学习活动需要为学生提供开放的学习空间和时间，以保证学习目标的达成和核心素养的落实，促进深度学习的发生。

在教学实施过程中，面对跨学科主题学习的时间的拉长和空间的延伸这一现实情况，"如何统筹整合主题学习的时间，减轻学生负担?"是教师需进一步研究思考的问题。

案例五

北京的夏天是不是越来越热

——"数据收集、整理与表达"的跨学科主题学习

实施年级：四年级

对应课标及所用教材：自主选题，基于真实问题解决的综合与实践主题活动，并非针对课标或教材的特定主题与内容

单元课时：7课时+课外活动

设计、实施者：李京华、刘建昕、崔晓娟、马金鑫、张猛①

依据指向深度学习的教学实践模型和"数据收集、整理与表达"主题的深度学习设计思路，团队选择"北京的夏天是不是越来越热"作为体现本主题核心内容的跨学科主题学习，接下来将对本主题活动涉及的相关内容，以及如何开展深度学习做具体分析。

一、主题整体分析

本主题活动内容选自北师大版小学数学教材四年级下册"数据的表示和分析"单元。依据课程标准的相关要求，根据指向深度学习的教学实践模型，首先对本主题活动涉及的相关内容进行整体分析，包括对标准的理解、主题活动关键内容提炼、学生情况分析等。

1. 理解课标

21世纪以来，信息技术的飞速发展与广泛应用，导致人们的生活充满不确定性，统计学逐渐成为各国课程改革关注的焦点。随着大数据、云计算、人工智能等领域的发展，能否从数据中获取有用的信息对问题的解决至关重要。因而，"统计与概率"在数学课程中的重要性也随之增加。《数学课程标

---

① 李京华、刘建昕、崔晓娟、马金鑫均来自北京市海淀区中关村第三小学，张猛来自北京市大兴区永华实验学校。

准（2022 年版）》在小学阶段的统计与概率领域下设立了三个主题：数据分类，数据的收集、整理与表达，随机现象发生的可能性。其中，重点强调数据分类和数据表达。同时在具体实施建议中指出要整体把握教学内容，并将其融入真实的问题情境中，推动教学内容主线与核心素养发展产生联系，以实现统计教学的整体性、综合性和实践性。

《数学课程标准（2022 年版）》提出要"探索大单元教学，积极开展跨学科的主题式学习和项目式学习等综合性教学活动"①，本案例尝试将单元中的统计图和平均数等内容，以深度学习的理念与模型为指导，用跨学科主题式学习的方式进行设计。本案例引导学生针对"北京的夏天是不是越来越热"这一真实问题，从初步确定分析方法，到能够通过统计图了解其中蕴含的信息，并绘制统计图，再到运用平均数解决问题，最后在学习反思中获得解决问题的方法，循序渐进，帮助学生使用数学思维与知识解决生活中的实际问题。

2. 主题活动关键内容提炼

本主题活动涉及的统计内容主要是条形统计图和平均数。"北京的夏天是不是越来越热"这一主题活动，将上述单元内容进行整合，通过问题分析、研究计划制订、数据收集整理与呈现等方式，直观表达北京天气的特征，并为预测天气的变化提供依据。这些内容不仅契合着 2022 年版义务教育数学、信息科技和科学课程标准对学生的数据意识、信息意识和探究实践等核心素养的要求，更是将这三大学科的教材内容以及学科知识融为一体。一方面，学生要在基于真实问题情境的统计问题中感悟自然与人类的关系，制订探究计划，这一过程会培养学生的信息意识和探究实践能力。另一方面，学生需要利用信息技术媒介收集数据，针对解决问题的需要评估数据来源及类型，进而分析、感悟数据中蕴含的信息，提升数据意识。

在落实课标要求的基础上，"北京的夏天是不是越来越热"这一主题活动（如图 4-5-1 所示），有助于学生在真实的问题情境中经历发现问题、提出问题、分析问题、解决问题的全过程，发展学生的"四能"；学生在活动中经历数据分析的全过程，有助于发展学生的基础知识、基本技能、基本思

---

① 中华人民共和国教育部. 义务教育数学课程标准（2022 年版）[M]. 北京：北京师范大学出版社, 2022：86.

想、基本活动经验，在多学科自然融合的学习中关注学科素养间的关联，促进学生立体发展。

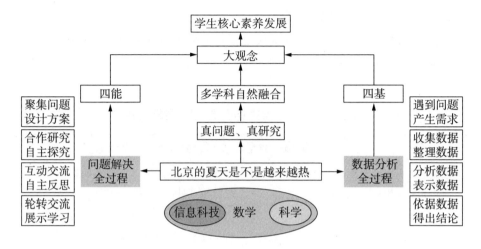

图 4-5-1 本案例中解决问题和数据分析的两个"全过程"示意图

3. 学生情况分析

学生是否认可用数据解决问题？学生是否知道收集什么样的数据？学生是否拥有处理数据的办法？学生在收集数据时会遇到哪些困难？为此，我们采用一对一访谈的方式对学生开展"数据意识"的现状调研。调研对象为从四年级 5 班随机抽取的 4 名男生和 4 名女生。

前测题目 1：大家都说北京的夏天越来越热了，作为一个生活在北京的人，你认同这个观点吗？并说明理由。

前测结果如表 4-5-1 所示：

表 4-5-1 "数据意识"调研结果

"数据意识"调研，共 8 人	
根据科学常识进行推理，3 人，37.5%	凭个人感觉进行判断，5 人，62.5%
(1) 因为北京周边的工厂较多，工业化生产过多会导致温室效应，所以北京的夏天越来越热 (2) 汽车尾气排放越来越多，造成温室效应（2 名学生）	(1) 不认同，每年都差不多 (2) 我认同这个观点，因为北京冬天不冷了说明气温上升了，夏天的气温也就上升了 (3) 我认同，因为我爬山时，如果不穿短袖，就会特别热

由调研结果可知，面对相对复杂的真实问题时，37.5%的学生依据常识进行推理，62.5%的学生仅凭感觉进行判断，由此可见，学生不能自觉地用数据解决问题，数据意识有待发展。

前测题目2：回答"北京的夏天是不是越来越热"要收集哪些数据？

前测结果如表4-5-2所示：

表4-5-2　"收集哪些数据"调研结果

"收集哪些数据"调研，共8人	
要收集的数据属性（标准）不明确，年份和月份相对模糊；4人，50%	要收集的数据属性（标准）明确，年份和月份相对明确；4人，50%
（1）收集几年内夏天的温度数据 （2）能证明北京夏天越来越热的数据：2012—2013年的温度，所有省份的温度 （3）不同年份北京夏天的温度 （4）收集每年的温度，并记录	（1）收集三年（2020—2023年）的数据，每年收集三天最高气温 （2）夏天最高气温（连续几年） （3）每年的平均温度或夏天的平均温度做比较

由调研结果可知，50%的学生对于要收集的数据属性（标准）不明确，年份和月份相对模糊。

前测题目3：你在收集数据的过程中遇到了哪些困难？

在前测题目1和前测题目2的基础上，引导学生进行自主收集数据的尝试，并发现学生在自主收集数据过程中存在的困难。前测结果如表4-5-3所示：

表4-5-3　"收集数据时遇到的困难"调研结果

"收集数据时遇到的困难"调研，共8人
（1）不知道输入关键词进行检索 （2）会检索"2012—2022年夏天最高或平均温度"，但没有办法收集到所需要的数据 （3）收集到的温度是一个范围，16℃—28℃，不知道该如何理解 （4）检索2012—2013年北京夏天的温度后，不知道该如何进一步处理 （5）不确定自己检索到的信息是否准确（2名学生） （6）搜索2017—2020年夏天的平均温度，找不到相应数据（2名学生）

由调研结果可知，学生基本可以采用间接的方法获得数据，但在收集数

据的过程中遇到了如找不到所需数据、不能确定信息是否准确等困难，需要信息科技知识的支持。关于夏天的界定也存在争议，需要科学知识的支持。

前测题目4：如何分析数据才能获得有用的信息？

前测结果如表4-5-4所示：

表4-5-4　"处理方法"调研结果

"处理方法"调研，共8人
排序比大小，5人，62.5%；如"按年份顺序，比大小""对有价值的数据排序"
趋势，1人，12.5%；如果每年攀升……，如果每年下降……，如果时高时低……
再做平均，1人，12.5%；取五天最高气温的平均数，再进行比较
不明确，1人，12.5%；把电脑上获取的内容和自己的看法结合，总结出一个可行的办法

由调研结果可知，学生掌握了一定的数据分析方法，如排序和比大小等，其中不乏涉及统计量和统计图的数据呈现方法，使得在后续解决问题过程中，自主探究学习成为可能。

通过以上学情分析发现：学生缺乏用数据解决问题的意识，对数据属性的认识不明确，不能采取合理的方式收集、分析数据。其原因是在以往的学习中，学生以技能掌握的视角直接收集、整理数据，在获取信息时缺乏解决综合而复杂的真实问题的经验。在面对现实情境中的真实问题时，学生不能合理地自主规划解决问题的路径。真实问题和数据的收集、整理与表达之间存在距离，跨越这一距离需要学生自主统筹解决路径。

二、素养导向的学习目标

本案例聚焦"北京的夏天是不是越来越热"的学习主题，确立了如下单元学习目标。

1. 在面对真实而复杂的问题时，以团队协作的方式，聚焦"数据"，合理规划并制订简单的探究计划，依据计划开展自主学习，发展团队协作能力、信息意识和探究实践能力。

2. 经历发现和提出问题，收集、整理和分析数据的全过程，感受数据的价值，知道同一组数据可以用不同的方式表达，根据问题的背景选择合适的方式，感悟数据蕴含的信息，树立用数据说话的意识，发展应用意识。

3. 能利用有效数字平台与资源，搜索并获取气象数据，读懂天气预报，在教师引导下利用（气象）数据（温度），建立（气象）数据与天气状况之间的联系；认识条形统计图，能根据数据画出条形统计图，并根据统计图进行简单的分析；了解平均数的意义，知道用平均数可以刻画一组数据的集中趋势，会求简单数据的平均数，能解决简单的实际问题。

4. 在主题学习中，体验运用多学科知识解决问题的过程，引发团队自主探究的兴趣，激发自主学习的热情，感受人类活动与环境的相互关系。

三、主题活动设计思路

"北京的夏天是不是越来越热"是一个跨学科的真实问题。在解决问题的过程中，学生需要借助信息技术等手段查阅相关的资料和数据，了解科学常识，感受人类活动与环境的相互关系，同时又需要聚焦"数据"进行数据的收集、整理与表达，所以学生很自然地产生了跨学科学习的需求与实践。由此，确定了"北京的夏天是不是越来越热"的主题式教学设计框架及课时安排：

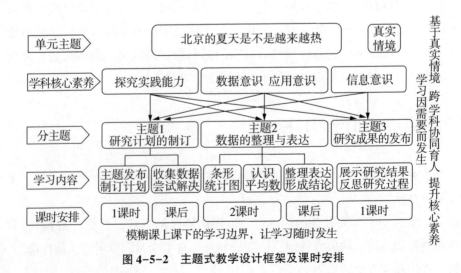

图 4-5-2 主题式教学设计框架及课时安排

具体学习任务及课时目标如表 4-5-5 所示。

表 4-5-5 单元学习任务及课时目标

课时	学习任务	课时目标
第1课时	发现问题,制订计划	(1) 通过讨论"北京的夏天是不是越来越热"的问题,产生对数据的需求,初步制订数据收集方案; (2) 在解决真实问题的过程中,产生跨学科学习的需求,初步认识到对同样的数据,可以有多种分析方法,需要根据问题的背景选择合适的方法; (3) 知道解决生活中的许多问题时应先做调查研究,能利用有效数字平台与资源,搜索并获取气象数据,能读懂天气预报,能在教师的引导下,建立气象数据(温度)与天气状况之间的联系; (4) 依托主题,创设思考、交流的空间,激发自主研究问题的热情
第2课时	呈现数据,用条形统计图表达信息	(1) 通过解决问题过程中遇到的困惑,产生整理和表示数据的需求,初步体会数据中蕴含的信息; (2) 在整理和表示数据的过程中认识条形统计图,理解和掌握条形统计图的特点和作用,会绘制简单的条形统计图; (3) 积极参与统计的全过程,在解决真实问题的过程中体会数学与现实生活的紧密联系,发展应用意识;在对研究结论进行反思的过程中,发展批判性思维
第3课时	呈现数据,用平均数表达信息	(1) 结合解决"北京的夏天是不是越来越热"这个问题的过程,了解平均数的意义; (2) 能结合简单的统计图表,运用平均数解决一些简单的实际问题
第4课时	展示结果,反思过程	(1) 经历主题学习历程的回顾,既能积淀学习与研究方法,促进学习反思,又能结合核心内容,进一步发展数据意识和问题解决能力; (2) 通过研究成果的分享与互动,拓宽视野,丰富理解,发展语言组织与运用、团队协作的能力,在交流讨论中促进对人类活动与环境之间相互关系的理解

这样的主题教学设计,不但打破了课上课下的学习边界,拓展了学生的学习空间,同时基于真实的情境,实现了跨学科协同育人,提升了学生的核心素养,使学习真正因需要而发生。

四、主题活动课时内容的教学设计与实施

学生在面对"北京的夏天是不是越来越热"这一真实问题情境时，会自主生发出对"收集什么样的数据""数据从哪里获取""怎样分析数据得出结论"等的需要，这正是对学生数据意识、信息意识、探究实践能力的考验，是不可或缺的关键过程。故而将这一过程承载的教学内容划分为"主题规划"和"条形统计图"两个课时（即表 4-5-5 中的第 1 和第 2 课时）来完成，这突破了以往条形统计图教学中学生直接获取数据信息的常态，实现了对学生数据意识的全过程培养。

本案例重点呈现"主题规划"和"条形统计图"两大关键课时，虽然"主题规划"和"条形统计图"两部分内容在时空中是分离的，但其内容是协调统一的，都服务于学生的数据意识和问题解决能力的发展。

（一）挑战性学习任务的设计与实施

1. 研究计划的制订——主题规划

环节一：情境引入，唤醒激发

教师播放《高温"烤"验》的小视频，并提问：①从视频中获得了哪些信息？②观看完视频有什么感受？

【设计意图】通过观看小视频并交流感受，引发学生对人类生活环境的关注，激发学生的研究兴趣，促使学生积极投身到数据分析的全过程中去。

环节二：提出问题规划方案

（1）用数据说话

面对"北京的夏天是不是越来越热"这一现实问题，教师首先引导学生分享了自己的感受，有的认为夏天确实更热了，有的则觉得变化不大。教师引导学生思考："只凭感觉来说明问题可以吗？怎样说明这个问题才能更合理、更让人信服呢？"学生们意识到，不同的人感受各异，需要借助数据来更客观地分析。于是，他们提出了可以通过听天气预报记录温度、上网查询平均气温等方法来收集数据。经过讨论，大家一致认为用数据来说明问题更加合理和可靠。

【设计意图】结合"北京的夏天是不是越来越热"的现实情境，教师引导学生发现、提出问题，通过交流讨论引导学生学会用数据说明问题，培养数据意识。这既是本课的教学重点，也是需要引领学生突破的一个学习难点。

【任务描述】以小组为单位制订研究计划。

【活动建议】

①小组讨论后，形成研究问题的计划，记录在表格中。

②自信热情地分享自己的研究计划。

【设计意图】学生在解决真实情境中的问题时，会自然产生用数据说明问题的需求。引导学生知道解决生活中的许多问题时，应当先做调查研究，收集数据，通过分析作出判断。本环节再次突出"数据意识"这一重点。

（2）收集小组作品，全班交流反馈

教师引导每个小组思考：收集什么样的数据？数据从哪里获取？怎样分析这些数据，得出结论？并以小组为单位制订研究方案，记录在下面的学习单中。

【学习支持】

收集哪些数据	数据从哪里获取	怎样分析数据得出结论

小组完成计划的制订后，教师组织全班进行分享交流。

生1：收集每年夏天的高温天数，比较高温天数是不是越来越多。

生2：收集每年夏天的最高温度，比较最高温度是不是越来越高。

生3：收集每年夏天的温度，计算平均温度是不是越来越高。

师：这些方案之间有什么相同点和不同点？

生1：分析的方法都是比较和画图比较。

生2：获取数据的方式都是上网和听天气预报。

师：不同点都集中在了"收集哪些数据"，那咱们针对收集的数据来分分类吧。

生：各组收集的数据可以分为三类：高温天数、最高温度、平均温度。

师：面对同样的问题，大家选择了不同的问题解决方案，这些方案都是非常好的尝试。

【设计意图】引导学生对想要收集的数据进行分类，知道对同样的数据，可以有多种分析的方法，需要根据问题的背景选择合适的方法，在交流讨论中培养数据意识。

（3）完善研究计划

学生在交流讨论中提出了关于如何收集数据、定义夏天和确定数据时长等问题。教师指导各小组根据这些问题完善研究计划。

【设计意图】通过交流完善，有助于学生意识到研究计划要具体可行，养成科学严谨的研究态度，培养对探究实践的过程和结果进行交流、评估、反思的能力。

环节三：收集数据，尝试解决

根据制订的研究计划，以小组为单位，利用电脑（每个小组 2 台）等设备尝试收集数据，并记录遇到的困难或问题。

围绕学生遇到的困难，包括"查不到 2013—2022 年的平均温度""在不同的网站上查到的结果不一样"等，教师组织学生围绕困难进行搜索方法的交流。学生提出可以通过"输入更精准的关键词""通过专业网站或气象局收集数据"等方法解决困难。

【设计意图】在利用电脑收集数据、尝试解决问题的过程中，学生不断发现并提出真实的问题，进一步思考如何获取更可靠的数据。这是跨学科主题学习的应有之义。

环节四：梳理回顾，总结反思

①组织回顾研究问题的全过程，交流收获与困惑。

②引导学生课后进一步完善研究计划，根据制订的计划将所需数据收集完毕，并初步尝试解决问题。同时，随时记录本组同学遇到的困难、困难是如何解决的或者还需要哪些帮助。

【设计意图】通过回顾研究问题的全过程，引导学生掌握研究问题的路径，反思研究过程中的不足，进一步发展数据意识和问题解决能力。

2. 数据的整理和表达——条形统计图

环节一：聚焦"数高温天数"的研究方案，产生整理和表达数据的需求

首先，聚焦"数高温天数"的研究方案，呈现学生收集到的原始数据，在庞杂数据的冲击下，引导学生产生主动整理和表达数据的需求。

围绕学生收集的2015—2022年北京6月的气温图展开讨论。

师：看看这些数据，结合研究计划，再看看我们要解决的这个问题，你们现在得出结论了吗？

生：数据太乱了，需要整理一下每年6月的高温天数。

师：看来要想解决这个问题，还需要我们进一步整理数据，并把整理后的结果直观清楚地呈现出来，才能更好地帮助我们对这个问题作出判断。小组分工合作，整理出资料中每年6月的高温天数，将整理后的结果用直观清楚的方式表示出来，并提出小组的研究结论。

【设计意图】通过呈现原始数据，让学生对数据产生整理与表达的需求，使学生的学习因需发生。在整理与表达数据的过程中，学生完成对条形统计图这部分知识内容的主动学习。

环节二：呈现各种表达数据的方法，在比较中认识条形统计图的特点

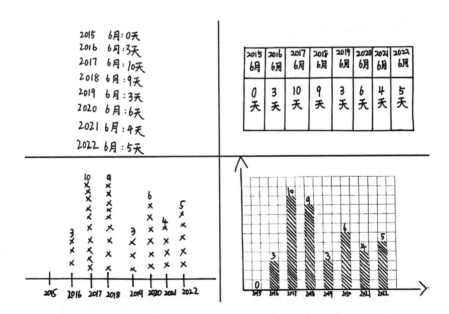

全班交流以下关键问题：①解决这个问题时，你们想到了不同的表达数

据的方法。从每种方法中你能获取哪些信息呢？②在解决这个问题时，你能从欣赏的角度给这几种表达数据的方法排排序吗？

生1：我最欣赏统计表，因为一眼就能看出每年6月的高温天数，非常清楚。

生2：我最欣赏条形统计图，因为它比较容易看出来哪一年的高温天数最多，虽然象形统计图也可以，但它不是在方格纸上画出来的，所以没有那么准确，有些数据差一两个可能也看不出来。

生3：我也更欣赏条形统计图，它非常直观清楚。象形统计图有可能会画错位，而文字列举的方法还需要再去比较。

生4：我觉得在画象形统计图的时候，每个叉之间的间隔不一定都是一样的；而在条形统计图中，每个方格都是一样的，所以更容易看出数据的跌宕起伏。

（如果出现折线统计图，可以全班分享，认可学生的做法，但并不作为重点展开。）

【设计意图】在围绕两个追问进行交流的过程中，通过比较不同的表达数据的方法，加深学生对条形统计图特点的认识，使学生切身感受到条形统计图的表达方式对问题解决所提供的支持。

环节三：明确研究结论，并对研究结论进行多角度的反思

师：通过今天这节课的研究，我们得出的研究结论是什么呢？

生：北京的夏天不是越来越热的。

师：在上一节课中，很多同学结合自己的真实感受，认同北京的夏天是越来越热的。但是今天这节课我们请数据来帮忙，得出的研究结论是——北京的夏天不是越来越热的。那么你们怎么看待这个研究结论呢？

（引导学生从数据收集的范围、研究方案的选择等不同角度对研究结论进行反思，从而产生进一步研究的需求。）

【设计意图】学生在对研究结论进行批判性反思的过程中，自然地突破了"初步感受数据分析的价值"这一学习难点，在对研究结论进行反思的过程中，发展了批判性思维。

环节四：回顾研究问题的全过程，形成研究问题的路径

教师首先引导学生回顾之前的研究过程，明晰"确定问题—收集数据—整理和表示数据—分析数据—作出判断"的统计全过程。其次，鼓励学生课

后继续沿着这样的研究路径，对新的思考或问题进行研究。

【设计意图】通过回顾研究问题的全过程，引导学生掌握研究问题的路径，以便开展进一步的研究。

（二）持续性学习评价

1. 聚焦数据意识的评价

"北京的夏天是不是越来越热"跨学科主题学习所设计的持续性学习评价中，对"数据意识"的评价方案如表4-5-6所示。

表4-5-6 "数据意识"评价方案

评价目标	评价任务	评价标准	评价方式
诊断学生能否举例说明人类活动与环境之间的关系，并认识到保护环境的重要性	课中：播放《高温"烤"验》的小视频；提出思考问题（略）	略	课堂提问
诊断学生能否认识到可以通过调查研究帮助解决问题	课中：你认同北京的夏天越来越热吗？	略	课堂提问
诊断学生制订初步的研究计划的水平，研究计划应包括数据类型、数据来源、数据处理的方法	课中：小组讨论后，形成研究问题的方案，记录在表格中	水平1：不能明确说明收集什么样的数据；水平2：能够明确说明收集什么样的数据，以及数据获取方法	小组合作学习单、提问、展示评价
诊断学生能否在收集数据的过程中提出合理的建议或好方法	课中：学生以小组为单位利用信息技术手段收集数据并记录，组织学生交流收集数据的好方法	水平1：不能提出一些合理的建议或好方法；水平2：（略）；水平3：能够提出通过专业网站或气象局收集和获取准确数据	课堂提问

续表

评价目标	评价任务	评价标准	评价方式
诊断学生整理、表示数据，以及分析数据的水平	课中： 小组分工合作，整理表示出高温天数，得出小组的研究结论	水平1：（略）； 水平2：（略）； 水平3：能够对收集到的数据用不同方法进行整理，并把整理后的结果表示出来	小组合作学习单、提问、展示评价
结合真实的问题，诊断学生从一组数据中选取代表的不同情况，使学生体会一组数据可以有不同的分析角度，平均数只是众多统计量的一种	课中： 出示某月某周的气温： 37℃、32℃、32℃、31℃、36℃、32℃、31℃ 这周的气温到底如何呢？ （1）独立思考并选择一个温度作为这周数据代表； （2）面对同学们选取的代表，你能读懂选取的理由或是存有的疑问吗？	水平1：只能理解其中1种分析的角度； 水平2：能够理解其中2种不同的分析角度，其中包含平均数，并用自己的语言进行解释； 水平3：能够理解2种以上的分析视角，包含平均数，并能够结合具体的情境进行阐释	课堂观察、自主学习单、提问
诊断学生面对北京夏天温度的大量数据时，能否借助信息技术手段，选择适当的方法解决研究中遇到的计算平均温度的问题，并展示出来	课后： 以小组为单位收集北京每年夏天的温度数据，并通过信息技术手段计算、表达、展示出北京每年夏天的平均温度	水平1：不能借助信息技术手段计算北京夏天的平均温度； 水平2：能够运用办公软件结合所学方法计算并展示出北京夏天的平均温度	课后观察、小组合作、展示评价
诊断学生面对高温天气现状时，能否认识到调整人类不合理的生产和生活方式可以减少对环境的影响，并提出保护环境的建议	课中： 回顾整个学习过程，你有哪些新的感受、思考和启发？	水平1：没有认识到可以通过调整人类不合理的生产和生活方式，可以减少对环境的影响； 水平2：认识到人类的生活和生产方式影响环境，并进一步提出保护环境的建议	课堂提问

2. 聚焦团队协作的评价

"北京的夏天是不是越来越热"跨学科主题学习所设计的持续性学习评

价中，"团队协作"的评价量规如表4-5-7所示。

表4-5-7　"团队协作"评价量规

	有待改进	做得不错	真的很棒
团队责任	没有和团队一起工作 ●不做项目任务 ●缺乏分工与合作，仅仅依靠部分成员完成任务	和团队一起工作 ●积极参与项目团队的讨论和交流 ●有分工，很少需要督促，能够开展讨论与交流，及时完成任务	除了"做得不错"的标准外，还能做到 ●有明确的分工，课前明确任务，课后总结、讨论与交流 ●主动收集资料，完善自己的工作
团队合作	没有帮助团队解决问题 ●遇到分歧或困难，停滞不前，不能互相沟通，达成一致 ●没有与他人分享想法 ●对他人的想法没有回应 ●没有帮助他人	帮助团队解决问题，处理冲突，并保持专注和秩序 ●遇到分歧或困难，主动沟通，寻求帮助，解决问题 ●分享帮助团队提高工作效率的想法 ●对他人的想法有积极回应 ●在他人有困难的时候，提供帮助	除了"做得不错"的标准外，还能做到 ●其中一个成员不在时，主动帮助团队 ●鼓励他人分享想法，创造团队分享交流的积极气氛 ●如果成员没有明白某些事情，主动提供帮助

（三）反思性教学改进

"北京的夏天是不是越来越热"是深度学习涉及的第二类单元关键内容，是由以现实问题为背景的跨学科领域的内容整合而成的关键内容。在本案例中，学生所经历的深度学习的过程，也是师生共同进步、共同成长的过程。

1. 在协同多学科视角反思的过程中，实现学生发展的整体目标

深度学习致力于学生发展整体目标的实现。"北京的夏天是不是越来越热"作为一个较为复杂的综合性问题，学生仅通过气温数据分析，很难得出科学合理的结论。因此，在探索过程中，教师引导学生扩展视野，了解全球气候变化的背景，思考数据与身体感受的反差，探索其关联，拓展思维和认

识，不断通过反思促进对该问题的深入研究，并通过全面科学研究来论证课题。在此过程中，学生通过深度学习的发生不仅获得了对统计图、平均数等统计核心知识的理解与掌握，还积累了"如何合理收集数据""如何处理数据获得有用信息"等基本活动经验。在"用数据说话"的过程中，审辨性思维与问题解决能力得以提升，数据意识也得以发展。

在教学实施过程中，学生能够从多学科视角对研究过程和结论进行反思，"如何促使学生进一步深入研究这些有价值的反思"是值得改进和提升的问题。

2. 依托真实问题的解决，设计挑战性学习任务

挑战性学习任务的设计是深度学习的关键步骤之一，挑战性学习任务应直指关键内容的学科本质。在解决"北京的夏天是不是越来越热"这个真实问题的过程中，学生真切地认识到解决问题首先要调查研究，用数据说话，继而自然产生了收集哪些数据、从哪里收集数据、收集到数据后如何处理等问题，这些问题直指统计问题中的核心"数据的收集、整理与表达"。同时，在解决"北京的夏天是不是越来越热"这个真实问题的过程中，产生的一系列学习任务都具有一定的挑战性，同时数据有哪些来源、如何处理数据、获得哪些结论等问题，都具有一定的开放性，都不是直接能够找到答案的，这种挑战性和开放性都为学生提供了深度思考和讨论交流的空间。

在教学实施过程中，面对富有挑战性的学习任务时，学生具有的知识背景、能力水平差异较大。因此在学习前，教师不仅要了解与学生相关的数学认知起点，还要了解学生的综合问题解决能力，通过科学分组、个性化指导等措施，帮助学生更好地完成挑战性学习任务。

3. 在开放性学习活动中，鼓励学生通过自主规划来解决问题

在开放性学习活动中，挑战性学习任务往往会引发不同学生的不同解决方案，教师该如何处理这种"不同"呢？在"北京的夏天是不是越来越热"这一主题学习中，教师鼓励学生去考虑数据的实际背景，深入思考和交流"什么样的数据更好？什么样的数据处理方法更合适？"，面对这些问题，不同学生产生了不同的解决问题的方案。面对这种情况，教师没有选择"整齐划一"，而是把真实问题解决的全过程交给学生，鼓励学生自主设计研究路径，自主确定学习目标，自主选择学习策略等。面对不同的解决方案，师生

再开展质疑、交流、合作、探索等活动。回顾反思活动的过程，正是由于采用自主规划的学习方式，才让不同学生有机会产生不同的想法，而恰恰是这些不同引发了学生围绕关键内容的讨论与交流，引发了深度学习的发生。

在交流反思过程中，不同研究路径中还蕴含着丰富的研究思路与问题解决策略，如何将自主规划解决问题的过程中产生的丰富资源最大化地利用，促进学生多元发展，是我们接下来需要持续思考的问题。

案 例 六

我的操场我设计

——基于真实问题解决的综合与实践主题活动

> 实施年级：四年级
>
> 对应课标："统计与概率"领域，主题：数据收集、整理与表达
>
> 所用教材：北师大版（第4版）四年级下册第六单元"数据的表示和分析"
>
> 单元课时：4课时+课外活动
>
> 设计者：赵艳辉、王猛、石迎春、杨祎、降伟岩、赵婧雯、刘岩、靖艳双①
>
> 执教者：降伟岩、赵靖雯

一、主题整体分析

1. 理解课标

《数学课程标准（2022年版）》中综合与实践领域的变化比较大，在前两版课标的基础上，进一步明确了价值定位，扩展了内容范围，强调了学习方式。

（1）综合与实践领域的价值定位：跨学科中的知识应用

数学作为基础学科，本身具有的广泛的应用性，决定了学生对数学知识的学习也应在与现实世界的互动中完成。《数学课程标准（2022年版）》在课程内容中说明："综合与实践是小学数学学习的重要领域。学生将在实际情境和真实问题中，运用数学和其他学科的知识与方法，经历发现问题、提出问题、分析问题、解决问题的过程，感悟数学知识之间、数学与其他学科知识之间、数学与科学技术和社会生活之间的关系，积累活动经验，感悟思想与方法，形成和发展模型意识、创新意识，提高解决实际问题的能力，形

---

① 赵艳辉、王猛、石迎春、杨祎、降伟岩、赵婧雯、刘岩、靖艳双均来自东北师大附小净月实验学校。

成和发展核心素养"。①可以说，综合与实践领域内容的学习过程本质是一种问题解决，将知识理解与问题解决有机融合，为知识应用提供土壤，为解决现实世界中综合的、复杂的问题提供思想方法的支撑、转化与融合；学生在学习这些来源于并回归到现实世界的课程内容时，统整多学科知识，在问题解决中增强对现实世界的整体认识和深度思考。

（2）综合与实践领域的学习方式：真实问题解决中的具身活动

《数学课程标准（2022 年版）》中提出："学生的学习应是一个主动的过程，认真听讲、独立思考、动手实践、自主探索、合作交流等是学习数学的重要方式"，要"引导学生在真实情境中发现问题和提出问题，利用观察、猜测、实验、计算、推理、验证、数据分析、直观想象等方法分析问题和解决问题"。②

作为问题解决的综合与实践活动，是学习方式变革探索的重要载体。学生应在感兴趣的真实情境、现实问题中，从被动走向主动，通过标准中建议的丰富的具身活动，应对挑战，统整多学科知识、技能、方法，积累问题解决经验，提高应用意识及创新能力，进而提升包含数学学科核心素养在内的多学科核心素养。

（3）综合与实践领域的教学实践：基于课标的创造性探索

《数学课程标准（2022 年版）》的综合与实践领域，共列举了 13 个主题活动和 2 个项目学习。与前三个领域体例相同，每个主题活动或项目学习均按"内容要求、学业要求"呈现了具体要求，每个学段给出了"教学提示"；还在"课程实施"中给出了针对综合与实践领域教学活动的具体教学建议，并在附录中列举了若干个活动设计案例。这些案例都是教材编写和教学实践的基本依据和参照，但它们不是全部。《数学课程标准（2022 年版）》的综合与实践领域中多次出现了"自行选取内容丰富的主题""自行设计形式多样的活动"等类似的建议。因此，与前三个领域相比，综合与实践领域被预留了更大的实践探索空间。数学教师们应基于课标中的主题内容，研读主题设计与实施的基本要求，并在此基础上结合本校资源条件，创造性地开展综

---

① 中华人民共和国教育部．义务教育数学课程标准（2022 年版）[M]．北京：北京师范大学出版社，2022：42．

② 同①：3．

合与实践活动的教学实践。

2. 主题活动关键内容提炼

综合与实践主题活动"我的操场我设计"是实施学校自定的主题。此主题的选定基于学生学校生活中的真实问题：学校操场的设施和设备陈旧、破损，需要维修或改造；维修改造时需考虑如何在有限的空间内，科学合理地规划设计，与学校发展规模匹配，满足学生活动的需要。这是学生身边的真实问题，在这一问题的驱动下，学生须主动调动所学习的知识，通过实地探查、交流讨论、分组协作、实地测量、方案初拟、修改方案、分享汇报等过程，设计符合学校实际的操场改造设计方案，进而解决问题。这一主题活动在六年级下学期完成，融入该学校毕业季"做最美毕业生"的系列活动中，聚焦成长的校园，指向更好地设计、改造母校设施。学生在参与活动中，在与母校惜别留念中加深对学校的情感，体会所学习知识的应用价值，提升问题解决能力和综合素养。

"我的操场我设计"主题活动被划分为 5 个并列的子主题，分别是看台改造、塔台搭建、跑道设计、游戏区规划、未来操场设计（见图 4-6-1）。实施学校六年级共 10 个班级，每个班级根据自己的兴趣选择 1 个子主题展开学习（见表 4-6-1）。

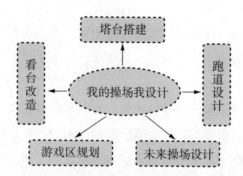

图 4-6-1 "我的操场我设计"主题活动结构图

表 4-6-1 "我的操场我设计"的子主题选择情况

班级	5班、6班	7班、10班	1班、9班	3班、10班	2班、4班
主题	看台改造	塔台搭建	跑道设计	游戏区规划	未来操场设计

下面以"看台改造"这一子主题为例，说明其中的关键内容。

（1）主题活动中的数学要素

作为数学综合与实践的主题活动，其中必然涉及诸多数学知识的应用。"看台改造"这一子主题被确立，是由于学校操场四周的看台在建校时的设计规模是能容纳约 1800 人就座。但随着学校招生规模扩大、在校生人数增多，操场看台已经无法同时容纳全校学生入座，因此需要进行改造，适当增加座位，满足运动会等大型集会的需求。为了解决此问题，学生需要测量目前看台的各项数据、核算看台实际可容纳人数，根据多方面数据进行决策，提出改造看台的设计方案，进行改造后看台容纳人数核算、造价核算等以说明方案的可行性、合理性。在此过程中，测量、计算、统计与分析数据、平面与立体图形转化等数学知识被充分运用，量感、运算能力、几何直观、空间观念、数据意识、应用意识、创新意识等数学核心素养得以进一步发展。

（2）主题活动中的问题解决

解决真实问题是"我的操场我设计"主题活动的主线。除了 5 个子主题中的具体问题需要被解决，感受、归纳问题解决的一般过程，也是主题活动实施中的重要的过程性目标。

在"看台改造"主题活动中，学生经历"实地考察、提出问题 → 聚焦问题、讨论思路 → 分工协作、测量数据 → 方案初拟、数据补录 → 专业支持、完善方案 → 方案展示、交流评价"的过程；如果从问题解决的一般过程来看，提出问题、确定问题解决所需信息、确定解决问题的思路方法、解决问题并检验评价这几个基本环节对应具体主题内容的展开与细化。学生亲历主题活动后，不仅要对过程、成果进行反思与评价，也要对解决问题的一般思路与过程进行归纳和概括，为后续其他问题的解决积累经验。

另外，此主题活动中团队合作格外重要。"看台改造"主题活动中，对目前看台数据的测量，问题的梳理，看台改造的方案设计，方案展示，等等，都不是学生能独立完成的，学生需要组建小组，合理分工与协作，完成针对问题设计方案、咨询并测算方案的合理性、将设计方案优化并展示等一系列活动。因此，主题活动中的问题解决，不仅指向步骤与过程，也指向参与问题解决中的学生协作意识与能力等社会性发展。

（3）主题活动中的多学科融合

主题活动"我的操场我设计"中的情境是真实的，也是综合的，在任务解决中应用各学科知识是必然。除了数学学科外，该主题涉及的学科有科学、美术、体育、信息科技等。

"看台改造"子主题活动中，看台改造设计涉及科学学科中的技术与工程知识，具体包括考虑结构的承重、受力，材料的特性、成本，以使看台设计尽可能科学；看台的外观设计及用以展示说明的看台模型制作，涉及美术学科相关知识的运用；而看台设计过程中涉及的操场上现有体育设施设备的调整、甚至是跑道数量的调整，与之相关的是体育赛事中的具体要求；在看台设计方案的交流与呈现中，学生将使用画图、摄影、动画制作、3D打印、说明文案等具体方式，介绍本组看台设计的特色与亮点，将运用信息科技、语文等学科的知识。各学科知识因需而用，相互融入并共同助力问题解决。

3. 学生情况分析

"我的操场我设计"主题活动在六年级下学期展开。六年级学生虽然有了一定的问题解决和参与实践活动的经历，但对于复杂的问题解决，还是缺乏经验基础。

就知识学习情况看，六年级学生已经基本完成了小学数学知识学习。但以往的学习大多仅需要学生选择、组合确定的信息以解决良构问题，学生相对缺乏在现实情境中应用知识的经验；尤其是在复杂的问题情境中，判断哪些知识技能与具体问题解决需求相匹配，并调动、组合这些知识、方法，学生在以往的学习中经历较少。而且，该主题活动涉及科学、信息科技、美术等多学科知识，与解决具体问题相关的知识甚至并不是课本里直接呈现的，需要学生基于已掌握的知识横向关联、纵向拓展，学生也是缺乏相关经验的。

而且，"我的操场我设计"主题活动中，班级中每个学生都要完成一个子主题活动，每个子主题活动都是长周期的，由若干课内课时和课外课时组成，学习任务被划分成几个阶段，每个阶段都有待解决的具体任务或问题，都需要团队协作、问题提炼、充分交流、构建思路、汇总信息、分析判断、试误调整等。这个课内外学习结合的过程是漫长的，学生需要研判的信息是多维的，学生遇到的具体困难是多样的，活动过程可能充满波折，结果呈现可能存在诸多不足。因此教师需要对主题活动进行合理设计，充分预估学生的经验基础及学习困难，对学习目标进行正确预设，及时跟踪指导学生的学习过程，提供所需资源条件，为学习活动的顺利展开提供保障。

二、素养导向的学习目标

本案例聚焦"我的操场我设计"这一学习主题，确定了如下学习目标。

1. 针对所选主题，经历问题的发现、提出、分析、解决的全过程；能回顾并反思收集数据、整理资料、设计分析、修改完善、形成作品等问题解决各阶段的具体活动，发现不足，积累确定问题解决思路、分析问题解决条件、实施问题解决过程的经验。

2. 综合运用数据收集、图形测量、图形与位置、比和比例、计算等数学知识解决实际问题，体会数学知识在日常生活中的应用，发展量感、运算能力、几何直观、空间观念、数据意识、推理意识、模型意识、应用意识、创新意识等数学核心素养。

3. 关联并运用科学、美术、体育、信息科技等多学科知识、技能与方法，解决具体活动中的设计规划、调查测算、模型制作、学习成果呈现等环节出现的问题，发展科学思维、态度责任、创意实践、数字化学习与创新等多学科核心素养。

4. 在团队协作中感悟合理分工、高效合作的重要性，能积极沟通，在交流、分享中及时发现不足，勇于克服困难，提升合作、交流及规划、反思能力。

三、主题活动设计思路

1. 整体规划

"我的操场我设计"是一个较大的主题活动，分为看台改造、塔台搭建、跑道设计、游戏区规划、未来操场设计 5 个子主题。每一个子主题都有一个相对独立的核心设计任务。在实际操作中，不同子主题任务由不同班级选择完成。几个子主题之间有一定的联系，共同组成一个完整的操场设计规划。这种联系一方面表现在 5 个子主题都指向了学校操场改造这个大的现实背景，因此主题活动以"实地考察、提出问题"开始，再进入到不同的子主题展开，最后所有子主题的学习都汇拢到方案展评上；另一方面也表现在作为设计类任务，5个子主题活动都需要经过"讨论思路、获取数据、初拟方案、完善方案、交流评价"的基本过程，这也是设计类任务中问题解决的一般思路。图4-6-2中以"看台改造"子主题为代表，呈现了"我的操场我设计"主题活动的整体规划。

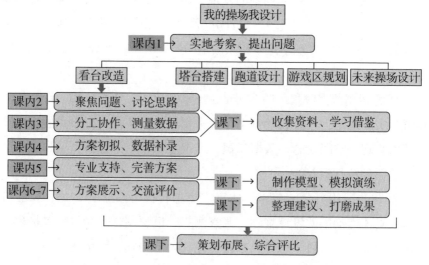

图4-6-2 "我的操场我设计"主题活动的整体规划

2. "看台改造"主题活动详细规划

本部分将以"看台改造"这一主题活动为例，详细阐述具体的活动规划与实施。活动的展开包括课内7课时和课下的若干课时。具体的学习规划如表4-6-2所示，表中提及的学习资源可扫描下方二维码获取。

表 4-6-2　"看台改造"子主题活动规划表

活动展开	学习目标	学习任务	学习评价	学习资源
课内 1 实地考察 提出问题	（1）经历实地观察、获取信息、发现问题、提出问题的过程，积累问题提出的经验；（2）能将提出的问题进行梳理，并将问题进行数学化表达	（1）教师介绍学校维修改造操场的背景；师生共同到操场踏查，发现操场需要维修改造的项目；（2）回到教室，学生针对观察及平时使用操场时的发现，提出操场维修的建议或设想；（3）师生共同将提出的建议、设想进行归类梳理，并讨论每部分涉及的数学问题；（4）归纳主题活动的几个子主题，师生共同商议选取本班将要研究的子主题	（1）能细心观察学校操场的现状，发现具体问题；（2）能尝试对操场维修提出建议或要求；（3）能积极参与讨论，提出操场维修改造中可能涉及的数学问题	○校园俯瞰图
课内 2 聚焦问题 讨论思路	（1）感悟解决问题要先确定思路，再将思路逐渐精细化，积累问题解决的经验；（2）组建团队，通过团队协助开展学习，提升合作交流的能力	（1）围绕"现有看台座位不够"的问题，集体讨论在不重建操场的条件下增加看台数量的基本思路；（2）对应不同的思路，学生自行组建研究小组，组内讨论、细化增加看台数量的方案，填写"任务启动卡"和"方案设计卡"	（1）能自行建组，有效讨论，并初步进行人员任务分工；（2）能初步拟定方案，确定准备测量或收集的数据有哪些，做相关测量的准备	○策划案：任务启动卡、方案设计卡

活动展开	学习目标	学习任务	学习评价	学习资源
课内3 分工协作 测量数据	（1）在实地测量中运用数学知识、方法与技能，获取数据后进行分析，发展数学核心素养； （2）在数据分析、方案精细的过程中，感受规划设计应有理有据，发展科学思维、态度责任等	（1）对照本组问题解决的思路及初步确定的拟测数据，以小组为单位进行实地测量，测量时填写"实地测量卡"； （2）整理本组测量数据，进行数据核算、分析，进一步验证本组初步规划的可行性； （3）教师组织各组交流反思实地测量中的问题，了解各组遇到的困难并协调解决	（1）能够分工协作，克服困难，完成实地测量任务； （2）能在测量过程中灵活运用相关知识、方法，并有效地记录、整理数据	○手推滚轮式测量尺 ○工程尺 ○策划案：实地测量卡
课下 收集资料 学习借鉴	（1）通过查找资料、分析案例的设计特色等，发展资料收集、整理、分析的能力； （2）初步了解本组方案涉及的工程设计中的结构与承重、材料与造价等信息，并将这些信息运用到方案中	学生收集、整理场馆看台设计的案例，分析设计思路及特色，为本组方案的设计提供借鉴	能合理利用时间，收集比较案例，能根据需要借鉴案例中的设计要素	○体育场馆看台设计的案例等 ○策划案：方案设计卡
课内4 方案初拟 数据补录	（1）经历方案逐渐明晰直至基本确定的过程，丰富问题解决的策略； （2）在交流、协商解决测量所遇问题的过程中，提高团队协作意识	（1）根据测量、计算的数据，小组内明确看台增加座位的方案； （2）小组根据拟定的方案，交流需要补测的数据，进行实地测量后，完善方案	（1）能结合数据及分析，有序思考，将设计方案有理有据地精细化； （2）遇到困难能积极想办法解决	○手推滚轮式测量尺 ○工程尺

续表

活动展开	学习目标	学习任务	学习评价	学习资源
课内 5 专业支持 完善方案	（1）吸收相关信息，主动请教、咨询，勇于克服困难，提升方案规划和设计能力； （2）积极沟通，提升交流、反思能力	（1）从事建筑设计的工程师来到课堂，学生听"建筑设计的学问"的专题讲座； （2）各小组向工程师简单介绍本组方案，请教本组方案中涉及的工程设计、造价等问题； （3）根据工程师的建议，小组修改完善本组的设计方案，完成"方案调整卡"	（1）能记录方案设计中的问题，并积极向专业人员请教； （2）能结合专业人员的建议，完善本组设计方案	○策划案：方案调整卡
课下 制作模型 模拟演练	（1）应用工程设计、美术创意等知识，小组合作制作方案设计图或模型，提升动手操作、创意实践的能力； （2）学习运用信息技术手段合理呈现方案，提升数字化学习与创新素养	（1）各组将本组方案可视化，绘图或者制作模型； （2）制作交流 PPT，并进行交流汇报的演练	（1）能量力而行，将本组方案转化成图画或模型作品； （2）能自行组织制作、演练，遇到困难及时寻求帮助	○绘图、制作模型所需要的材料及器具
课内 6-7 方案展示 交流评价	（1）呈现并阐释本组方案设计作品，提升语言运用、有序思考等能力； （2）在互相评价中，发现其他组方案设计的优点，展开讨论，提出建议，发展反思及评价能力	（1）各组汇报、展示本组的设计方案； （2）学生交流，并进行组间互评	（1）能有条理地介绍方案设计思路和过程，反思学习成效； （2）能与其他组进行互动，回答其他同学提出的问题； （3）能客观评价其他组的作品，发现优点、提出建议	○策划案：方案交流评价卡

续表

活动展开	学习目标	学习任务	学习评价	学习资源
课下整理建议打磨成果	在修改方案和作品的过程中，合理整合、吸纳建议，培养科学严谨、精益求精的精神	各组根据获取的建议，继续修改完善本组方案及模型等；撰写本组方案和作品的推介文案	能不断完善方案和作品	
课下策划布展综合评比	（1）在参与布展的过程中，发展审美感知等素养； （2）在参观、评比中发展表达、评价能力	（1）策划并布置"我的操场我设计"展览，各子主题方案和作品分区域布展； （2）学生参观时填写"感言卡"及"建议卡"，并投票选出"最具创意设计方案"	（1）各班级协作，能在教师指导下完成展览； （2）参观展览并积极评价，发表感言、提出建议	○布展所用的材料 ○策划案：展览评价卡

四、主题活动课时内容的教学设计与实施

"看台改造"子主题活动历时比较长，其中课上的 7 课时主要用于师生集中讨论、明确思路、测量数据、解决困难、评价交流等，课下则主要由小组自行完成具体方案设计、数据测算分析、查阅资料、模型制作、课件制作等活动，教师持续跟踪和指导。因各组方案不同、呈现方案的方式不同，所以各组课下所用时间也不同。但此主题活动前后历经一个月的时间，才进入到下面要呈现的课时 6-7 "方案展示、交流评价"。

（一）挑战性学习活动的设计与实施

1. 回顾学习历程

教师带领学生回顾研究历程。

师：一个月来，咱们班一起研究如何改造操场的看台。咱们通过讨论确定了三个基本思路：一是"利用空地"，寻找操场上还可以利用的空间补充看台；二是"增高看台"，往高处想办法，增加座位；三是"调整跑道"，将空间往操场内延展。同学们自由组合成了 7 个小组，2 个组"利用空地"、2

个组"调整跑道"、3 个组"增高看台"，来设计看台改造方案。

今天我们集中在一起，请各组依次展示、说明你们的方案，每组限时 8 分钟。大家一边听一边记录，所有组都汇报完后填写"方案交流评价卡"。

【设计意图】在交流方案前，教师带领学生回顾之前经历的测量、计算、设计、制作等问题解决的步骤及主要过程，有助于学生建立问题解决的一般思路，积累问题解决的经验。

2. "利用空地"组方案展示

（1）组 1

生：我们的汇报包括三个部分：我们面临的问题，我们的方案，方案实现的办法。

我们面临的问题：经过我们调查，学校学生人数约为 2594 人，全校教师约 180 人，目前学校操场看台约有 1800 个座位。经过计算可知还缺少约 974 个座位。所以我们的目标是：利用可利用的空间增加约 1000 个座位。

我们的方案：经过观察和测量，我们觉得东看台后的菜园，操场西南侧的健身器材处，操场里足球场两端的半圆形区域，这三个位置还有空间。

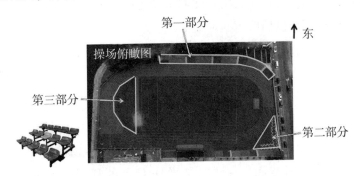

方案实现的办法：

第一部分：东看台长约 92.4 米，宽 3.75 米。东看台后面是菜地，如果将东看台后移可以得出 346.5m² 的面积。一个可移动看台占地面积约为 35m²，大约能放置 10 个。按照一个可移动看台可以坐下 40 人计算，此方案可解决 400 人的座位。

第二部分：从墙边到西看台约有 30 米的距离。将这里的健身器材移走，向北取 30 米，可以得出一个三角形的空间。这部分的面积是 450m²。通过计算大约可以放置 12 个移动看台。但根据放置位置的形状及可移动看台的形状，实际可能只放置约 6 个。这个区域可以解决 240 人的座位。

第三部分：操场上的空间还有足球场两端的两个半圆。南侧的半圆中有升旗台，不适合放移动看台，就设计到北侧。测量半圆的内径，计算面积（过程略），发现这里可以放置可移动看台约 23 个。根据实际情况，决定放置 10 个，这样又解决了 400 人的座位问题。

400+400+240＝1040（人），1040>1000，计划成功！！

我们还用 3D 打印技术，把我们的想法做出来了。

方案讨论：

生评价：这个方案充分利用半圆形草坪区域增设座椅，方便移动，成本低，观众坐在这个区域方便环视跑道，视野不受限制。

生提问：东侧跑道和现在的看台距离大概只有 1 米多，能不能放下移动看台先另说，即使能放下，有没有必要在这么窄的地方放看台？

回应：我们的想法是推倒东侧看台，把东侧看台整体往后移，把菜园都占上。在现有看台的位置，放可移动看台。计划这里放 10 个，实际能放下不止 10 个。

生提问：移动看台是几层的？你们得考虑高度问题。在现有的看台前面放移动看台，会不会遮挡后面的观众？

回应：现在的看台是 6 层，移动看台是 5 层。遮挡的问题确实之前没有考虑，就只能尽量离现在的看台远一些。

（2）组 2

生：我们组从以下三个方面向大家介绍：研究问题，方案设想，模型设计。

研究问题：我们把具体问题归纳为这样三个：①计算人数——需要添加多少个座位？②利用空间——哪些是增加看台可利用的空间？③座位多大——一个人占多少平方米？

方案设想：①大约 1000 个。②寻找不耽误平时同学们在操场活动的空间（经过反复到操场看，决定在跑道旁、操场内沙坑旁、篮球场附近、百米跑道起点放置移动看台）。③一人占 0.5m×0.5m 的位置，即 $1m^2$ 约坐 4 人。

模型设计：我们用测量卡上的操场平面图，画了草图，然后用乐高制作了操场沙盘，将操场等比缩小，用红色砖块椅子代表可移动看台，都做完后拿着模型到操场又进行了一遍勘察以减小误差。

↓东

方案讨论：

生提问：这么多移动的座位，平时放到哪里？

回应：体育馆里有储藏间，放在那里。

生提问：跑道旁边的那个移动看台，55 米长呢，而且好几个呢！

师：这个是得考虑！

回应：我们再想想。

【设计意图】 在"利用空地"这个思路下，学生都能想到在空地上补充移动看台，学生需要解决的问题的关键是利用哪部分空地、如何利用这些空地、这些空地能放置多少个移动看台。虽然不同组的具体做法不同，但都采用可视化的策略将本组的方案解释清楚。从草图设计到模型制作，学生需要考虑比例、配色、材料等一系列问题，不管方案具体如何，这本身就值得肯定和赞扬。

3. "调整跑道"组方案展示

（1）组 3

组 3 的思路是将 300 米跑道改为 200 米跑道，空出来的区域，就可以让看台"前伸"来增加座位了。

生：我们在操场航拍图上把跑道和操场内的足球场都画了出来，然后去测量需要的数据。

我们操场的跑道数是 6 条（图上最内圈为排水渠，不是跑道），每条跑道宽 1.22 米，线宽 0.05 米。跑道一条直道长 80 米，最内圈跑道直径 45 米，最内圈跑道一条弯道长 70 米。根据这些数据，计算 300 米跑道的操场面积为：$3.14 \times (62.2 \div 2)^2 + 62.2 \times 80 \approx 8000$（米^2）。

我们上网查到了 200 米跑道的数据。200 米跑道共 4 道，弯道半径为

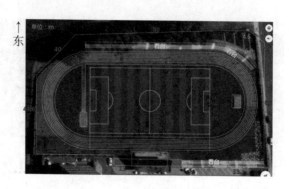

16.7 米，直道段长为 46.8 米。分道宽最小为 1.22 米，最大为 1.25 米，分道线宽 0.05 米。根据这些数据，我们算出 200 米跑道的操场面积约为：$3.14 \times (50.46 \div 2)^2 + 50.46 \times 46.8 \approx 4400$（米^2）。

这个图中大家就能看出来跑道缩小后空出来的面积。计算一下，300 米跑道操场和 200 米跑道操场面积差约为 $8000 - 4400 = 3600$（米^2）。我们量了几个同学坐下所占的面积，平均每人占大约 0.6 平方米，$3600 \div 0.6 = 6000$（人）。人不能密密挨挨地坐下，所以我们预计跑道缩短后空出来的面积应该能坐下 3000 多人。这个数量与我们需要增加的 1000 个座位相比，绰绰有余！

方案讨论：

生提问：缩小跑道是为了增加位置，现在可增加座位很多，可否在保证座位数量的基础上，考虑再扩大一下跑道？比如可以设计成 240 米、260 米的。

回应：240 米不是标准的设计。如果跑道变成 240 米、260 米的话，一些比赛的起点、终点就不好设计了。比如跑 400 米，得多跑几个弯道呢？

生提问：那变成 5 条、6 条 200 米长的跑道呢？

回应：这个我们得回去算一下，再放到图中看一下。

（2）组 4

此组是将 6 条 300 米跑道改为 4 条 300 米跑道，减少了外圈的 2 条跑道。（略）

【设计意图】"调整跑道"的思路并不复杂，但是在缩减长度、条数上有多个选择。无论哪个方案，学生都需要建构一个计算的模型，有条理、精确地计算后，做出决策。而且具体的方案各有优缺点，可以引导学生感受方案设计要满足现实需求，但也受制于现实条件。

4. "增高看台"组方案展示

（1）组5、组6

生：我们两个组共同研究的是"增高看台"方案。

我们的汇报包括四个部分：看台原座位数、看台外观设计、增加座位数、看台防雨措施。

学校现有60个班，每班按45人计算，共有学生约2700人，加上教师180人左右，合计约2880人。

学校操场现有的看台都在东西两侧。我们想在现有看台的基础上建设二层看台，在一层看台留出过道空间，二层看台增设护栏，保证安全。我们计划每一个二层看台容纳50人，学校共19个看台，可容纳50×19＝950（人）。我们把这个想法画出来，并按比例用硬卡纸和一次性筷子做出了二层看台的模型。

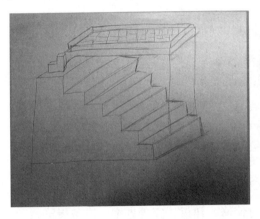

后来，专家来指导时帮我们改进了一下。一组同学学习了在电脑上画模型。按照这个设计，每个二层看台可坐60人。学校19个看台共可增加60×19＝1140（人）。这些座位就足够了。为了让大家看清楚，我们还用乐高搭出了模型（略）。

然后我们又有了新的想法，就是想在二楼看台上做一个防雨棚。我们也画了图出来。（略）

方案讨论：

生建议：二层看台高度要足够，防止坐在一层最高一级看台上的人磕到头。

生提问：防雨棚会不会遮挡二层前排人的视线？

回应：不会。

生建议：要考虑防雨棚的受力，这个图看起来，担心防雨棚砸下来。

生提问：楼梯、防雨棚等，会不会影响部分学生的观看体验？比如如果下雨，一层会不会很昏暗？

回应：下雨时一层看台肯定昏暗。但是，咱们的看台使用主要是全校同学开运动会时，如果天气不好，运动会将改时间。换句话说，咱们基本不在雨天这种天气不好的时间使用看台。

师提问：二层的安全问题你们是怎么考虑的？

回应：二层的承重，主要由新建的柱子、侧面的楼梯、二层的底板，以及它们之间的连接等分散受力。这个我们请专家核算过，一个看台坐 60 人，承重是没有问题的。

（2）组 7

组 7 方案设计既包含了"增高"，也包含了"新增"，具体内容略。

【设计意图】"增高看台"这类方案包含了"搭建二层，在现有看台上增加台阶"等不同思路，且这些思路都涉及承重、安全、与原看台衔接等问题。汇报中，教师可着重引导学生感悟方案从设计到落地受多个因素制约，需要更多专业知识。

5. 总结评价

引导学生完成"方案交流评价卡"（可扫描表 4-6-2 前的二维码获取），从各组方案中寻找启发，小组讨论修改建议，完善方案，准备展览。

【设计意图】所有的方案都听完之后，教师再请学生对比着填写对各组的评价，让学生对方案本身的评价更客观、更全面，同时也为完善本组的方案提供依据。

（二）持续性学习评价

"看台改造"是一个难度比较大的子主题活动。学生采用了不同的思路解决校园内的现实问题，经历了各种困难和成就感交织的学习历程。在学生学习过程中，评价伴随始终（见表 4-6-3），且评价在活动推进、展开的过程中，积极发挥着激励、引导的作用。

评价包含评什么（评价内容）、谁来评（评价主体）、怎么评（评价方法）等维度。"看台改造"子主题活动的评价内容包括学习过程和学习结果两个维度；评价主体主要包括教师和学生；具体评价方法服务于评价内容，包括观察、交流、过程记录、运用评价表评价等。

表 4-6-3　"看台改造"子主题的持续性学习评价设计

评价内容	评价要点	评价主体与评价方法
学习过程	（1）数学知识技能应用及数学核心素养发展 ●根据问题解决需要，灵活运用计算、测量、统计等数学知识与方法获取数据、展开分析、做出决策； ●感受并运用空间想象、几何直观、推理、模型等核心素养解决问题 （2）跨学科知识技能应用及跨学科素养发展 ●学习并应用体育、工程、信息科技等学科知识设计方案； ●应用美术、信息科技等知识进行方案设计与作品展示 （3）问题解决过程 ●感受并反思发现、提出、用数据分析、解决问题的思路； ●在问题解决过程中，根据方案的需要搜集资料、数据，综合考虑现实条件设计、调整方案； ●在问题解决过程中，敢于尝试和挑战，有问题解决的思路，能设计出方案，能质疑、评析和反思 （4）情感与态度 ●积极参与小组的探究、讨论、操作等活动； ●在小组中能独立思考，为方案设计提供建议； ●完成小组分工的任务，与同伴进行良好协作； ●在方案设计与实施中，能调整心态、克服困难、寻求帮助、吸纳建议； ●获得克服困难解决问题的喜悦，感受知识应用的价值	教师观察、访谈 师生交流、反馈 学生自评、互评；综合评价卡①

————————————

① 可扫描表 4-6-2 前的二维码获取。

评价内容	评价要点	评价主体与评价方法
学习结果	（1）方案设计 思路清晰、方案完整、数据准确、科学可行，等等 （2）方案呈现 汇报清晰，能回应同学的提问，方案作品有创意，等等	教师课堂观察 学生互评：交流评价卡①、展览评价卡②

（三）反思性教学改进

1. 基于真实问题，关注主题活动的过程目标

综合与实践主题活动应从学生身边挖掘真实问题或现实情境，尤其是与学生生活息息相关的问题，这能最大限度激发学生参与学习的动力。主题活动"我的操场我设计"就是从学校环境中发现、挖掘的真实问题——学校操场破旧，将进行维修改造，进而引发出"看台改造"等5个子主题。在"看台改造"子主题的学习过程中，主线是解决看台座位不够的问题，学习的主要成果是看台改造的具体方案。但是"完美的或理想的方案"并不是主题活动的首要目标，更不是唯一目标。看台改造方案的初步构想、测算验证、讨论修订是一个较长的过程，学生设计的方案可能存在疏漏或者过于天马行空。但学生在厘清问题、动手操作、争辩思考中，感受知识在问题解决中的作用，积累问题解决的经验，获得积极的情感体验——这是主题活动的过程目标，也是主题活动重要的过程价值。

2. 充分预设准备，引领学生走向深度学习

即使是六年级学生，如果之前没有充分的主题活动经验或者复杂的真实问题解决经验，要完成类似"看台改造"这样的子主题活动也是困难重重的。教师要充分预设学生在学习历程中可能遇到的困难等，准备预案，引领学生冲破障碍，走向深度学习。

制订"看台改造"的方案看起来容易，真正操作起来时，学生很可能会感觉无从下手，站在那么大的操场上，不知道要干什么、不知道要量哪里。

---

① 可扫描表4-6-2前的二维码获取。
② 同上。

因此教师需要指导学生思考改造看台主要想解决的问题是什么，要想解决这个问题第一步干什么，下一步干什么，最重要的是什么。基本明确了一般过程后，教师再带领学生进一步讨论，增加看台就得增加空间，而到哪里找空间是最重要的问题，这决定了后面的具体方案。经过讨论，学生确定了从空地上找空间、缩跑道腾出空间和向空中发展找空间三个思路，进而为学生进行具体方案的设计提供了方向。

在学习过程中，教师还应为学生的深度学习提供支架。比如"看台改造"子主题活动中，教师为学生提供了"策划案"材料文本，里面包括任务启动卡、实地测量卡、方案计划卡、方案调整卡、方案交流评价卡等，这是学习程序的基本提示，也是学生记录学习过程的载体，引导学生拾级而上，不断推进学习进程。

充分预设与准备也包含为学生学习提供资源协助。"看台改造"子主题活动涉及新的长度测量工具的使用，需要工程与设计方面的专业人员全程协助，需要学校大力支持学生的学习活动，也需要多学科教师通力合作等，这是学生深度学习的保障。

3. 开展教学研究，提升教师自身的理解与实践能力

综合与实践主题活动不仅对学生是挑战，同样也考验着教师的理解与实践能力。想设计有助于学生深度学习的活动，教师可将活动实施过程作为研究过程。比如"我的操场我设计"主题活动在学校六年级展开，共分为5个子主题，2个班针对1个子主题开展历时一个多月的学习活动。设计时可将不同主题、同一主题的不同班级的起始活动错开时间，教师通过一轮一轮的课堂观察、跟踪指导、交流讨论等了解学生的学习进程、学习困难、学习收获等，为主题活动的设计与实施的改进积累一手资料。

第五章

小学数学深度学习教学改进项目的推进策略

小学数学深度学习教学改进项目的实施涉及多种因素，如区域层面的持续统筹与组织推进，学校层面的持续研究与稳步推进，教师层面的持续动力与实践落地，等等。通过实践，积累项目推进的策略，梳理这些实践做法，能为相关项目的实施提供借鉴与指引。

第一节 小学数学深度学习教学改进的区域实践策略

指向学生核心素养发展的教师教学改进，是小学数学深度学习项目区域快速推进课堂教学改革、提升教师群体教学能力的重要载体。项目的推进需要理论学习、案例研发与问题破解，而这些都要在区域层面采取必要机制与策略。

一、区域统筹，系统规划，重构区域学科教学生态

在区域范围内实施深度学习教学改进项目，需要教育主管部门做好顶层设计和规划，建立有效的推进机制，并营造教学改革的整体氛围。这是很多区域推进实验的基本经验。深度学习教学改进项目是改变教育治理模式，建立以学生发展为本、学校发展为本的区域实践新尝试，由教育主管部门进行顶层设计、区域统筹和系统规划，组织学校协同实践，形成教育教学改革的合力，这也是当下教育现代化必须要面对的重要课题。

基础教育的发展区域特色特别鲜明，因此，在实施学科深度学习教学改进项目时，必须基于区域基础教育目标的定位，从影响整个区域教育的全方位、全要素出发，进行区域统筹和系统规划，整体设计能落地的区域方案，重构区域学科教学的生态。就小学数学学科而言，要以在小学数学课堂教学中落实深度学习为核心，整体推进区域学科育人方式改进，重构指向核心素养的深度学习教育生态。

小学数学深度学习教学改进项目是一个长周期的实践，因此区域设计的方案可以分阶段逐步推进：第一阶段，建立区级层面项目团队，探索单元教学的内涵及要领；第二阶段，聚焦教学关键问题，探索素养导向的教改实践路径；第三阶段，全面深入常态实施，推进教学与教研的一体化实践。北京、

重庆、郑州、内蒙古等实验区都进行了有效的探索。

以北京市海淀区为例，2015 年 5 月 8 日，全区小学数学学科正式启动深度学习教学改进项目。区教委和区教师进修学校从区域层面整体统筹、规划和实施项目，使其有序高效开展。本着"研训整合、试点先行、逐步拓展、持续改进"的工作思路，海淀区将项目的教师培训与区域学科教研整合，从实验学校重点学科的常态课教学探索和改进切入，研发单元教学样例，再逐步拓展和深入；整体设计小学数学深度学习教学改进区域实验工作方案，科学定位学生深度学习目标，在区域层面搭平台，促进区域内的交流分享和反思改进。

北京市海淀区小学数学深度学习项目研究团队，将数学核心素养的落实与深度学习结合起来，从"理解数学核心素养的内涵，架构主题框架""设计及实施以数学核心素养为专题的教学""设计指向核心素养的持续性评价"三个层面展开，探索了指向核心素养的专题教学研究。结合数学学科大观念，设计了"指向核心素养的深度学习教学改进"研修课程，确定了 8 个研究专题，分别是"数感""符号意识""空间观念""几何直观""运算能力""模型思想""数据分析观念"和"推理能力"。以《数学课程标准（2022 年版）》中的核心内容为切入点，以两个基本问题"数学核心知识的素养发展价值是什么""如何通过单元教学实现数学核心知识的素养发展价值"为驱动任务，针对重要的课程内容，海淀区开展了多轮次单元教学设计和持续改进。每一轮改进中，教师对深度学习的关注点不同，解决的教学关键问题也不相同，因此，每一轮改进都有其独特价值，都能够加深小学数学团队对深度学习的内涵理解，丰富相应的教学策略。

在实践过程中，各实验区项目团队聚焦学生核心素养的发展，深研学科育人价值，探析深度学习的理论，探索单元教学的基本流程及实践模型，逐步形成区级层面的项目实践模式及工作机制，取得了丰富的阶段性成果。比如，内蒙古赤峰市从全员出发，重新定位区域基础教育，坚持国际视野、问题导向和本土行动，构建"一个都不能少"的区域学习共同体，基于学习共同体多元互动、协作创生的关系理念，选取课堂、课程等关键要素，从学习共同体的建设出发，通过各项行动的相互作用，重构指向核心素养的深度学习的区域和学校教育生态。

二、合力共为，聚焦问题，创生适切的教研范式

以研修为支撑开展区域小学数学深度学习项目是实然的选择。各个实验区已有的良好的教研基础，也是各个实验区推进教学改进的强大力量。因此，创生适切的教研范式，合力共为，聚焦小学数学深度学习的具体问题，是目前各实验区主要的实践做法。

（一）建立区域项目推进核心团队

建立区域项目推进核心团队的目的在于利用区域学习共同体来实施深度学习项目，让教学改进变成协同研究，共同探索小学数学深度学习的内涵及要领。

以北京市海淀区为例，项目实施的第一年，海淀区就组建了小学数学学科核心团队，成员包括区学科教研员、高校学科专家及学科骨干教师。强有力的团队组建是顺利开展项目的首要环节，海淀区建立了"行政引领、教研支持、学校主导"一体化推进的区域实践共同体。在参加了课程教材研究所组织的集中培训后，小学数学教研员们带领小团队研讨学习，深度理解数学学科本质，聚焦单元教学的实践要素，开展选择单元主题、确定单元目标、设计学习活动及持续性评价的系列研讨和教学实践，初步形成深度学习的数学教学案例，逐步提高教师团队对单元教学的认识和理解。

同样，内蒙古、重庆、郑州的实验区在推进区域小学数学课堂教学改进中，也都是从区域层面选出一些有研究能力的教研员、有实践能力的一线骨干教师组成团队，指引示范，帮助参与的学校和教师把小学数学深度学习项目纳入各层面的日常教研活动中。

（二）探索项目落地的实践路径

各个实验区聚焦小学数学教学关键问题，探索素养导向下小学数学深度学习项目落地的实践路径。共通的做法可以归纳为一个行动研究的实践技术路线，如图 5-1-1 所示：

在这个框架下，每个实验区团队会基于实际调整具体的操作。比如，海淀区以项目为载体探索出基于教研共同体的"学习—实践—评价—反思—改

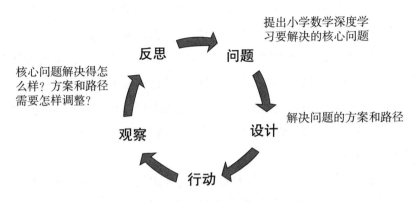

图 5-1-1　小学数学深度学习教学研究与实践的技术路线

进"一体化教学与教研路径：聚焦深度学习教学的关键环节，调研分析教师教学实然情况，梳理提炼教学改进关键问题，深入课堂开展行动研究，研发课例起到了示范和引领作用，以"区域教研指导—教师精准教学—学生素养发展"的主体链条式驱动策略，联动协作，整体推进。海淀区教师进修学校与示范区形成跨区域研究实践共同体，通过"双主体"紧密合作，实现共创共享、协同发力。

再如重庆市南岸区用深度学习项目引领区域课程改革，采取"研究先行、试点相伴，逐渐完善、区域推开"的实施策略，保证科学、系统、高效、全员推进项目；采取"学习研究—编制指南—选择学校—系统培训—教学实践—活动展示—多元评估—反思提升—渐入常态"9 个环节的行动路线来开展深度学习项目。

（三）建构具有项目特色的研修课程

具有项目特色的研修课程的建构工作与各实验区项目同步启动，为参与小学数学深度学习的教师提供专业支持、动力和指导。研修课程以深度学习理论与实践相结合为理念，注重以体验参与式学习等形式来引领教师理解深度学习。特别是小学数学教研员将深度学习项目实践与区域学科教研课程整合，实现了项目与区域教研的深度融合。

以北京市海淀区为例，小学数学教研员结合区域教研开展系列探讨，以深度学习单元教学课例为示范，聚焦数学学科育人价值分析、素养导向的"教-学-评"一致性实施的教学特征及策略，解决教师在深度学习教学理念层面的问题；围绕具体的小学数学课程内容，探讨学科育人价值的教学实现途径，通过沉浸式工作坊持续开展新的教学案例研究，解决教师深度学习教学实践层面的问题；引导教师开展单元教学案例校本化实施，解决教师深度学习教学行为层面的关键问题。研修课程的设计充分考虑一线教师的研修需求，采用专家讲座引领、教师汇报发言、现场课观摩研讨等方式，突出教师现场学习的体验和感悟；研修活动的设计突出深度学习的主题单元教学理念，注重课堂核心活动的设计。

研修课程关注小学数学学科本质，从全区现状调研和教师现场的头脑风暴中发现问题，基于问题确立项目，在研究、实践中寻找解决问题的策略；研修形式包含主旨报告、工作坊研修、案例分享、展示交流等，在"专家报告"的基础上，通过项目研究破解教研难题已成为研修的常态。

三、协同增效，示范引领，整合资源推进项目实施

（一）协同共进，多方联动推进项目实施

小学数学深度学习项目强调区域、学校和学科间的联动：区域层面汇聚各学校各学科的力量，发挥组织、联通和引领作用；学校层面管理、统筹和推动本校的实施；学科团队在区域和学校的支持下，不断地实践、反思和改进。各示范区和实验校针对课堂教学中的关键问题开展推广应用实践，能加强示范区的区域教研和校本教研建设，增强区校两级教研的活力，形成教研工作新格局。

比如北京市海淀区实施的"三级联动—深度教研"模式，通过"区域—联片—学校"三级教研联动，海淀区教研统筹组织、专业指导，发挥联片和各学校教研的自主性，满足区域、学校、教师发展的真正需要，实现分层分类教研指导，提升教师教学实践能力。深度学习项目提升了三级联动教研的深度和广度，学区、学校结合学生及教师实情，在不同层面构建了教学共同体，为教学研究提供了人力资源保障。

重庆市南岸区成立以区教委领导为核心的行政管理与支持中心，以区教师进修学院课程发展指导中心为枢纽的研究与评估中心，以基层学校（中心级实验学校和区教委级实验学校两个级别）为实践基地的行动中心，形成

"三位一体"的研发团队，构建起基于问题、加强合作、深入研究、促进实效的深度学习行动研究共同体。

（二）示范引领，明确项目持续研究方向

小学数学深度学习项目在区域教研、联片教研中，通过示范小学数学教学设计和改进的思路方法，展示小学数学单元整体教学的关键课例，明确项目持续研究方向，引领区域参与项目的教师具体的课堂教学实践，让实践落地可行有效。区域深度学习项目的小学数学骨干团队，可以集中研究几个难以破解的问题，提炼出具有普适性的小学数学深度教学策略，然后引领全区教师持续跟进。

比如北京市海淀区研究了一些典型的深度学习实践案例，这些案例从不同视角回应了深度学习的关键因素，指引了教师基于小学数学教学关键问题开展大观念引领下的单元学习实践。北京市海淀区深度学习项目的示范引领有以下突出特点和趋势：在内容方面，从案例探索到系统构建，从孤立的单元设计到整体构建；项目实践过程从零散案例的实践走向系统化进阶的实践；在内涵方面，从模仿实践到提质升级，从简单案例模仿到自我突破、系统推进。所以，深度学习不仅要求教学方式的转变，更重要的是教育理念和管理模式的转变。通过示范引领，明确项目持续研究方向，也是提升教师专业素养的重要举措。

（三）常态实施，推进教学与教研的一体化实践

小学数学深度学习项目的实施最终要走向常态化，参与的学校和教师要将深度学习理念融入小学数学日常课堂教学，因此，推进教学与教研的一体化实践非常重要。区域层面的教研主题可以聚焦核心素养视角下的小学数学深度学习研究，内容可以围绕小学数学深度学习教学设计各要素逐层展开，一体化的教学与教研实践既可以提供示范和引领，又可以尽量减轻参与教师的负担。将学科教学与教研整合实施，可以吸引越来越多的教师参与项目。同时，这也将带动区级教研、校际联片和校本教研的内涵发展和形式转变。

在区域研修一体化的背景下，海淀区教师进修学校在区域教学与教研一体化方面的实践有着重要意义和价值，特别是在推进深度学习项目过程中，系统架构了项目教学与教研整体推进的思路与运行机制，指向区域教育质量

提升的需求和难点，基于新课程理念的落地与实施，边研究、边实践、边改进，完成了成果的生成与落地转化。另外，海淀区小学数学团队能基于成果，超越成果，将"深度学习教学改进""学习方式变革研究与实践""融合式教学与教研"等项目的最新研究成果与海淀区的本土实际相结合，持续助力海淀区小学数学课堂提质增效，促进了区域成果创新；而团队代表多次在全国性的研讨会、专题报告、专家座谈中进行经验交流，并将优秀经验和典型案例结集出版，也在更大范围发挥了辐射作用。

小学数学深度学习项目的实验区，经过多年的研究与实验，取得了阶段性成果：一是构建了深度学习的理论框架和教学实践模型，研制了小学数学深度学习的特征和方法策略；二是开展了教学实践研究，开发了小学数学深度学习教学案例和研修案例；三是为教师探索并深度参与指向小学数学核心素养的教学改革搭建了"脚手架"，培养了一批能运用深度学习理念高质量实施课程教学改革的优秀教研人员和骨干教师；四是带动了一批实验区、实验学校的发展，并在更大范围发挥示范引领作用。

第二节　小学数学深度学习教学改进的学校实践策略

小学数学深度学习教学改进，兼具前沿性、综合性、挑战性和开放性等特征，因此，在研究过程中，应该以"学校"为基本单位开展实践。学校在专家团队的顶层规划与引领下，以"深度学习"理念为引领，基于指向深度学习的教学实践模型，系统研究小学数学的核心内容和重要主题，实现"小学数学深度学习教学改进"的校本化，从而有步骤、有合作、有改进地开展小学数学深度学习教学改进研究。在这个过程中，深度学习教学改进项目特别强调学校教师共研共享，建构线上线下融合教研的新范式，从而帮助学校打造学科教研组的教研文化，助力校本研训创新。为了更好地助推学校以"小学数学深度学习"为主题开展的教学改进，"基于深度学习的小学数学教学"联盟教研项目组经过实践梳理与反思，形成了包括团队建设、价值认同、课堂样态、教学实践、内涵和校本生长等六个维度的学校实践策略（见图5-2-1）。

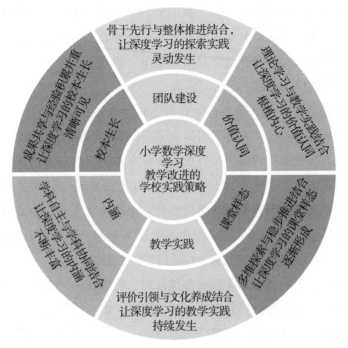

图 5-2-1　学校实践策略的六个维度

一、骨干先行与整体推进结合，让深度学习的探索实践灵动发生

深度学习兼具前沿性、综合性、挑战性和开放性等特征，对普通教师而言，对深度学习的价值认同、内涵理解与实践操作均存在着很大的挑战，操之过急，反而容易产生相反的效果，引起教师的实践压力。因此，如何在减缓教师压力的基础上，增加教师安全地、主动地走出自我发展舒适区，真正认同深度学习并开展教学实践，成为学校实践小学数学深度学习教学改进时尤为重要的命题。

骨干先行，是指集中学校内的骨干教师力量，形成深度学习研究突击队，充分促进小学数学深度学习教学改进项目的校本理解与校本实践。深度学习研究突击队可以根据学校实际情况采用多种方式组建：既可以建立包括校长、学校教学管理干部、学科教研组长、备课组长及数学骨干教师在内的较为完整的项目研究团队；也可以以小学数学骨干教师、学科带头人和优秀教研组为研究团队；甚至可以教师自主报名，开展先行先试。这样，便能够在学校内部组建并运行更有凝聚力、研究力的共同体。

在组建并运行研究共同体时，我们倡导"年级贯通"。年级贯通是指在研究团队中，每个年级至少应该融入一名骨干教师，作为深度学习教学改进的"种子"教师，后期将研究团队对深度学习的理解、思考与实践带回教研组，推动更多教师的理解、思考与实践。

整体推进是指充分发挥"骨干先行"的示范与引领作用，实现"滚雪球"式的学校整体推进。深度学习研究突击队围绕深度学习的理论框架、实践模式等，进行校本化的解读与转化，在研究团队内部首先达成深度学习理念共识。在此基础上，通过"骨干先行"的实践及示范引领，让大家"看到"深度学习的力量与效果，从而使更多老师能够以主动的姿态进入到深度学习的研究场域中，不断形成范围更大、思考更深、持续跟进的校内研修，促进学科重点问题的解决，带动学校项目整体发展。

在"骨干先行"的基础上探索整体推进，能够在一定程度上舒缓大多数教师面对一个新生事物时的紧张感与不安情绪，以少数带动多数，以先行带动后动，以效果带动实践，让深度学习教学改进在学校中因需发生、灵动发生、自主发生。这样，既保证了深度学习教学改进的实效性，也能够逐步实现其普适性，让深度学习教学改进的校本实践灵动、深度发生。

二、理论学习与教学实践结合，让深度学习的价值认同根植内心

小学数学深度学习是以数学学科的核心内容为载体，以提升学生的综合素养为目标，整体分析与理解相关内容本质，提炼深度探究的目标与主题，了解学生学习特定内容的状况，通过精心设计问题情境，引发学生的认知冲突，组织学生全身心参与学习活动，围绕具有挑战性的学习主题深度探究，使学生体验成功、获得发展的有意义的学习过程。[①] 由此可见，教师对核心内容本质、学科核心素养的理解程度直接影响深度学习目标的达成。同时，这一要求对一线小学数学教师而言又极具挑战性。因此，在小学数学深度学习教学改进的学校实践时，我们需要寻找策略，为教师提供充分的支持，使

---

① 马云鹏. 深度学习的理解与实践模式：以小学数学学科为例 [J]. 课程·教材·教法，2017，37（4）：60-67.

教师能跨越"理论"与"实践"之间的鸿沟，让深度学习的价值认同能够根植教师的内心，并催生出丰富多样的实践探索。

经过多年实践探索，我们发现"专家指导"是支持教师跨越"理论"与"实践"之间鸿沟的重要力量，并形成了"理论学习—教学实践—应用迁移"三阶段循环模型（见图 5-2-2）。即在任务的驱动下，教师首先通过理论学习，实现对深度学习的认识与理解；其次，在学习理解的基础上进行教学实践，在实践中实现对深度学习理论的再认识与理解；最后，将理论学习与实践探索进行深度对话、提炼、概括，形成可迁移应用的认知策略和实践经验，丰富深度学习理论的内涵与外延。在"理论学习—教学实践—应用迁移"三阶段的循环过程中，专家要对教师的理论学习、教学实践和应用迁移进行全程指导。

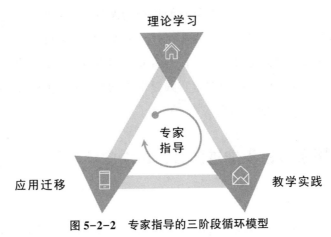

图 5-2-2　专家指导的三阶段循环模型

首先，需要综合发挥项目组专家和本区教研员的引领作用，兼顾理论引领与实践引领的需要。在理论学习过程中，发挥项目组专家的核心引领作用，实现教师对深度学习理论的全面、深度理解，并尝试将其转化为教学实践；在教学实践过程中，发挥本区教研员的核心引领作用，聚焦案例开发、设计与实践过程中的真实困惑和问题，寻找深度学习理论模型下的教学实践路径，提高教师的教学实施水平。在此过程中，用多层次的对话、丰富的案例与多视角的思考有效链接理论学习与教学实践。

其次，《数学课程标准（2022 年版）》颁布后，将新课标的理念于教学实践中落地成为小学数学教育教学的重要命题，因此，需要以课标为载体，架起深度学习理论学习与教学实践之间的桥梁。而深度学习强调整体分析单元内容，确定素养导向的学习目标，提炼引领性关键内容，设计挑战性学习任务和持续性学习评价等，这与《数学课程标准（2022年版）》的精神内核是一致的。因此，深度学习并非可有可无的教学策略，而是新课标理念落地的有效路径与策略。在深度学习教学改进过程中，要强化教师对学科核心素养的深度理解，挖掘审视学习主题的大观念，实现对核心素养和大观念一致性和阶段性的把握；强化教师对教材的整体把握，梳理知识脉络，抽取单元具体观念，挖掘学科的本质，实现对学科本质的结构化分析与理解；在此基础上，进行单元整体教学，设计挑战性学习任务，开展持续性学习评价和反思性教学改进，有效落实核心素养。

最后，在理论学习与教学实践的对话过程中，要引导教师充分认识到深度学习是一种理念，它不是要推翻我们现在的课堂，而是要在对学科核心素养、教学内容的整体、深刻理解的基础上，对教学内容进行整体把握和整合，从学科教学本质、学科能力、学科核心素养的培养入手，进行深度的教学设计。这样的理解与共识，将为教学实践提供更加开放的空间，为深度学习理论的不断丰满与生长提供可能。

三、多维探索与稳步推进结合，让深度学习的课堂样态逐渐形成

小学数学深度学习教学改进的学校实践，不是一时半刻就能实现的，但是此时此刻的点滴滋养是必不可少的；不是围绕某个方面就能实现的，但是也需要以某个方面为关键支点撬动整体。多维探索与稳步推进综合发力，探索不止，共同滋养课堂，让深度学习逐渐形成课堂新常态。

（一）多维探索，拓展小学数学深度学习教学改进的实践路径

从广度来看，多维探索主要是指创新教研内容、教研机制和教研方式，以校本教研的改进催动小学数学深度学习教学改进的实现。多维探索，能够充分发挥学校与教师的主观能动性，并促进其结合自身实际和需要，拓展基于校情的教学改进实践路径。

在教研内容方面，各个学校可以开展同一主题或同一核心素养的跨学段

进阶研究，促使教师结构化把握关键内容，从而深刻理解核心素养主要表现的阶段性和一致性，探索更加适切的落地策略。例如，既可以围绕数与运算、数量关系、图形的认识与测量、图形的位置与运动等进行专题选择，也可以围绕小学数学课程标准所涉及的 11 个核心素养表现——数感、量感、符号意识、运算能力、几何直观、空间观念、推理意识、数据意识、模型意识、应用意识和创新意识等选取。选取方式可以自上而下，集中体现一个核心素养表现；也可以自下而上，体现一个或两个核心素养表现。

在教研机制上，"建强学校教研组、备课组，构建校级常态教研共同体，形成时间固定、主题聚焦、人人参与、研讨交流的教研机制"①，及时解决教师在理解与实践深度学习理念过程中遇到的真实问题和真实困惑。

在教研方式上，紧紧围绕"深度学习"这一主题，"在集体备课、课堂观摩、交流研讨等教研活动的基础上，积极开展'问题—研究—改进—实践'的校本教研，帮助教师解决教学中的问题"；"充分发挥各级骨干教师的作用，通过名师工作室、教学沙龙、工作坊和微论坛等，开展专题研讨，丰富教研形式"②，促进教师对深度学习教学改进的深度理解。在校本教研中，教研团队可以通过数学课程标准分析会与研讨会、教材研读"头脑风暴"、小组合作等形式深入解读数学课程标准，对教材实施"二度开发"，甚至"三度开发"，建构最优的学科知识结构，形成最适合的教学设计方案；也可以通过整合备课、学科能力提升、项目式学习等多个项目，开展指向深度学习教学改进的教研活动，在不同年级进行学科实践。

在教研效果上，关注教学与教研的整合实施，推动研究成果的转化应用。以深度学习为主线，根据教学实践中发现的真问题形成教研主题，将教研思考转化为教学实践，实现研究与实践的相互促进。

（二）稳步推进，积蓄小学数学深度学习教学改进的内在力量

对一线教师而言，小学数学深度学习教学改进具有一定的挑战性、综合性和开放性。因此，在推进教学改进的过程中，不能操之过急，需要步步为

---

① 中华人民共和国教育部. 义务教育数学课程标准（2022 年版）［M］. 北京：北京师范大学出版社，2022：97.
② 同①：98.

营，稳扎稳打，慢慢积蓄小学数学深度学习教学改进的内在力量，稳步推进其成为一个有效的实践策略。

从深度来看，稳步推进主要是指抓住"深度学习"的关键内容及相关联的数学核心素养，并设计有针对性的典型课例，提炼相应的教学策略，实现有规划、分阶段、不断迭代升级的整体研究，从而实现深度学习研究成效的不断积累与生长，最终促进小学数学深度学习的教学改进。

稳步推进，并非是对深度学习的模型进行点状实践，而是在整体把握、整体实践深度学习要素的基础上，有规划、分步骤、小步子地推进校本研究，形成校本实践的丰富策略和有效经验。例如，学校在整体把握、整体实践的基础上，可以首先探索如何建立核心内容或主题与核心素养之间的联系，并基于学段要求，形成本内容或本专题的素养导向的学习目标；也可以围绕挑战性学习任务，思考其关键特征、设计策略和典型案例等。这样，不断丰富研究主题，稳步推进，最终兼顾对深度学习要素的整体把握与分步探索，形成更加有效的校本改进路径。

除此之外，稳步推进还鼓励学校充分发挥主动性，在确立各年级研究专题时，基于数学课程标准，综合教材安排、学生需求、现有资源以及教师专业能力，遵循先易后难、由浅入深的原则，确定深度学习的主题；并基于小学数学学科特色，注重挖掘学科本质，探究深度学习的概念、要素及实践策略，结合本学科特点进行个性化的解读与理解，围绕重要因素展开讨论。

在多维探索与稳步推进的过程中，一定要关注实践的"里程碑"，即关注学校实践过程中的关键事件和关键成果，定期召开深度学习教学改进的校本分享与培训活动，引导教师在活动中学习观摩，在分享中提炼概括，实现对深度学习的再理解。学校甚至可以召开全校教科研会议，着力建设小学数学学科课程，激发全体教师深入研究深度学习，促进学生数学核心素养的发展。学校将小学数学深度学习的理论知识与校本研修相结合，定期举办关键活动，设计体验式培训，让小学数学教师在实际参与设计中体验深度学习的关键要素及实践策略，用体验式的培训模式让教师们在"做中学"，梳理出自己的理解与策略，引导教师开发深度学习的典型课例，以稳定的校本研修机制保障深度学习教学改进项目的推进，让深度学习的课堂样态逐渐形成。

四、评价引领与文化养成结合，让深度学习的教学实践持续 发生

（一）评价引领，让深度学习的教学实践枝繁叶茂

在小学数学深度学习教学改进过程中，要充分发挥评价的引领作用。通过对评价的关注，引导教师理解并实践深度学习，引导学生实现真正的深度学习。

1. 依托"深度学习"研究，构建教师课堂教学的评价标准

通过构建教师课堂教学的评价标准，审视教师的教学行为，规范并引领课堂样态，促进深度学习的实践落地。在使用过程中，要推进评价标准在校内各种教学场景中同步使用，从而形成教育合力，促进深度学习的全面落地、深度落地。以"深度学习"的理念构建课堂评价标准，主要是围绕深度学习的核心要素进行设计，既可以全面按照所有的关键要素进行设计，也可以围绕其中一个或几个要素先行设计，从而实现对某一个或几个关键要素的优先理解、实践。在具体评价内容上，主要关注教师是否能够进一步理解核心素养，明确素养导向的学习目标；是否能够在单元教学中提炼引领性关键内容；是否能够设计挑战性学习活动；是否能够开展持续性学习评价；等等。例如，北京市海淀区中关村第三小学在教学实践中便设计了"中关村第三小学引导性课堂标准"（见表5-2-1），以引领教师的课堂教学样态。"中关村第三小学引导性课堂标准"对"学习目标""真实任务""学习支持""有问题有互动""学习评价"等方面的详细描述与持续关注，为深度学习的实践落地提供了可迁移、可借鉴的有效经验。在"真实任务"的评价过程中，关注教师能否"创设开放的有挑战的真实情境任务、儿童世界的虚拟情境任务、学科关键问题"。在"学习支持"的评价过程中，关注"为学生的探究活动提供学习单、操作资源、拓展资料及其他学习工具"等，这些都与深度学习的"挑战性学习任务"一致，能够促进学习真实发生。在"有问题有互动"的评价过程中，关注"给学生提问的时间，引发提问、质疑、猜想并记录""从提出有价值的问题、有效的互动与合作等不同维度对不同学习水平的学生给予认可和鼓励"等。这些都营造了开放性的学习环境，为学生提供了思

考、交流的空间与时间。

表 5-2-1　中关村第三小学引导性课堂标准

评价项目	评价要点	教学观察 （描述具体场景）
学习目标	符合课程标准的要求	
	符合学生实际，有效进行前测，照顾学生差异	
真实任务	创设开放的有挑战的真实情境任务、儿童世界的虚拟情境任务、学科关键问题	
	从任务内容、学习方式、呈现结果、交流互动等方面进行明确要求	
学习支持	为学生的探究活动提供学习单、操作资源、拓展资料及其他学习工具	
	教师在课堂上的关键节点适当追问，引发学生深度的思考	
	通过独立思考、小组合作、团队探究等多样的学习方式研究	
	在学习空间里张贴阅读方法、合作规则、研究方法等思维工具	
	示范并引导学生用专业的学科语言，表达自己的观点	
有问题、有互动	给学生提问的时间，引发提问、质疑、猜想并记录	
	接纳学生提出的"奇思妙想"，耐心听完不打断，并给予合适的建议	
	当学生发言时，提醒其他学生认真倾听，并鼓励学生从"我同意××的观点""我还有……的补充""我不赞成××的观点""我建议……""我的问题或猜想是……"等方面有序表达	
	从提出有价值的问题、有效的互动与合作等不同维度对不同学习水平的学生给予认可和鼓励	

续表

评价项目	评价要点	教学观察 （描述具体场景）
学习评价	关注学习结果，更关注学生的思维过程	
	关注学生的分享及关键要点的提炼和表达	
	关注学生的团队协作，遇到问题能主动寻找支持帮助	
	关注学生明晰学习任务之后，规划研究的方法和步骤	
	课上留有时间，教师从不同角度进行总结、反思	
整体分析		

除了利用学校统一设计的课堂评价标准之外，学校也可以设计自检表，供教师在实践过程中进行自我反思时使用。例如，可以为教师提供简表，示例见表 5-2-2，引导教师在深度学习的几个要素下，根据自己的教学实际进行深入反思，并提供关键的证据支持。以基于循证的自我反思，促进教师对深度学习的不断深入理解，并逐步将其转化为教学实践；而这种自检表让这种转化以"自检"的形式清晰可见。

表 5-2-2 "中关村第三小学引导性课堂标准"自检表

维度	素养导向的 学习目标	引领性 关键内容	挑战性 学习任务	开放性 学习活动	持续性 学习评价
自检情况					

2. 依托"深度学习"研究，构建学生学习过程与效果的评价标准

深度学习要求学生评价方式真正转型，教师应开展指向核心素养的学习评价。首先需要设计过程性评价，引发师生对学习过程的关注，创建共同发现、创造、使用知识的新型师生关系。如前文例举的"中关村第三小学引导性课堂标准"中，在"学习评价"的评价过程中，"关注学习结果，更关注

学生的思维过程""关注学生的分享以及关键要点的提炼和表达""关注学生的团队协作，遇到问题能主动寻找支持帮助""关注学生明晰学习任务之后，规划研究的方法和步骤""课上留有时间，教师从不同角度进行总结、反思"等。在教与学过程中，教师应关注学生回答关键问题时的发言，逐渐发现学生思维进阶的过程，实现对核心素养培育的持续关注。只有对学生的学习过程进行有效分析与评价，梳理学生的思维水平，根据学生的思考维度、思维进阶来设计、实施挑战性学习活动，提炼关键问题，才能引导学生进行深度学习。

在课堂学习过程中，教师除了关注对学生思维进阶的分析与评价，还可以借助评价量表的形式，引导学生在活动过程中实现自我评价，如表 5-2-3 为"绘制校园平面图"中的学习评价量表。①

表 5-2-3   "绘制校园平面图"学习评价量表

	需要避免	可以提高	真的很棒
知识和技能	●校园平面图不符合比例要求	●比例尺选择合理 ●平面图地点标注清楚	除满足"可以提高"的标准外，平面图实用性强，有创意
交流互动技能	●不会自主交流设计方案 ●不能通过交流发现问题、解决问题 ●汇报成果不完整 ●汇报时间长，表达不清楚，没有平衡图片和文字的比例	●能交流设计方案并进行改进 ●能通过交流发现问题、解决问题 ●汇报的文字内容清晰、简洁、无错误 ●小组汇报表达清晰	除满足"可以提高"的标准外，还要满足： ●交流心得体会，分享快乐 ●小组汇报较生动

---

① 孙京红，付丽. 慎思笃行品"深度"：海淀小学数学团队基于"深度学习"的教学改进 [J]. 基础教育课程，2017（10）：4-8.

续表

	需要避免	可以提高	真的很棒
协商合作技能	你的小组： ●没有为所有成员创造分享想法的机会 ●没有公平地分配工作 ●没能充分利用委派任务的机会	你的小组： ●倾听并尊重每个人的观点 ●相对公平地分配工作 ●根据成员各自的强项委派任务	你的小组： ●整个过程中保持富有成效的合作关系 ●在合适的情况下，考虑到每个人的需求 ●团队协作所创造的成果远远超过任何个人所创造的成果
项目管理	你的小组： ●由于精力分散或低效而浪费了宝贵时间 ●在开始时没有花时间去计划方案 ●错失了修订计划的良机	你的小组： ●一直在推进任务，工作大致上有效率 ●在项目开始时制订了计划 ●在截止时间前已经有了可以分享的成果	你的小组： ●掌控整个小组的进展 ●每当必要时，进行项目计划的修订 ●预留了一定时间用于修改最终成果

除了以过程性评价促进深度学习的发生，还要探索结果性评价的改进与变革，以适应深度学习对素养导向的学习目标的要求。"比如，对运算能力的考查，不仅考查学生对纯运算技能的掌握，同时注重考查学生运算素养的形成过程。"①

【样题】为了得到 $2 \div \frac{2}{3}$ 的结果，下面三位同学用不同的方法表达了自己的想法，想法合理的有（　　　）。

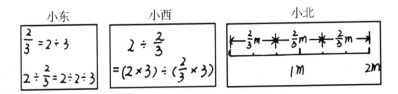

A. 小东和小西　　　　　B. 小东和小北

C. 小西和小北　　　　　D. 小东、小西和小北

---

① 孙京红，付丽．基于学生发展的命题的研发与设计[J]．小学教学（数学版），2018（5）：17.

【样题】晶晶在计算一道乘法算式题时，使用了下面的方法：

$$30 \times 5 = 150$$
$$7 \times 5 = 35$$
$$150 + 35 = 185$$

她计算的乘法算式是（　　）×（　　）。

深度学习理念关注学生成长，关注核心素养的养成与培育。这就要求我们必须改变以往单一评价方式，真正把过程性评价和结果性评价有机结合，各学科整体构架学生评价体系，并在实践中摸索评价的操作措施和实施方法，把评价真正定位于促进学生核心素养的养成与培育。

（二）文化养成，让深度学习的教学实践根深蒂固

除了评价引领，更要关注深度学习文化的养成。正如评价引领一样，深度学习文化的养成，也包括教师和学生两个视角。深度学习特别强调设计支持性学习环境，其内涵既有物理环境，也有人文环境，即教师的教研文化和学生的课堂学习文化。

教师教研文化的养成，可以促进教研组以深度学习的理念为引领，开展持续性探索和反思性教学改进。例如，在教研过程中，秉承人人有参与、人人有贡献的精神，设定如"教研有分工、有主持、有记录、有主发言人，每位教师都要发言，从'欣赏+建议'两个方面分别发表观点"等教研规则；为了保证教研围绕深度学习的关键要素开展，强调教研要引导教师"尝试从学的角度进行学习任务的设计，包括学习任务的描述、学习方式、学习支持等"；为了促进基于证据开展教研，促进循证教研的发生与不断积累，强调教研要"真实记录活动场景，有照片、有文字，积累教育成果，成为有价值的资源""突出核心观点、问题、建议、策略等"。①

除了关注教师的教研文化，更要关注课堂上学生的学习文化，实现教与学的一致性，共同促进深度学习的真实发生。例如，前文例举的中关村第三小学，便致力于构建有问题、有互动的课堂学习文化，通过详细、具体的教与学行为描述，实现师生的双向奔赴，让深度学习的素养导向的学习目标真

① 郭学锐，郑红彦."共建共治共享"治理理念下校本教研改进：以"参与式共识工作坊"为例［J］.中小学校长，2022（9）：27-30.

正落地。

特别需要强调的是，无论是教师教研文化的养成，还是学生学习文化的养成，都需要学校管理文化与之适应。学校管理者或小学数学教研组长要改变以往"管"的思维，转向与教师一起行动，与学生一起学习，培育"共研"的深度学习研究与实践共同体。

评价引领，引领教师的教与学生的学共同落实深度学习的核心理念，成为深度学习实践中有力的牵引力量；文化养成，犹如深度学习能够持续生长的"根"，让教师与学生的深度学习具备持续发生的内在动力。评价引领与文化养成结合，让深度学习的教学实践既根深蒂固，又枝繁叶茂。

五、学科自主与学科协同结合，让深度学习的内涵不断丰富

小学数学深度学习教学改进落地的标志是教师能够坚守数学教育教学的根本追求，并将重心放回到数学课堂。因此，小学数学深度学习的校本研究与实践，必须首先将重点聚焦在"小学数学"的深度学习上，坚持学科自主。教师应从小学数学学科本质出发，思考如何能够通过深度学习，引导学生"会用数学的眼光观察现实世界，会用数学的思维思考现实世界，会用数学的语言表达现实世界"，并聚焦数感、量感、符号意识、运算能力等核心素养的主要表现，建立其与具体内容、具体学习行为之间的内在关联，让《数学课程标准（2022年版）》倡导的理念在课堂教学中真正发生。深度学习教学改进与新课程标准的教学落地在本质上是共通的、一致的，深度学习教学改进能够促进新课程标准指导下的教学真正落地。

在学校实践过程中，除了坚守学科自主之外，还应该探索以学科协同的方式，发现深度学习校本实践的更多形式与可能。而这也与《义务教育课程方案（2022年版）》和《数学课程标准（2022年版）》的要求是一致的：加强课程综合，注重关联，"开展跨学科主题教学，强化课程协同育人功能"，① "引导学生在跨学科背景下用数学的眼光观察现实世界，用数学的语言表达现实世界中事物的概念、关系和规律，帮助学生感悟数学与现实世界

---

① 中华人民共和国教育部. 义务教育课程方案（2022年版）[M]. 北京：北京师范大学出版社，2022：5.

的联系，培养学生实践精神。"① 由此可见，在学科协同中能够更好地体现数学学科价值，让数学核心素养在更大的场景和视域中实现。教师应在更加完整的、立体的现实世界中，引导学生看见数学学科的力量，看见数学眼光、数学语言和数学思维的力量，并在这个过程中不断发展其核心素养。

除此之外，学科协同还可以更好地营造深度学习的整体环境与氛围，进而反哺小学数学深度学习教学改进的进行。

因为深度学习需要学生掌握核心学科知识、发展批判性思维和复杂问题的解决能力，从人际领域方面进行团队协作、有效沟通、学会学习，以及从个人领域方面发展学习毅力。通过聚焦单元整体设计，多学科协同，打破以往封闭的格局，着眼学生核心素养的形成，逐渐由单一学科学习向综合性学习转变，为学生的终身发展奠定基础。通过横向学科的整合融通，学科进阶的打通，为儿童提供全身心投入的、完整的深度学习空间与真实场域，改变儿童的学习生态，实现全过程、全阶段、多向度的完整育人。

更重要的是，在学校深度学习的研究与实践中，多学科教师能够以学科协同的方式开展研究与实践，更易形成教育合力，促使学生的挑战性学习任务的顺利完成，以及独立探索、合作交流、评价反思、认知监控等能力的真正落实，让学生体验到真问题、真研究、真学习、真课堂。

六、成果共享与经验积累并重，让深度学习的校本生长清晰可见

小学数学深度学习教学改进，不是一位教师能够实现的，但是需要在每一位教师的课堂中持续发生，进而不断积累成果，不断积蓄力量，最终实现学校整体的教学改进。学校应该建立快速共享机制，促使教师在共享中实现经验的不断积累。如何促进学校内基于深度学习的教学改进不断迭代升级，应成为保持学校开展深度学习内生动力的重要命题。

长期的深度学习实践证明，学校定期举行阶段性展示和交流活动，明晰深度学习的里程碑，不但能够增强深度学习实践的仪式感，而且能够不断积

---

① 中华人民共和国教育部. 义务教育数学课程标准（2022 年版）[M]. 北京：北京师范大学出版社，2022：87.

累教师继续探索和实践的信心、经验，更为后续研究奠定坚实的实践基础。除此之外，学校还可以采用"渐进式"或"接力式"的研究方式，引导教师将同一主题或同一核心素养下开展的研究不断迭代升级，让深度学习的反思性教学改进真正成为制度和文化，形成一种良性循环。

在这个过程中，学校要从管理和研究机制上，确保教师的研究成果和学生的学习成果有效积淀，并实现教师之间的成果共享，引导教师以开放性、共享性、同向性的心态与面貌，共同致力于小学数学深度学习教学改进的推进。

除了显性成果的积累与共享，学校更要注重隐性成果的积淀、梳理与概括，形成学校深度学习教学改进的有效经验。在每一次研究梳理资料后会形成新的研究成果，积累新的研究与实践经验，也会产生新的研究问题。在新研究问题的指引下，我们可借助已有研究成果和经验，进行下一轮的探索与实践，不断丰富、发展小学数学深度学习的内涵与外延，不断积蓄深度变革的实践力量，让深度学习的校本生长清晰可见。

第三节　小学数学教师在深度学习项目中的成长

作为一种教育领域的教学新模式，深度学习的价值愈发受到重视。在小学数学教学中，教师需要认识到开展小学数学深度学习教学研究的重要性。指向深度学习的教学实践，一方面可以丰富教师关于学生和课程的深层知识，提高教师教学设计和实施的能力，增强教师的合作意识和合作能力，促进教师教学方式的转变[①]；另一方面也会不断促进教师学习力、课程设计能力、思考力、践行力的发展，进而促进教师的专业成长。

一、从课时教学到单元教学，实现对课程内容结构化的深度理解

小学数学深度学习采用的单元整体教学，以单元的视角来备课、上课，

[①] 马云鹏. 深度学习的理解与实践模式：以小学数学学科为例 [J]. 课程·教材·教法, 2017, 37 (4)：60-67.

是基于学科知识的逻辑结构和知识的整体建构的一种教学方式，更是一种新的教学理念。在教学中，教师要以整体视角深入研读教材，挖掘知识的本质，找寻知识的内在关联，帮助学生开展深度学习，实现知识的主动建构，促进数学学科核心素养的不断提升。由此可见，深度学习作为一种教学方式或教学理念，与《义务教育课程方案（2022年版）》和《数学课程标准（2022年版）》的要求是一致的，要探索大单元教学、单元整体教学等教学方式变革，以适应核心素养统领的课程内容结构化整合。而基于结构化主题的单元整体教学包含三个基本要素：基于结构化主题提炼核心概念，形成体现学科本质的系列单元；整体分析单元内容和学生学习，确立素养导向的学习目标；针对单元的关键内容，设计体现知识与方法迁移的教学活动。①

小学数学深度学习教学改进项目围绕对数学学科核心素养内涵的理解所展开，以小学数学1—6年级的核心知识为载体，一个素养就形成一个研修主题。② 教师通过对数学学科核心素养的进一步深化研究，以单元整体教学的方式，深入思考和挖掘具体学科课程内容对学生核心素养发展的价值，思考学科核心素养与关键能力的内涵及外在表现、水平划分及评价指标等。通过设计挑战性学习活动引发学生深度思考、深度反思、深度讨论，这些必将带给课堂新的生机和活力，最终促进学生核心素养的不断提升。

学生深度学习的发生建立在教师的深度学习、深度教研和深度设计的基础之上，因而要首先转变教师的教学理念。小学数学深度学习教学改进是对教师的一大考验，不仅需要教师能够用更加全面的视角看待数学知识点的学习，还需要教师用结构化的视角看待知识点之间的内在关联，一以贯之地促进学生核心素养的发展。在对知识进行整体把握、深度分析的基础上，教师能逐渐积累建好承重墙、打断隔断墙的教学实践能力。通过梳理教学单元与相关学习主题的关系，有助于教师理清单元主要内容与课程标准、教材、学科知识等的关联，形成清晰、有进阶的学生核心素养表现，提取大观念、数学本质和凸显大观念和数学本质的关键内容。通过关键内容，让核心素养充分生长。在这个过程中，教师自身对小学数学知识的整合能力增强，能进一

---

① 马云鹏. 基于结构化主题的单元整体教学：以小学数学学科为例［J］. 教育研究，2003，44（2）：68-78.

② 付丽，梁静. 基于数学核心素养视角下的"深度学习"教学改进［J］. 北京教育（普教版），2018（11）：43-44.

步理解小学数学的基本知识，提升学科整合能力。

二、从内容单元到学习单元，实现对儿童立场的深度理解

　　学生的深度学习，来源于教师的深度设计。而教师深度设计的实现，需要教师在深入研读课标和教材的基础上，更全面地把握学情，完成更好的教学设计，让学生与数学实现最美遇见，提高小学数学教学的整体质量。

　　全面把握学情，是一个教师必须永恒坚守的教育要求，更是深度学习充分实现的必然要求。在实践中，教师通过采用学生视角，积极设计深度学习活动以激发学生的学习兴趣，以学生的年龄特点、认知特点为基础，设计与小学阶段学生生活相联系，可以引发学生深度思考的活动。另外，教学内容的选择，要能引发不同思维水平的学生都能进行深度学习。对学生个体来说，太难或太容易、过于单一和缺少变化的数学问题都无法实现思维水平的发展和数学能力的提高。教学内容的选择依据主要是两方面：一是教材内容编排体系，基于知识间的联系与发展确定教学内容；二是学生的认知发展水平实际和发展可能，基于高阶思维和关键能力发展目标确定教学内容。

　　这样，便实现了从"内容单元"到"学习单元"的转化，这正是深度学习的重大突破。"内容单元"是单纯从课程内容组合的角度教学。而深度学习要求教师深入研究数学课程标准和教材，分析学生学情，依据学生的最近发展需求构建单元知识并整合为系统性的、前后有关联的单元主题，从而形成"学习单元"。教师只有通过不断地经历、反思这样的教学，才能真正理解"学习单元"才是素养导向的课程实施的基本单位，是学生数学核心素养发展目标落实的基本单位，才能从更系统和全局的站位来思考教学，实施日常教学。只有整体设计"学习单元"的教学，才更有助于突出学生的主体性。而学生在教师的引领下，围绕具有挑战性的学习任务，通过学生和教师、学生和学生、学生和环境之间的深入互动，经历相对完整的学科认识活动或问题解决过程，有助于实现数学学科核心素养的进阶发展。采用学生学习的视角来具体设计深度学习的教学活动，有利于学生进一步深度了解数学的基本知识，掌握基本活动经验，发展核心素养。

三、从教学设计到课例研究，实现对教学研究的深度理解

在以往的教学实践中，教师更多的是基于教学经验进行教学设计与实践，研究的味道不足，这严重制约了教师的持续发展和自主发展。而在推进小学数学深度学习教学改进项目的过程中，教师面对的是一种新的教学模式和教学理念，便不得不开展教学研究，从整体分析教学内容，构建素养导向的学习目标，设计挑战性学习任务等。在研究过程中，整个学校凝聚了强有力的研究力量，教研组的教师形成研究共同体，相伴而行，彼此支持。更重要的是，教师依托深度学习教学理念开展了持续、深入的研究和实践，习得了丰富有效的研究方法，积累了宝贵的课程资源和研究经验。教师们将研究专题通过编写活动手册的方式实现传承，让更多的学生进行实践、体验、探究，继而形成学校的特色课程。这些丰富而具有生命力的课程，也为下一阶段深度学习的深化提供了借鉴与指导，有效保证了小学数学课程设计的科学性、规范性及有效性。

通过教学实践的充分检验，教师真正感受到研究的价值，在研究的过程中逐渐树立研究自信，不断创新固化成果的形式。回顾参与深度学习教学改进项目研究的过程，教师多了新的站位，有了新的视角，再看往日习以为常的教材、教学、学生时，就会发现许多缺失、被忽略的内容，而这些内容往往会对学生的学习产生关键的作用。在小学数学深度学习研究体验的过程中，教学研究也形成了新的切入点和活动形式，教师的关注范围也从教学走向了教育，教师的教学研究能力和教育研究能力都在不断提升。深度学习所强调的反思性教学改进，更是激励着教师对深度学习研究不断进行迭代升级，延续研究链条，滋养教育研究的内生动力。

四、从实践困境到课程理解，实现对学科实践的深度理解

在深度学习的教学实施环节，教师也会面临一系列的挑战，例如，学生在小组合作、信息加工等过程中的技能基础薄弱；时间紧张，任务的开展难以调控；讲解指导、观察评价同时进行，不能兼顾；由于教学内容进行了整合，习题与之不配套；开放性大，学生课堂生成的问题教师难以预料和驾驭；

对学生的过程性评价和指导的针对性不强；等等。

　　深度学习为数学教学改进提供指导，有助于改变学生数学学习的过程与结果，并促进教师的多维专业发展。在这个过程中，教师对数学教育教学的认识尺度从一节节课走向一个个单元，从单纯的对知识技能的追求走向对核心素养的培育，从对深度学习理论模型的接受到对深度学习理论模型的实践转化、理解与创生，从对数学学习的本质的探寻走向对一般学习本质的探寻。教师在直面实践困境的过程中，不断发展自身的课程理解能力，明晰、丰富教师自己对学科实践的深度理解。

　　单元学习主题为深度学习的开展提供了有效的实现路径，有助于教师发展并实践整体的教学设计观，以单元重构的方式改变实践中长期存在的"一节节课教学"的样态，超越课时的边界，实现整体理解、深度实践。教师在课程实施中，应确定单元学习主题的类型，在此基础上确定单元学习主题、单元学习目标，完成学习活动和学习评价等主要环节的设计，实现数学深度学习的全过程。从儿童立场有机整合教学要素，使其融合到深度学习这一整体中，并在具体的教学主题和单元内容的设计与实施过程中不断丰富其内涵与关键特征，有助于实现深度学习理论模型与实践内涵的持续演绎。

　　小学数学教师开展的对深度学习教学改进的研究，可以帮助其积极转变教学方式，更有利于其展开课堂教学活动。在实践中，教师以素养导向的学习目标，有机链接具体教学内容与核心素养，形成兼具一致性和阶段性的素养进阶，更好地促进学生的长远发展，实现从具体教学内容到核心素养的深层演绎。教师还应让学生经历发现问题、提出问题、分析问题、解决问题和学习反思的全过程，立足于学生的最近发展区，让学生有足够的时间和空间经历观察、比较、分类、归纳、概括、猜测、实验、验证、计算、推理等活动过程。在问题解决过程中，学生理解了数学基础知识，掌握了数学基本技能，感悟了数学基本思想，积累了数学基本活动经验，发展了核心素养。

　　深度学习不仅是数学教育的内在要求，还是时代对于数学教育的更高要求。教师在设立目标时，必须超越具体知识和技能，深入到思维层面，由具体的方法提升到一般性思维策略的教学与思维品质的提升，还应帮助学生学会学习、真正成为学习的主人。深度学习可促进小学数学教师的教学实践能力的提升，具体包括学科本质的把握、学生学习的理解、核心活动的设计、课堂教学的实施、持续性学习评价的开展等方面能力，以改进教师教学行为为支点，最终促使学生学习的真正发生。

五、从学科教学到学科育人，实现对课程价值的深度理解

小学数学深度学习教学改进项目能够提升教师的课程育人能力。深度学习是在教师引领下触及学生内心并能使其获得积极情感体验的学习过程；深度学习是引发学生不断发现和提出问题、分析和解决问题并持之以恒地追问和不断深入思考，获得深刻理解的学习过程；深度学习是在将内容结构化、整体化的基础上实现主题建构的学习过程。①

如前所述，深度学习的理论模型需要在实践中不断演绎、丰富。教师根据具体单元教学案例的实践，不断深入探寻深度学习的"深"之意蕴，提升自身的思维批判力，以及对深度学习教学改进的理解，并在自己的教学实践过程中不断践行。最终在教师心中实现深度学习的内化建构，然后输出成果，实践转化，提升教师的课程育人能力，促进学生的数学学科核心素养的发展。

从学科教学到学科育人，深度学习所带来的课程价值的变化要求小学数学教师建立与之适应的深度学习评价体系，从而明晰学生在深度学习过程中各种能力和素养的变化，诊断学生的学习和理解状态，并及时调整改进。

因为倡导在学生完成挑战性学习任务的过程中，发展学生的核心素养，因此，深度学习的评价体系必然是多维的，即既包括过程性评价和结果性评价，也包括学生的自我评估、同学评估和教师评估。在整个过程中，基于循证的方式，教师、同学和学生自身共同反思学习过程中的生长与发展，从而培养学生的批判性思维，培养学生及时反思、及时改进的学习习惯，发展学生的数学核心素养，最终实现学科育人。小学数学教师可以根据一段时间的评价反馈结果，调整教学方法，深入挖掘教材内容，对教学内容进行相应的拓展和延伸。由此可见，深度学习指向学科育人的评价转型，不但能够以"全人"的视域促进儿童的全面发展，而且有利于教师的教学进步，真正实现教学相长、双向进步。

小学数学深度学习教学改进项目明确指向学生数学学科核心素养、核心

---

① 吴正宪，张秋爽. 小学数学深度学习的实践与思考：以"小数的意义与运算"主题教学为例[J]. 小学数学教育，2021（11）：4-7.

关键能力的发展。这需要教师树立大教育观，建立整体评价体系，通过聚焦单元整体设计，甚至融合多学科，打破以往封闭的格局，着眼学生核心素养的形成，逐渐由单一学科教师向综合型教师转变，为学生的终身发展奠基。

需要教师们谨记的是，教师的课程育人能力是在课堂教学改进中提高的，是在研究研讨过程中提高的。因此，从学科教学转向学科育人，需要教师立足实践、深化实践、反思实践，以教学实践促进教师将学习、培训所得内化，形成自己对深度学习的深度理解。

六、从经验反思到专业表达，实现对自身发展的深度理解

小学数学深度学习教学改进项目精心铺就教师学习的"跑道"，为教师学习提供专业支持、动力和指导。在深度学习教学改进项目中，教师的专业发展超越以往经验反思的单一路径，形成了更为丰富的发展路径。更重要的是，在实践中，教师基于单元整体分析，形成素养导向的学习目标和挑战性学习任务，并开展持续性学习评价和反思性教学改进，形成了融合单元研究、设计与实践的专业表达。在课程设计上，通过首席专家团队顶层规划，一线教师能够有机会、有可能系统研究小学数学的核心内容和重要主题，设计具有一致性、逻辑性、实践性、结构性的数学课程内容，这在以往的数学教育教学中并不常见，而在深度学习中，这是常态。教师在课程建设及课堂教学实践中，在参与式、体验式校本研修过程中，通过体验、分享、交流和反思，不断发展自己的专业能力和素养，以深度学习的方式进行专业思考、实践与表达。

加拿大教育学者哈格里夫斯与富兰把教师专业发展分为三个方面：作为知识和技能的教师发展；作为自我理解的教师发展；作为社会生态转变的教师发展。① 小学数学教师在参与深度学习教学改进项目时不仅能够深化理解数学知识和教学技能，增强自己对数学课程标准的理解，也能对自我的职业发展有不同的理解，更能在深度学习教学改进项目中发展合作意识与合作能力。

---

① Hargreaves A，Fullan M. Understanding Teacher Development［M］. New York：Teachers College Press，1992.

　　深度学习作为教师自我实现的项目，有助于教师提升价值引领力、学科整合力、课程理解力、思维批判力。为了更好地进行深度教学，教师应该首先进行深度学习，实现作为人的自我；在深度教学中，与学生协同发展，实现作为教师的自我；在学与教两个层面，与学生一起成为未来社会实践的主人。因此，小学数学深度学习教学改进让知识更有价值，让人变得更好，让教师发展成为可能，让教师的成长真实发生。

后　记

　　《深度学习：走向核心素养（学科教学指南·小学数学）》出版后，深度学习教学改进研究不断深入，在理论和实践方面都取得显著成果：完善了深度学习教学改进的内涵和实践模型，扩大了深度学习实验区，探索和积累了大量实践研究案例。为展示几年来深度学习理论和实践的最新成果，《指南》第二版应运而生。

　　本书由马云鹏、吴正宪等著，参加本书写作的有：第一章马云鹏（东北师范大学），第二章孙兴华（东北师范大学），第三章和第四章由吴正宪（北京教育科学研究院）、张秋爽（北京市顺义区教育研究和教师研修中心）、孙京红（北京市海淀区教师进修学校）、付丽（北京市海淀区教师进修学校）、王艳玲（东北师范大学）、石秀荣（中国人民大学附属小学）、边靖（北京市海淀区实验小学）、井兰娟（北京市海淀区中关村第一小学）、李京华（北京市海淀区中关村第三小学）组织编写，第五章孙兴华、郭学锐（北京市海淀区教师进修学校）。参与本书教学设计和案例研究的学校有中国人民大学附属小学、北京市顺义区教育研究和教师研修中心附属实验小学、北京市海淀区实验小学、北京市海淀区中关村第一小学、北京市海淀区中关村第三小学、东北师范大学附属小学净月实验学校。全书由马云鹏、郭学锐统稿。

　　感谢教育部课程教材研究所对本项目研究的科学设计、具体指导和精心组织。感谢教育科学出版社对本书的策划、编辑和出版，以及邵欣编辑为本书所做的大量的细致的编辑与校对工作。

希望本书的出版能推动小学数学深度学习的进一步深入研究，促进小学数学课程与教学改革的发展。

深度学习教学改进项目小学数学学科组

2024 年 6 月

出 版 人　郑豪杰
策划编辑　池春燕
责任编辑　邵　欣
版式设计　孙欢欢
责任校对　贾静芳
责任印制　叶小峰

图书在版编目（CIP）数据

深度学习：走向核心素养. 学科教学指南 小学数学 /
马云鹏等著. -- 2 版. -- 北京：教育科学出版社，
2025.4. --（深度学习教学改进丛书 / 张国华主编）.
ISBN 978-7-5191-4417-3

Ⅰ. G623

中国国家版本馆 CIP 数据核字第 20251DB505 号

深度学习教学改进丛书

深度学习：走向核心素养（学科教学指南·小学数学）（第二版）

SHENDU XUEXI：ZOUXIANG HEXIN SUYANG（XUEKE JIAOXUE ZHINAN · XIAOXUE
SHUXUE）（DI ER BAN）

出 版 发 行	教育科学出版社				
社　　　址	北京·朝阳区安慧北里安园甲 9 号	邮　　编	100101		
总编室电话	010-64981290	编辑部电话	010-64989179		
出版部电话	010-64989487	市场部电话	010-64989572		
传　　　真	010-64989419	网　　址	http://www.esph.com.cn		
经　　　销	各地新华书店				
制　　　作	北京金奥都图文制作中心				
印　　　刷	河北鹏远艺兴科技有限公司	版　　次	2019 年 3 月第 1 版		
开　　　本	720 毫米×1020 毫米　1/16		2025 年 4 月第 2 版		
印　　　张	18.5	印　　次	2025 年 4 月第 1 次印刷		
字　　　数	286 千	定　　价	58.00 元		

图书出现印装质量问题，本社负责调换。